中国传统文化及其艺术鉴赏研究

吕启昭　著

吉林摄影出版社

·长春·

图书在版编目（CIP）数据

中国传统文化及其艺术鉴赏研究 / 吕启昭著. -- 长春 : 吉林摄影出版社, 2022.7
ISBN 978-7-5498-5444-8

Ⅰ. ①中… Ⅱ. ①吕… Ⅲ. ①中华文化—研究 Ⅳ. ①K203

中国版本图书馆CIP数据核字(2022)第137823号

中国传统文化及其艺术鉴赏研究
ZHONGGUO CHUANTONG WENHUA JIQI YISHU JIANSHANG YANJIU

著　　者　吕启昭
出 版 人　车　强
责任编辑　金　怡　贺子刚
封面设计　道长矣
开　　本　787mm × 1092mm　1/16
字　　数　200千字
印　　张　11.875
版　　次　2023年5月第1版
印　　次　2023年5月第1次印刷

出　　版　吉林摄影出版社
发　　行　吉林摄影出版社
地　　址　长春市净月高新技术开发区福祉大路5788号
　　　　　邮编：130118
网　　址　www.jlsycbs.net
电　　话　总编办：0431-81629821
　　　　　发行科：0431-81629829
印　　刷　长春市昌信电脑图文制作有限公司

ISBN 978-7-5498-5444-8　定价：58.00元

前言

传统文化是一个民族的历史遗产在现实生活中的展现，有着特定的内涵和占主导地位的基本精神，它负载着一个民族的价值取向，影响着一个民族的行为方式和生活方式，汇集出一个民族自我认同的凝聚力。随着中华民族在历史进程中的不断发展，创造出了博大精深、源远流长的中国传统文化。中国传统文化在人类文化史上有着重要的地位和作用。随着中国经济的迅猛发展以及与世界其他民族经济和文化交流的日益频繁，中国传统文化的地位和作用受到外来文化的挑战。在这种形势下，很有必要向人们系统地介绍中国传统文化知识，以便树立正确的世界观、人生观、价值观。另外，对中国传统文化进行鉴赏，可以使人们的思维活动和感情活动从具体的艺术形象感受出发，实现由感性阶段到理性阶段的认识飞跃，既受到艺术作品的形象、内容的制约，又根据自己的思想感情、生活经验、艺术观点和艺术兴趣对形象加以补充和丰富。

鉴于此，笔者撰写了《中国传统文化及其艺术鉴赏研究》一书，本书共分为六章，分别为绪论、中国古代哲学思想与传统美德、中国汉字文化及艺术价值、中国文房四宝文化艺术鉴赏、中国书法绘画艺术鉴赏、古陶瓷修复技艺与艺术鉴赏。

本书一方面内容细致、严谨、完善。在详细展开中国传统文化的艺术鉴赏前加入了中国传统文化的基础知识；另一方面视野开阔，注重对中国传统文化的积极探索。全书注重理论联系实际，具有较强的理论性、实践性、实用性。

笔者在撰写本书的过程中，得到了许多专家学者的帮助和指导，在此表示诚挚的谢意。由于笔者水平有限，加之时间仓促，书中所涉及的内容难免有疏漏之处，希望各位读者多提宝贵意见，以便笔者进一步修改，使之更加完善。

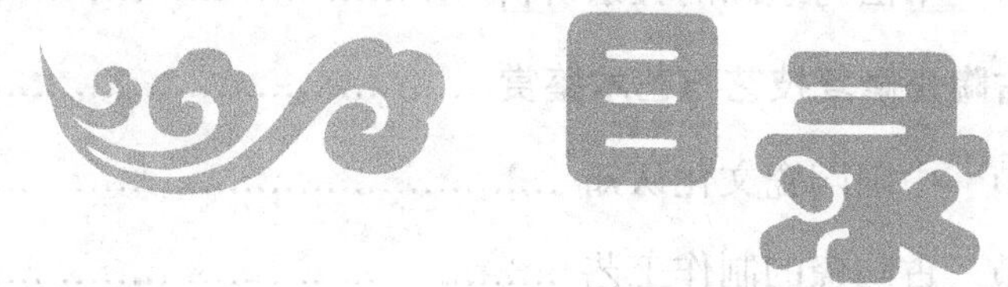

第一章 绪 论

中国传统文化是指至今仍影响着当代文化的“活”的中国古代文化，它是新文化创造与发展的基石，同时也是一个精华与糟粕、积极因素与消极因素糅合并存的复杂体。本章主要围绕中国传统文化认知、中国传统文化的发展演进、中国传统文化的创造性转化展开论述。

第一节 中国传统文化认知

中国传统文化是指在长期的历史发展过程中形成和发展起来的，保留在中华民族中间具有稳定形态的中国文化，具体包括思想观念、思维方式、价值取向、道德情操、礼仪制度、风俗习惯、行为方式、生活方式、文学艺术、教育科技、文物典籍等。中国传统文化是中华民族团结奋进、继往开来、开创美好明天的坚实基础。

一、中国传统文化的内涵分析

中国传统文化这一概念中的“中国”指的是我们民族文化形成的摇篮，既是地理概念，也是文化概念。地理概念是指中国的版图，文化概念是指整个中华儿女的精神家园。在古代，中国与“中华”“中夏”“中土”“中州”含义相同，最开始是指天下之中央，后逐渐延伸为统治所及的区域。上古时期，华夏族（古汉族自称）建立于黄河流域，自认为居于天下之中央，故称中国，而将周边地区称为四方或四夷。秦汉以汉族为主体的大一统中央政权建立，“中国”的内涵随之拓展，但直至隋唐乃至以后，“中国”仍指定都中原的王朝。自元代开始，自称其统治所及区域为中国，明清沿袭此称谓。中国版图在历史上多有伸缩，至清乾隆年间大体奠定了现在的领土范围。

中华民族是中国传统文化的创造主体，在漫长的历史岁月里，随着疆域的扩大、社会的发展，境内各民族间联系纽带日益强化，民族共同体诸要素（共同语言、共同地域、共同经济生活以及表现于共同文化上的共同心理素质）渐趋完备。至近代，整体意识、族群观念更加自觉，“中华民族”遂成为包括中国境内诸民族的共同称谓。简言之，传统文化是在华夏这片土地上以各个民族为主体所创造的文化的总和，既包括中国汉族的文化，又包括少数民族文化，等等。

从中国传统文化中的“传统”，从文化社会学的角度诠释，是指世代传承的具有自身特点的社会历史因素，如风俗习惯、伦理道德、制度规范等，是历史延传下来的思想文化、制度规范、风俗习惯乃至思维方式和行为方式的总和，具有时间上的历史性、延续性以及空间上的拓展性和权威性的特点。从历史学的角度诠释，“传统”是指在历史的基础上稳定起来，又随着历史的发展而不断变迁的。传统文化是历史的产物，但它并不是博物馆里的陈列品，毫无改变地保存着并传给子孙后代，而是具有强大生命力的东西。传统是需要在稳定中延续的，如果没有发展与变迁就谈不上传统了。并不是所有在历史上出现过的文化都可称为传统文化，只有那些具有重要价值、具有生命活力的文化得以积淀、保存、延续下来，成为后世文化的主要组成部分才可被称为传统文化。

而文化有广义和狭义之分。广义的“文化”，指人区别于动物、人类社会区别于自然界的本质特征，是人类卓立于自然的独特生活方式，是人类生活的总和，包括精神生活、物质生活和社会生活等极其广泛的方面。狭义的“文化”，则是排除了人类社会历史生活中关于物质创造活动及其成果的部分，即只包括精神创造及其成果，是意识、观念、心态和习俗的总和。本书中的“文化”以狭义文化为论述范围，探讨精神创造领域的文化现象，主要包括制度层面（人类在社会实践中建构的各种社会规范、典章制度）、行为层面（人类在交往中约定俗成的习惯定式，以礼俗、民俗、风俗形态出现的行为模式）、观念层面（人类在社会实践和意识活动中化育出来的价值取向、审美情趣、思维方式）的文化。

“传统文化的内容包括很多，像是山水字画、古典书籍、古诗词与散文、民俗文化中的服饰文化、饮食文化、居住文化等具备一定载体能够变现出来的内容，也有扎根在人们灵魂中的，表现在人们行为之中的民族精神。[①]”我们将这些具有重要价值、具有生命活力因而得以积淀、保存、延续下来的文化称为传统文化。传统文化是历史的结晶，但它并不只是博物馆里的陈列品，而是有着鲜活的生命的。传统文化所蕴含的、世代相传的思维方式、价值观念、行为准则，一方面具有浓厚的历史性、遗传性；另一方面具有强烈的现实性、变易性。中国传统文化已成为人们生活中不可缺少的一部分，体现在广大人民的言、行、思中。每个人每天都生活在中国的文化传统之中。例如，观赏名胜古迹，朗诵诗词歌赋，欣赏琴棋书画等，我们

① 朱春秀．中国传统文化的当代价值 [J]. 中外企业文化，2020（12）：100.

始终以自己的言语、行动和思维直接或间接地显示出这个传统或优或劣的特色，包括人们的衣食住行、人际关系、价值观等。

传统文化主要指中国传统社会中民族的整体生活方式和价值系统，除儒家、道家、法家等学说外，还包括自然科学、人文科学的各个门类，如艺术、法律、哲学、道德等以及历史、地理、文物、书法、服饰、医学、天文、农学等古籍文书。就性质而言，它是中华民族赖以长期发展、不断进步的精神支撑和智力支持；就结构而言，它是包括物质文化、制度文化和思想文化等层面在内的完整系统；就内容而言，它是以汉民族文化为主体并包括各个少数民族文化在内的多元一体的文化；就思想学术发展的历程而言，它是包括先秦子学、两汉经学、魏晋玄学、隋唐佛学、宋明理学、清代朴学和新学等不同发展阶段的文化实体；就学术流派而言，它是包括儒家、道家、墨家、法家、兵家、名家、杂家等在内的诸子百家分途发展而又相互碰撞交流吸收的结果；就载体而言，它包括经史子集之类的典籍和风俗习惯、生活方式等；就民族性而言，它是前后相继、不断发展，体现民族智慧的重要载体；就价值取向而言，它是以中华民族精神为核心、以爱国主义为导向，蕴含团结统一、贵和尚中、守成创新、以人为本的一整套价值理念的整合。

总而言之，中国传统文化是指在历史发展过程中，在中国华夏民族的这片土地上以各个民族为主体创造的，中国人世代传承的，至今仍有影响的文化，是在历史发展中具有稳定形态且不断发展延续的文化，是人们生活的一部分，体现在广大人民的言语、行动、思维中的文化。

中国传统文化的内涵体现在以下三个方面。

(1) 中国的。中国传统文化强调的是中国的文化，是中华民族的文化，而不是他国、其他民族的文化。它是中华民族在特定的历史时期、地域空间范围内，在特定的政治、经济、习俗等方面的条件下，创造出来的文化成果。它的创造主体是中华民族，是中华民族在特殊的自然环境、经济模式、政治结构等方面的作用下所形成的文化习惯和文化积淀。它存在于中华民族的思维模式、价值观念、知识结构、伦理规范、作为方式、审美情趣和风俗习惯等主题形式中，经过数千年的演绎和扬弃，已深深融进中华民族的思想意识和行为规范，成为制约社会历史发展、支配人们思想行为和日常生活的强大力量。

(2) 传统的。传统文化是相对当代文化而言，传统代表过去，传统代表历史，传统是相对于现在、相对于当代而言的，它代表过去、代表历史。社会在不断进步，历史在不断发展。但它不仅仅存在于过去和历史当中，随着后世的继承、发扬、创新，以史为鉴、传承文明是当代的宝贵财富和文化发展的历史趋势。中国传统文化是上下五千年中华民族所创造的灿烂文化，是珍贵的历史文化遗产。

(3) 传承的。中国传统文化是中国历代相传的文化成果。这里的历代指的是从有文字开始，至当代以前的各个历史时期的文化，而各个历史时期所形成的文化不是已经湮灭了，而是能世代相传的，因此，中国传统文化就是中国各个历史时期形成的诸如道德伦理、制度规章、民族风俗等各种文化成果。它是前人所创造的物质财富、精神财富的所有遗存，也就是所谓的历史文化遗产。它是具有历史继承性的历史文化遗产，它是指从同时期的政治、经济关系中分离出来，具有一种跨社会制度、跨越空间、跨越时代，具有传承活性的意识形态，它能够对当代或后代社会的政治、经济制度，对人的头脑，对人们的习俗，对人们的行为道德，对人们的生产方式有着巨大影响的意识形态。

二、中国传统文化的现实意义

中国传统文化的内容十分丰富，涵盖了中国社会生活的各个方面。它的内涵更是丰富且深刻，蕴含了中华民族最优秀的品德和精神风貌。中华民族优秀的传统文化在今天仍在发挥着积极的作用，并且被越来越多的国家所认同和重视。

中华优秀传统文化是中华民族语言习惯、文化传统、思想观念、情感认同的集中体现，凝聚着中华民族普遍认同和广泛接受的道德规范、思想品格和价值取向，具有极为丰富的思想内涵。加强中华优秀传统文化教育，要以弘扬爱国主义精神为核心，以家国情怀教育、社会关爱教育和人格修养教育为重点，着力完善人们的道德品质，培育其理想人格，提升其政治素养。

对待传统文化，我们要有科学的态度。推进社会主义文化建设要求我们做到：建设中国特色社会主义的文化，深深植根于人民群众的历史创造活动中，继承发扬民族优秀文化和革命文化传统，吸收世界文化成果，形成社会主义内容和中华民族形式相结合的全新面貌。

第一，加强中华优秀传统文化教育，是深化中国特色社会主义教育和中国梦宣传教育的重要组成部分。中国特色社会主义道路是从中华民族悠久文明的传承中走出来的，具有深厚的历史渊源和广泛的现实基础。

第二，要构建中华优秀传统文化传承体系，推动文化传承创新，就要加强中华优秀传统文化教育。当今世界，文化在综合国力竞争中的地位和作用更加凸显，越来越成为民族凝聚力和创造力的重要源泉。

第三，培育和践行社会主义核心价值观，落实立德树人根本任务，就要加强中华优秀传统文化教育。中国传统文化在两千多年前就形成了完备的理论体系和实用化的价值取向，它特别强调道德感化作用和身教作用。

三、中国传统文化的类型划分

中国传统文化依据不同的标准可以分为以下三类。

(一) 按照地理环境的不同分类

按照地理环境的不同，可将中国传统文化分为河谷型、草原型、山岳型、海洋型。中国传统文化以河谷型为主。河谷型的突出特点是内聚力和容纳性强；草原型的流动性和外向性比较明显；山岳型的封闭性和排他性较为突出；海洋型则以开放性和冒险性为主。其中，河谷型文化是一种以农业为主体的混合型文化，由于其自身的内聚力和容纳性，所以几千年来融合、同化了周围众多其他文化类型，并使其内涵逐渐丰富起来，最终成为中国传统文化的主要类型。

(二) 按照生产方式的不同分类

按照生产方式的不同，可将中国传统文化分为农业文化、工商文化、游牧文化。中国传统文化以农业文化为主。中国传统文化孕育在一个农业宗法社会的母体之中，农业经济一直是中国古代社会的主干，长期的农耕生活使中国人形成了安土重迁、追求稳定和缺乏冒险精神的性格特征，甚至把工商贸易视为“末业”加以抑制，因此，农业文化是中国传统文化的主要类型。

(三) 按照哲学思想的不同分类

按照哲学思想的不同，可将中国传统文化分为儒家文化、道家文化、法家文化等。中国传统文化的核心内容由多家思想共同构成，但儒家思想始终处于主导地位。在这一格局下，各家思想相通互补、互为关联，从而形成了中华民族共同的理想人格、价值观念和思维定式。中国传统文化特别强调“德政”思想，强调道德感化作用和身教作用，把道德的实现视为人生实现的内容。

第二节 中国传统文化的发展演进

悠远浩博的中国文化，从孕育发生到恢宏壮大，存在一个漫长而曲折的发展历程，这是物质文化、精神文化日臻丰富的历程，也是逐渐走向文明演进高峰的历程。这一历程根植于特定的地理、经济和政治环境，正是这一特定的环境和条件，造就了独特而丰富的中国文化，滋养着一代代中国人。

一、中国传统文化发展的根基

（一）中国传统文化的地理环境

中国不但疆域辽阔，而且地理位置较为优越。中国的大部分地域处于中纬度，气候温和，又位于全球最大的陆地（欧亚大陆的东部）和全球最大的海洋（太平洋的西岸），西南距印度洋也不远，季风气候发达。大部分地区雨热同季，温度和水分条件配合良好，为农业的发展提供了良好的条件。这种半封闭的地理环境和相对良好的气候，为中国古代农业文明的起源、发达以及与其相适应的人文哲学思想的生成、发展创造了条件。在这种相对发达的农业文明社会里，人们适应了日出而作、日落而息的生存方式，也养成了中华民族重农、尚农的社会共识，重实际而黜玄想的务实精神，安土乐天而缺少竞争的生活方式。

这种地理环境把“天下”视为中国，把环绕在华夏周围的邻邦视为夷狄蛮戎。“中国”一词的内涵就是中国人富于尊严感的“自我意识”的具体体现。这种构想，是中国能够长期维持大一统局面的思想基础，也是中华民族能够在长期复杂的历史发展过程中不断发展、壮大的原因之一。

中国这种相对隔绝的地理位置，形成了中国文化的“保护反应机制”。历史上虽有外族入侵，但幅员辽阔、回旋余地宽广的地理环境使中国能对周边民族潜移默化，始终保持着自己的文化风格和传承体系，使中国文化具有超强的连续性和稳定性。中国的中原文化则像一个巨大的雪球一样越滚越大，同化了周边地区的相对滞后的文化并且带动着农业文明同步发展。

（二）中国传统文化的经济基础

人类文化的类别大致有游牧、农耕、商业三种类型。游牧、商业文化源于内部经济不足、需向外寻求。农耕文化可自给自足，无须外求，文化特性表现为和平性的。

中国地处东亚大陆，地域辽阔，黄河、长江哺育着亚洲东部这片广袤而肥沃的土地；太平洋吹来的东南季风，给中原大地带来了充沛的雨水；雨热同期的气候条件，使江河得以有效灌溉，这些都为中华先民从事精耕细作的农业生产提供了极为优越的条件。得天独厚的自然条件和地理生态环境，孕育了华夏民族以农耕经济为主体的经济生产模式。

中国古代统治者深知农业繁荣是国固邦宁的根底所在，都把农业作为立国之本，农本商末、重农轻商的观念在中国式的农业社会可谓根深蒂固。由于统治者的重视，加上农耕工具的改造和耕作技术的提高，极大地促进了农业文明的发展，为传统文化的产生和发展提供了经济基础。在中国传统社会里，人们通常把人民划分为士、农、工、商四等。

中国农耕经济的持续性造就了中国文化的持续性。中国的农耕社会经历了无数次的考验，始终未曾陷入难以克服的困境，而循环式的复苏和进步则周而复始，使农业自然经济得以长期延续。农耕经济的持续性造就了中国文化的持续性，传统农业的持续发展保证了中华文明的绵延不断，使其具有极大的承受力、愈合力和凝聚力。

中国农耕经济的多元成分结构，促成了中国文化兼收并蓄的包容性，彰显了强健的生命延续力。

农耕经济的多元成分结构，促进了中国封建社会经济的充分发育，造就了灿烂辉煌的中国古代文化。

二、中国传统文化发展的历程

文化的生成、发展都具有阶段性。中国文化自有其独特的发展脉络。这种脉络当然与王朝更替相关联，但文化史的进程又往往突破王朝界域，有着自身的发展序列。概言之，悠远浩博的中国文化，从孕育发生到恢宏壮大，有一个漫长而曲折的发展历程。这一历程是物质文化、精神文化日臻丰富的历程，也是“人不断解放自身”，走向文明演进高峰的历程。

(一) 先秦时期中国传统文化的发展历程

夏、商、西周至春秋战国时期，奠定了中国文化的基本构架。

1. 夏朝时期中国传统文化的发展

公元前21世纪，奴隶制国家——夏朝被建立。夏本来是一个部落的名称，以善于治水闻名。其首领鲧因治水失败而被放逐，但鲧之子禹却因治水有功而被拥立为部落联盟首领。从此，夏部落日益强盛起来。当时部落首领的继承依据的是传统的“禅让制”，但是禹去世后，禹的儿子启公开破坏“禅让制”，继承父位，自称“夏后”，这是我国历史上第一个国王。“禹传子”，说明“世袭制”代替了“禅让制”，“公天下”变为“私天下”，这是国家形成的一个信号，也是我国从原始社会过渡到奴隶社会的标志。

2. 殷商时期中国传统文化的发展

商人在长期定都的条件下，文明水平有了显著提高。文字、典籍、青铜器以及

“殷”这座目前所确认的中国最早的古都，标志着古代中国已跨入文明社会的门槛。

殷人观念中的神，地位最高的是“帝”或“上帝”。它统率各种自然力，也主宰人间事务。商王既是政治上最高的统治者，又是最高祭司。以尊鬼重神为特色的殷商文化，是人类思维水平尚处于蒙昧阶段的产物。随着商周之际的社会大变动，人们的实践经验日益丰富，智力、体力水平不断增进，对神的力量的崇拜渐次减弱，对于自身能力的信心与日俱增，于是，以神为本的文化逐渐向以人为本的文化过渡。

3. 周朝时期中国传统文化的发展

对于中国文化的发展而言，周朝入主中原，具有决定文化模式转换的重要意义。公元前11世纪，作为偏处西方的小邦周，终于战胜并取代了大邦殷，建立起周朝。周朝建立后，一方面因袭商代的种族血缘统治办法，另一方面实行文化主旨上的转换，正如《诗经》所云：“周虽旧朝邦，其命维新。”

周人的“维新”，具体体现在确立宗法制和制礼作乐上。

首先，周人确立了兼备政治权利统治和血亲道德制约双重功能的宗法制。宗法制深深地影响了中国社会，虽然汉以后的宗法制不再直接表现为国家政治制度，但其强调伦常秩序、注重血缘身份的基本原则与基本精神却依然维系下来，并深切渗透于民族意识、民族性格、民族习惯之中。

其次，周人确立了把上下尊卑等级关系固定下来的礼制和与之相配合的情感艺术系统（乐），即“制礼作乐”。周代的礼制是周代制度文化、行为文化和观念文化的集中体现，它既是典章制度的总汇，又是政治生活、经济生活、社会生活、家庭生活各种行为规范的准则。周人之“礼”包含形式与内容两个方面。从形式来看，“礼”包含各种礼节和仪式，各级贵族都要严格遵循合乎其等级身份的礼节仪式，以体现君臣、父子、兄弟、夫妻的上下尊卑之别。礼的内容，一是“亲亲”，贯彻血缘宗族原则；二是“尊尊”，执行政治关系的等级原则。周代礼制的主旨就是“别贵贱，序尊卑”，以保证国家的长治久安。

周人所确立的“礼”，为后世儒家所继承、发展，以强劲的力量规范着中国人的生活行为、道德情操和是非善恶观念。中国传统的“礼文化”或“礼制文化”，即创制于西周。

4. 春秋战国时期中国传统文化的发展

春秋战国时期是一个礼崩乐坏的时代，传统礼制逐渐解体，新的法制逐渐形成，社会处于大变革时期，反映在社会上层建筑方面，两个突出而明显的特点是：其一，传统的“世卿世禄”的等级制度迅速走向衰败；其二，“学在官府”的局面已经开始崩解。但春秋战国时期也是文化辉煌的时代，最根本的原因是社会大变革的时代背景为各个阶级、集团的思想家们发表自己的主张、进行“百家争鸣”提供了历史舞台；同时，它也有赖于多种因素的契合。

首先，礼崩乐坏的社会大变革，将原本属于贵族最底层的士阶层从沉重的宗法制羁绊中解放出来，在社会身份上取得了独立的地位。士的崛起，意味着一个以“劳心”为务、从事精神性创造的专业文化阶层形成，中华民族的物质生活与精神生活注定要受到他们的深刻影响。

其次，激烈的兼并战争打破了孤立、静态的生活格局，文化传播的规模日盛，多因素的冲突、交织与渗透，提供了文化重组的机会。

再次，士阶层创造性的精神劳动为道术“天下裂”提供了前提条件。当时诸侯各国致力于富国强兵，对学术研究采取宽松的政策。特别是战国时期，各诸侯国对“士”往往都采取宽容的政策，允许学术自由。这就为“士”著书立说、发表个人的意见创造了良好的条件，从而促进了战国时期的思想解放。

最后，随着周天子“共主”地位的丧失，使原来由贵族垄断的文化学术向社会下层扩散，下移于民间，打破“学在官府”的局面，致使“私学勃兴”。孔子虽非私学的首创者，但孔子作为平民阶级的思想代表，所创立私学规模最大、影响最深，这对于冲破“学在官府”、贵族垄断文化的局面，促进“学在民间”的文化下移，广泛传播文化，推动历史前进，具有明显的积极作用。

正是如上种种条件的聚合，为中华民族的精神发展创造了一种千载难逢的契机。气象恢宏盛大的诸子“百家争鸣”，正是在这样的文化背景下应运而生的。

(二) 汉唐时期中国传统文化的发展历程

随着汉代“罢黜百家，独尊儒术”文化政策的推行，儒学取得了“定于一尊”的显赫地位，原来并不专属儒家的《诗》《书》《礼》《易》《春秋》，成为儒家独奉的经典，并被西汉统治者正式尊为“五经”“立五经博士”，并推行“以经取士”的选官制度，传经之学和注经之学成为专门学问。这就是汉代至清代的官方哲学——经学。

汉武帝以后，儒家经典覆盖政治、思想、文化各个领域，但是，由于学术派别不一，经学内部爆发出今古文之争。古文经学的特点是历史的，讲文字训诂，明典章制度，研究经文本身的含义。

从武帝时代直到西汉末，今文经学居于“官学”正统地位。在今文诸经中，《春秋公羊传》尤为重要，以治《春秋公羊传》起家的董仲舒，在著名的《春秋繁露》这样一部今文经学著作中，淋漓尽致地阐述了“天人感应”等学说，从而建构起天人一统图式，对中国传统思想文化产生了极为重要的影响。

从汉武帝“罢黜百家，独尊儒术”后，儒家思想成为两千多年来中国古代社会的正统思想，经学是儒家思想的核心，可见经学对中国传统思想文化影响之深远。

在汉唐时期，以经学治国，通经即可以为仕，因此，儒家经学渗透到政治、思想、学术、文化等各个领域。尤其是学校教育和科举考试，几乎都是以经学为基本内容和重要标准，经学成为历代统治者维护其统治的精神支柱。

(三) 两宋时期中国传统文化的发展历程

宋代文化最重要的标志是理学的建构。

宋明时期，儒学吸收佛道思想，从理论上进一步得到完善，形成一种新的理论形态——理学。宋明理学是高度哲学化和政治伦理化的儒学，是儒学发展的最高理论形态，是儒学发展史上的鼎盛期。

两宋理学，不仅将纲常伦理确立为万事万物之所当然和所以然，亦即“天理”，而且高度强调人们对“天理”的自觉意识。从“格物”到“致知”，实质上将外在规范转化为内在的主动欲求，亦即伦理学上的“自律”，有了这一自律，方有诚意、正心、修身乃至齐家、治国、明德于天下的功业。

南宋着意于知性反省、造微于心性之际的“内圣”之学骤盛，与王安石“熙宁变法”的失败有着较为密切的关系。。

两宋文化还有一个重要内容，就是教育和科技发达。从教育来看，宋代官学系统有以下两大特色。

第一，在学校教育制度上等级差别不断缩小，如官学向宗学转化后无问亲疏，国子学向太学转化后无问门第，这样一种变化无疑有利于低级官僚子弟乃至寒门子弟脱颖而出。

第二，重视发展地方学校，至北宋末期，地方州县学校发展到高峰。教育的发展与深刻的变革使宋代整个社会的文化素养超过汉唐，宋文化繁盛的基础正在于此。从科技来看，指南针、印刷术、火药武器三项重大发明创造是宋代科技最为突出的成果。北宋贾宪、南宋秦九韶在数学领域做出了具有世界领先水平的贡献。另外，天文学、地理学、地质学、医药学、冶金术、造船术、纺织术、制瓷术等方面也具有卓越的成就。

(四) 明清时期中国传统文化的发展历程

明清是中国君主专制制度登峰造极的时代。

明清两代的文化，一方面，是文化专制主义空前强化，“程朱理学”占据统治地位；另一方面，与社会形势的变化相适应，又出现了具有市民反叛意识的早期启蒙思潮。例如，王阳明的“致良知”，打破了“程朱理学”一统天下的局面。他的门生王艮以及泰州学派的传人李贽则走得更远，已有较为鲜明的市民反对派气息。明清之际三大思想家——黄宗羲、顾炎武、王夫之，以及方以智、唐甄、颜元、戴震、焦循等人，更从不同侧面与封建社会晚期的正统文化“程朱理学”展开论战，有的批判锋芒直指专制君主。

明代中后期市民文学的兴起，其理论代表是李贽的“童心说”和公安派的“独抒性灵”，其代表作品为长篇小说《金瓶梅》、短篇小说集“三言”“二拍”等，也是城市发展和某些新的生产方式萌芽的社会现实的反映。生动活泼、富于民间生活情趣的市民文学，较之明代前期内容空虚、徒具华丽形式的“台阁体”文学，以及前七子、后七子的“文必秦汉、诗必盛唐”的文学复古运动，是一个巨大的跃进。至于清代出现的《儒林外史》《红楼梦》等作品，将古典现实主义文学推向高峰。

明清时期最富于战斗精神的政治哲学著作是黄宗羲的《明夷待访录》和唐甄的《潜书》，黄宗羲、唐甄用扩大相权、限制君权、提倡学校议政等办法来修补封建专制制度。与孟德斯鸠的《论法的精神》、卢梭的《社会契约论》相比较，就可以发现，虽然它们在批判封建专制帝王的猛烈程度上可谓东西呼应，但黄宗羲、唐甄提不出新的社会方案，孟德斯鸠、卢梭则拿出“三权分立”的君主立宪制、民主共和制这样的资产阶级国家蓝图。这表明，中国明清时期的进步思想与18世纪欧洲启蒙思想属于两个不同的历史范畴，前者是中世纪末期的产物，后者是近代社会的宣言书。

这时，明清两代进入了中国古典文化的总结时期。在大型图书的编纂方面，《永乐大典》被公认为世界上最早的、最大的一部百科全书。《康熙字典》是世界上最早的字数最多的字典。《四库全书》是至今为止世界上页数最多的丛书。在科学技术巨著方面，李时珍的《本草纲目》、潘季驯的《河防一览》、徐光启的《农政全书》、宋应星的《天工开物》、徐霞客的《徐霞客游记》、方以智的《物理小识》等都是封建社会中晚期科学成就的高峰。在学术方面，清代乾嘉学者对于中国传统学术文化的承传不坠以及向前推进做出了不可抹杀的贡献。

明末清初，利玛窦、汤若望等人将近代的世界观念以及西方文艺复兴时期的自然科技成就广泛传播于中国学术界，打开了部分中国士人的眼界。

明清两代，是整个世界格局发生剧变的重要时期，在欧亚大陆的远西端，新兴的资本主义呼唤来工业革命，瓦特发明的双向运动蒸汽机，使欧洲人获得了一盏“阿拉丁神灯”。产业革命催化国际分工，将全世界卷入商品流通的大潮之中，把中国文化推入了一个蜕变与新生并存的新的历史阶段。

第三节 中国传统文化的创造性转化与创新性发展

一、中国传统文化创造性转化与创新性发展的科学内涵

中国传统文化创造性转化与创新性发展的科学内涵问题既是中国传统文化创造性转化与创新性发展问题研究中的基本问题，更是目前讨论中的热点问题。不过，从目前的讨论来看，问题主要集中在“创造性转化”和“创新性发展”的基本内涵、相互关系及其与“有区别地对待”“有扬弃地继承”以及“与当代文化相适应”“与现代社会相协调”之间的相互关系问题的理解上。

对于“创造性转化”与“创新性发展”之间究竟有着怎样的逻辑关系或内在联系，学术界有不同的看法。其中，有观点认为，这实际上提出了两个方面的不同要求：一方面要对传统文化进行“创造性转化”；另一方面要对传统文化进行“创新性发展”。“创造性转化”是从传统文化到当代文化的革命性变革；“创新性发展”是对其中有价值的、合理的东西的修正、补充、丰富，乃至增添前所未有的新内容。也有观点认为传统文化的“创造性转化”是其“创新性发展”的前提和基础，传统文化的“创新性发展”是其“创造性转化”的飞跃。然而，“创造性转化”和“创新性发展”，是以“创造”“创新”为核心，既有联系，又有区别，决不能等同视之，更不能相互替代。其中，“创新性发展”以“创造性转化”为基础，强调的是“发展”，是对其中的优秀部分包括思想、观念、命题、概念的思想内涵的“补充、拓展、完善”，“创造性转化”以“创新性发展”为旨归，强调的是“转化”，是从文化形态上对其中有借鉴价值的内涵和陈旧的表现形式的“改造”。“创造性转化”是“创新性发展”的前提条件和实现形式，“创新性发展”是“创造性转化”的价值指向、必然结果和逻辑递归。两者之间既相互区别又相互联系，相辅相成、相互补充、相互促进、相得益彰，共同构成传统文化现代化发展的动力和机制、路径和方法，因而不仅具有丰富而深刻的思想内涵，而且更具有重要的理论价值和实践意义。

“创造性转化”和“创新性发展”作为“文化传统”的内在要求和现实路径，既以“有区别地对待”和“有扬弃地继承”为前提，更以“与当代文化相适应”和“与现代社会相协调”为目标，三者之间的有机统一，不仅直接构成了中国传统文化“创造性转化”和“创新性发展”这一时代性命题的科学内涵，而且直接构成了中国传统文化观的理论框架和科学体系。而这恰恰也正是这一问题备受关注并具有重要的理论价值和实践意义的内在根据和深层原因。

二、中国传统文化创造性转化与创新性发展的重要性

中国传统文化的创造性转化与创新性发展的历史必然性问题，既是中国传统文化的创造性转化与创新性发展问题研究中的根本问题，更是目前需要深入研究的问题。而这一问题的深入研究对于增强自觉性，激发创造性无疑具有重要的理论价值和实践意义。

(一) 中国传统文化创造性转化与创新性发展的历史必然性

从历史与现实、理论和实践的结合上来看，中国传统文化的创造性转化与创新性发展的历史必然性在于以下几方面。

首先，因为中国传统文化的创造性转化与创新性发展是中国传统文化创新发展的客观规律，是中国传统文化在其发展过程中始终保持其质的规定性或质的相对稳定性的内在要求和内生动力。

其次，因为中国传统文化作为中华民族在特定的自然环境和社会历史条件下的独特创造，其本身就是与其特定的社会经济和政治相适应的。随着传统社会向现代社会的转型和发展，努力实现中国传统文化的创造性转化与创新性发展，不仅是文化传统自身的内在要求，而且更是社会转型和发展的内在要求。只有努力实现中国传统文化的创造性转化与创新性发展才能为社会的转型发展提供强大的精神动力和精神指引，也才能为中国传统文化价值和功能的实现奠定坚实的基础。

再次，因为中国传统文化作为历史的产物，在其形成和发展过程中，不可避免会受到当时人们的认识水平、时代条件、社会制度的局限性的制约和影响，因而也不可避免会存在陈旧过时或已成为糟粕性的东西。这就要求人们在学习、研究、应用传统文化时，不仅要坚持“古为今用”“推陈出新”的基本方针，而且必须结合新的实践和新的时代要求，“有区别地对待”和“有扬弃地继承”。唯其如此，才能使中国传统文化“与当代文化相适应”“与现代社会相协调”，才能在赋予中国传统文化以新的时代内涵和新的生命精神的同时，为推动社会主义文化繁荣兴盛、为实现中华民族伟大复兴提供丰厚的历史文化资源和强大的精神支柱、精神动力。

最后，因为当代中国的伟大社会变革，不是简单延续我国历史文化的母版。要使中国传统文化与社会主义市场经济、民主政治、先进文化、社会治理的实践要求相协调、相适应，就必须努力实现中国传统文化的创造性转化与创新性发展。

(二) 中国传统文化创造性转化与创新性发展的现实可能性

从历史与现实、理论和实践的结合上来看，中国传统文化的创造性转化与创新

性发展的现实可能性在于以下方面。

首先，是由传统作为传统的本质规定性决定的。而传统之所以为传统，就是因为它是生长的、日新的、活的生命，而不是僵死的和一成不变的历史遗存；它不仅属于历史，属于过去，而且更属于当下，属于未来；不仅具有主体性和群体性、连续性和阶段性、继承性和创新性，而且更具有从文化原点出发，向着未来发展的强烈的指向性和开放性；不仅意味着继承，而且更意味着创新。创新以继承为前提和基础，而继承的根本目的在于创新。在继承中创新，在创新中继承，既是文化传统的客观规律，更是创造性转化与创新性发展之所以可能的内在根据和深层原因。

其次，是由中国传统文化本身所具有的创新性、开放性和包容性决定的。如果说经济全球化的快速发展为创造性转化与创新性发展提供了充分而必要的外部条件的话，那么，中国传统文化本身所具有的这种开放性和包容性则无疑为创造性转化与创新性发展提供了充分而必要的现实条件。

再次，是由中国传统文化本身具有的历史性和超越性决定的。中国传统文化是在特定历史条件下的独特创造，具有历史性。但其作为人之为人的本质规定性、作为人的存在方式和生活方式，同时又具有“跨越时空界限、超越国界、富有永恒魅力、具有当代价值”的超越性。换言之，中国传统文化作为中华民族在中国大地上的独特创造，作为中华民族的独特精神标识，既蕴含着发展为当下文化和未来文化的“种子”，又蕴含着向当下文化和未来文化创造性转化与创新性发展的文化“基因”。而其中所蕴含的这些“种子”和“基因”则不仅为创造性转化与创新性发展奠定了坚实的基础，而且为中国传统文化的创造性转化与创新性发展提供了无限的可能性。

最后，是由建设中国特色社会主义和实现中华民族伟大复兴的现实需要决定的。中国特色社会主义是中国历史和文化的必然选择。建设中国特色社会主义需要走中国道路，弘扬中国精神，凝聚中国力量，需要培育和弘扬社会主义核心价值观，需要增强国家文化软实力，需要实现国家治理体系和治理能力现代化，需要努力实现中国传统文化的创造性转化与创新性发展。

第二章　中国古代哲学思想与传统美德

思想文化凝聚着民族智慧的精华，经历漫长的积淀与传承，具有广博深厚的内涵，是民族文化的重要内容。而传统美德是中华民族生生不息的文化根基，也是我国现代化进程中不可缺少的道德文化根基。本章主要围绕中国古代的哲学思想解读、中国传统美德的内容梳理、中国传统美德的当代价值展开论述。

第一节　中国古代的哲学思想解读

中国文化源远流长，其中的思想文化博大精深，包含儒家、道家、佛家、法家、墨家、名家等众多流派。一方面，不同的流派表现出不同的世界认知、价值追求和思维方式；另一方面，不同流派间相互影响、相互融合，共同推动了时代的发展，塑造了民族的个性与品格。

一、中国古代诸子百家思想

春秋战国时代，王权衰落，诸侯争霸，为了壮大实力，各国开放政权以延揽人才，打破了原有的贵族政治体制，使得原本几乎没有资格参与政治的庶民可以发表政见并参与政治决策。这一时期有思想的知识分子异常活跃，面对现实的社会问题、人生问题，提出了解决的办法。个人与国家之间的利害关系相互影响，致使各种学说、思想纷纷出现，出现了“百家争鸣”的繁荣局面。

（一）“百家争鸣”形成的背景分析

从周平王迁都（前770）到秦始皇统一中原（前221）这500多年间，习惯上划分为春秋和战国。在这个动荡与变革的时期，中国文化却奏起了辉煌的乐章。春秋战国时期之所以能达到中国文化的巅峰状态，原因有以下五点。

（1）社会大变革，为思想家们发表自己的主张提供了历史舞台。由于战争不断，在战争中衰败的诸侯大臣们及他们收养的家庭文人乐师流落四方，促使了学术下移，形成了从“学在官府”到“学在四夷”的转变，因而形成了诸子百家。诸子百家纷纷著书立说，广收门徒，使互相争辩成为可能。

(2) 礼崩乐坏的社会大动荡，使士阶层迅速崛起。士阶层的崛起意味着一个以“劳心”为务，从事精神创造的专业文化阶层从此形成。在周代，统治者分为四个等级，天子、诸侯、卿大夫、士，士处于最低层。到了春秋战国时期，士取得了独立的地位，再加上诸侯争霸，渴求人才，养士之风大盛，更加助长了士阶层的声势。

(3) 激烈的兼并战争，提供了文化重组的机会。在相互兼并过程中，不同的文化相互渗透、相互传播和影响，致使各种新文化应运而生。

(4) 竞相争霸的诸侯列国，尚未形成统一的文化观念。学术环境活泼浓厚，滋养了不同的文化学派。

(5) 宫廷文化官员周游列国，走向民间，推动了私人学术集团的兴起。也进一步促进了当时诸子峰起、学派林立的局面。

(二) 诸子百家的主要学派

所谓诸子百家，诸子，以前为称呼，指孔子、老子、庄子、荀子、孟子、墨子、鬼谷子等；百家，是指学派林立的现象。西汉司马谈将诸子百家概括为“儒、墨、道、法、名、阴阳”六家，东汉班固又补充了“农、纵横、杂、小说”四家，形成了十家有影响的学派。各学派都有自己鲜明的观点和特征，下面以儒家思想、道家思想、墨家思想、法家思想、兵家思想为例进行简单分析。

1. 儒家

作为对古代士人与社会发展起着重要影响。三家思想各有体系，特色鲜明，彼此间又相互影响，在历史的演进中推陈出新，涌现了无数的思想家，也产生了大量的经典，成为中华民族宝贵的精神财富。其中，儒家思想以“仁”为核心，强调明道弘毅，希求由“修身”而“希贤希圣”，治国平天下。

(1) 先秦儒学。先秦儒家主要有三位代表人物，分别是孔子、孟子、荀子，他们的思想为后世儒学的发展奠定了基础。

1) 孔子。孔子 (前551—前479)，名丘，字仲尼，春秋末期鲁国人。孔子是儒家学说的创始人。在孔子的思想中，“仁”是核心概念。“仁”之概念并非孔子首创，但孔子将原来与“忠”“信”“敬”“义”等其他伦理概念地位平等的“仁”提升为人格的至高境界。孔子以为君子应当时刻以仁自励，放弃了仁德，君子便无从成就自己的名声。爱，作为人类的美德与推动社会和谐的重要前提，成为先秦诸子思考的重要概念。不同的学派，关于爱的表述各不相同，墨子提倡无差别的爱人如己的“兼爱”，老子主张“不仁”和“慈”。儒家仁爱思想的独特性在于它是有差等的爱，由近及远、推己及人的爱。关爱他人的生发处在于对父母兄长的“孝悌”，“孝”是尊重父母，“悌”是敬重兄长。

2）孟子。孟子（约前372—前289），名轲，字子舆，战国邹人。孟子倡导王道仁政，反对霸道，并以“仁义”游说齐、梁、鲁、邹、滕等国。然而，诸侯国君心思各异，强国志在富国强兵、并吞天下，弱国备受侵凌，欲求自保而不得，由此，阴谋诈术，强取豪夺，无所不用其极，孟子的仁政理想付诸一梦。然而，孟子颇具思辨色彩的性善学说与性命思想、深得人心的民本思想和仁政主张，使他得到后世的尊崇，被尊为“亚圣”，在儒学史上影响卓著。孟子主张“性善”论，认为人生来即有向善之心。以性善论为基础，孟子将孔子的“德治”思想发展为“仁政”学说。在政治关系方面，发展了古代的“民本”思想。在经济关系方面，主张“制民之产”，使百姓能够生活下去，以保持小生产的相对稳定性。

3）荀子。荀子（约前313—前238），名况，字卿，战国末年赵国人。公元前255年，他被楚相春申君任命为兰陵令，春申君死后免官，居兰陵著书授徒，其著作由后人辑为《荀子》32篇。关于荀子性恶论的内涵，多有令人困惑之处，历来学者多有探讨，并存在两种相反的论点：或者否定性恶论，或者揭示荀子人性论相反相成的两个维度。

从孔子到孟子再到荀子，体现了先秦儒学的基本脉络。孔子奠定了儒家学说发展的基础；孟子强调通过个体的内在修养，培养完美的君子人格；而荀子在天人相分的前提下，主张“隆礼重法”。孟子为儒家理想主义流派之代表，荀子为儒家现实主义流派之代表，精辟地揭示了两者的思想特质。儒家至荀子，具有了更强的现实性，其礼法思想既继承了儒家传统的礼治思想又具有“重法”的特色，荀子也因此是“从儒家到法家的过渡人物”。荀子的弟子韩非、李斯后来成为法家的代表人物。

（2）汉代儒学。汉初，统治者为了恢复生产和安定人心，采取与民休息的政策。经过60多年的休养生息，汉朝的经济实力逐渐恢复和增强。为了加强中央集权，适应国家统一的发展形势，积极有为的政治思想成为时代的需要。这一时期最值得注意的儒学思想家是董仲舒。

董仲舒（前179—前104），广川（今河北枣强）人，汉代儒家的代表人物。董仲舒适应汉武帝加强中央集权的需要，提出“春秋大一统”和“罢黜百家，独尊儒术”的主张。他认为大一统是天地的常理、国家的需要，要维护政治的统一，就必须实行思想上的统一。他提出不在儒家六经范围之内的各家学说都应罢黜。

经过董仲舒的改造，儒学形成了神学化的儒学体系，儒学由先秦时期百家争鸣中的一家而居于“独尊”，从富有自由与批判精神的子学而成为受官方推崇的学说。

（3）宋明以来的儒学。尽管阳儒阴法，但统治者的大力提倡依然推动了儒学的发展。魏晋南北朝时期，儒学吸收佛教、道教精神，有了新发展。唐朝统治者奉行三教并行政策，即尊道、礼佛、崇儒。时至宋朝，复兴儒学之运动蔚然兴起，融合佛道思想来解释儒家义理，形成了以理为核心的新儒学体系——程朱理学。与程朱理学同时，陆王心学亦产生广泛影响。在理学昌盛的同时，一股具有反传统倾向的启蒙思潮悄然兴起。

1）程朱理学。程朱理学大体经历了从周敦颐到程颢、程颐兄弟，最后由朱熹集大成的过程。周敦颐，强调“圣人定之以中正仁义而主静”，自注“无欲故静”，融合了道家、佛学思想。程氏兄弟提出“天理”观念，认为“天命”“义理”“性”本为一物，并构建了自己的思想体系，为朱熹的集大成奠定了基础。理学以伦理观为核心，注重“穷理尽性”，具有强烈的哲理性与思辨性，既注重“内圣”，主张立诚存敬，又关怀社会，注重礼乐教化与世风改易。在此着重分析朱熹的思想。“理”是程朱理学的道德总原则，朱熹对理进行了充分论证，在他看来，理不仅是宇宙的本原、万物的主宰，也是社会道德规范的源泉。朱熹发展了“理一分殊”（张载）思想，以为理在物先。在希贤希圣之外，朱熹重视儒学教化，关注社会秩序的重建。此外，他以“理欲之辨”解说历史，提出“王霸之辨”的历史观。

2）陆王心学。南宋时期，理学家陆九渊把“心”作为宇宙万物的本原，提出“心”就是“理”的主张，认为天地万物都在心中。他认为穷理不必向外探求，只需反省内心就可得天理。他的学说被称为“心学”。明朝中期以后，封建专制统治陷入危机。王阳明认为，社会动乱的原因是人心破坏，只有通过整治人心，才能挽救统治。王阳明成为心学的集大成者。这一学派也称为“陆王心学”。王守仁（1472—1529），字伯安，余姚人，因筑室绍兴之阳明洞，世称“阳明先生”。王守仁早年学习朱学，后来怀疑朱学，并提出了以“致良知”和“知行合一”为主要内涵的心学。

“致良知”是王守仁的重要伦理观点之一，是他根据孟子的“良知”和《大学》中“致知”的观点加以综合、发展而创立的学说。王守仁以为吾心之良知，即所谓天理。良知是心之本体，天理的昭明灵觉就是人心之虚明灵觉。他对朱熹反复强调的格物致知进行了一番新的解释，即将“物”解为“事”，将“格”解为“正”。这样，“格物”便是在意念发动处的件件事情中为善去恶，致知格物其实就是穷究吾心之良知。

关于对“理”的探求，王守仁认为“万物皆归于吾心”，并由此说明进行道德修养只要求之于心。

知行合一是中国古代哲学中认识论和实践论的命题，主要是道德修养、道德实践方面的。明武宗正德三年（1508），王守仁在贵阳文明书院讲学，首次提出“知行合一”说。所谓“知行合一”，不是一般的认识和实践的关系，而是相互渗透、相互支撑的关系：一方面，知中有行，行中有知，“知行原是两个字，说一个工夫”；另一方面，以知为行，知决定行。王守仁的知行合一观对儒家思想的发展，乃至对整个中国传统思想文化的发展，都具有重大意义。

3）明清启蒙思潮。明清时期，有识之士感于复古与理学之弊，滋生了反传统倾向，并形成了影响广泛的启蒙思潮。启蒙思潮的主要代表人物为李贽、黄宗羲、顾炎武、王夫之等。李贽（1527—1602），号卓吾，福建泉州人。他反对以孔子的是非为标准，认为是非标准应依照时代变化而变化。他抨击等级制度，反对男尊女卑，以为女子亦有见解。他提倡个性解放思想，认为人人都应该发挥和施展自己的个性和才能。

黄宗羲、顾炎武、王夫之为明末清初三大思想家，思想进步开明。黄宗羲从明亡的历史中看到了封建专制制度的腐朽，尖锐地揭露君主专制是天下之大害。他提出“天下为主，君为客”的民主思想，主张以“天下之法”取代皇帝的“一家之法”。顾炎武重视对实际情况的了解，形成了经世致用的思想。他主张到实践中求真知，力求解决国计民生的现实问题。他经过实地考察写成了巨著《天下郡国利病书》，记述了山川形势、物产风欲、民生利弊，有很高的实用价值。王夫之更为彻底，主张“公天下”，反对“以天下私一人”。

2. 道家

儒家主张士人以积极有为的心态重建社会秩序，以弘道为己任，张载“为天地立心，为生民立命，为往圣继绝学，为万世开太平”很好地表达了儒家宏大高远的胸怀。与此不同，道家主张“道法自然”，道家在中国思想史上代有变迁，先秦时期的老庄学说影响深远，战国末期的黄老之学至汉初成为重要的政治思想，以道家为本的魏晋玄学（冯友兰称为“新道家”）体现出浓厚的思辨色彩。唐代以后，就思想体系而言，道家鲜见创新与建树，但其深邃的哲思则成为后代思想家的重要资源与士人人格的重要内涵。

(1)《老子》。老子，姓李，名耳，字聃，楚苦县厉乡曲仁里（今河南鹿邑）人，道家学派创始人。老子之生平事迹如蒙云雾，《老子》之成书也是学术界难以解开的谜团。《老子》现存三个版本：楚简本、帛书本和传世本。帛书本于1973年出土于长沙马王堆汉墓，抄写年代在西汉初年。楚简本于1993年出土于湖北荆门市郭店村楚墓，此墓下葬年代为战国中期偏晚，即公元前4世纪中叶至前3世纪初。传世本的成书年代则众说纷纭，有春秋末期说、战国末期说、战国前中期说等。

《老子》认为自然、无为是道的本性，“道法自然”揭示了整个宇宙的特性，以及生生不息的流行规律。道是无为的，个人也应顺应自然，超迈逍遥，把个体的自然存在和精神自由置于一切外在的附加物之上，走出人生的困境。《老子》主张“返璞归真”，认为人的生命存在要与自然沟通，节制和超越物质欲望，自始至终保持自己的自然天性。无为并非不作为，而是以“无为”自然求得“无不为”，即“无为而无不为”。“无为”即顺其自然，不任意妄为，这样就能收到很好的效果。

(2)《庄子》。庄子（约前369—约前286），名周，蒙（今河南商丘东北，一说在今安徽蒙城）人。现存《庄子》33篇，其中内篇7篇为庄子自作，外篇15篇和杂篇11篇，或以为庄子后学之作。相较于老子而言，庄子更强调人的精神超越，以达到与天地精神合而为一的境界，实现个体的逍遥。

(3)《淮南子》。除《老子》《庄子》之外，以道家思想为主的著作还有《列子》《黄老帛书》《淮南子》等。《淮南子》又名《淮南鸿烈》，是西汉时期淮南王刘安召集门客撰著之书。《汉书·艺文志》列《淮南内篇》《淮南外篇》于杂家，冯友兰《原杂家》也以《淮南内篇》为杂家。《淮南子》一书内容繁杂，涉及哲学、政治、经济、军事、天文、地理、农学、生物、音律、神话等方面，可以说其是我国古代一部百科全书式的著作。全书以“太上之道”为宗旨，统合百家之说，将各篇的内容熔铸成一个有机的整体。

3. 墨家

墨家创始者为墨子。墨家思想主张兼爱、非攻，强调节用、节葬，具有平民思想的特点。

(1) 尚贤，就是尊重贤人，他以为凡是做官的都是贤人，主张打破世袭制，不要父传子，而要贤传贤。

(2) 尚同，把天下人组织起来，全国都层层向上同。同时，对君主无须进贡。

(3) 兼爱，设想如果诸侯相爱，兼爱各国之人，就不会打仗了。

(4) 非攻，反对义之战。

(5) 非命，不要相信命运，只要做个好人，一切就会好起来。

(6) 节用，认为如果贵族减少无用的浪费，财富就会增加。

(7) 节葬，认为厚葬是极大的浪费。

4. 法家

中国古代尊崇儒家思想，而法家思想在政治中发挥重要作用，所谓“阳儒阴法”“外儒内法”。与儒、墨、道家思想相比，法家思想在政治实践中利于君主统治，在富国强兵、维护稳定方面表现出了实效性。法家源于春秋时的管仲、子产，发展于战国时的商鞅、慎到、申不害，集大成于战国末期的韩非。韩非的法治思想是在战国末年封建中央集权专制即将形成的形势下提出来的，它的理论核心是通过加强君主专制，强化中央集权，即“事在四方，要在中央，圣人执要，四方来效”。

“事在四方，要在中央”，是指立法大权归统一的中央政府掌握，这表明诸侯分权的政治局面即将结束，郡县制将要完全取代分封制。“圣人执要”，是指中央政府的权力最后决定权在皇帝手中，即实行君主专制独裁。这种加强君权的主张，适合当时即将出现的封建大统一的要求，受到秦始皇和后来封建帝王的欢迎。韩非继承了商鞅的“法”、申不害的“术”、慎到的“势”，集法家之大成，构成一个“以法为本”的法、术、势相结合的完整的政治思想体系，为封建专制主义奠定了思想基础。

5. 兵家

中国的兵家思想主要表现于众多的兵书当中，如《孙子兵法》《吴子兵法》《司马法》《孙膑兵法》《六韬》等。兵家著作中以《孙子兵法》影响最大，该书成于公元前五世纪春秋末期，是中国也是世界上最古老的军事理论著作。《孙子兵法》的作者孙武，字长卿，人称孙武子、吴孙子，春秋末期齐国人，生卒年月尚不详，大约与孔子是同时代人。据《史记》记载，公元512年，孙武从齐国出走至吴。经吴国大臣伍子胥推荐，以兵法进见吴王阖闾。他以惊世骇俗之宏论、卓越远见之谋略使吴王为之动心，于是重用。此后，他被任为将军，和伍子胥共同辅助吴王，“西破强楚，入郢，北威齐、晋，显名诸侯”。孙武主张改革图强，亩大税轻，“士少”“富民”，鼓励发展小农经济，以求富国强兵。

二、中国古代贵和尚中的精神思想

贵和尚中是中国传统文化的基本精神之一，它以中庸思想为理论基础，以“和而不同”为基本内涵，把追求统一、稳定、和谐视为最高目标。这种思想理念经过系统化与理论化，成为一种客观精神力量，使得在这种理念孕育下的中国人十分注重和谐局面的实现和保持，以整体为本位，着力维护整体利益，做事不走极端，求大同存小异，保持人际关系和谐与社会和谐。这种民族精神的凝聚和扩展，对于统一的多民族国家政权的维护，是极其重要的。

（一）中国古代和而不同的思想

千百年来，贵和尚中的思维方式影响着中国人，铸就了中华民族胸怀宽广、热爱和平、团结和睦的特殊品格。从修身、齐家、治国，最终达到和平天下、协和万邦，均体现了中华民族对于和谐社会的向往与追求。“和而不同”中的“和”是指和谐、统一，“同”是指相同、一致；“和”是指抽象的、内在的，“同”是指具体的、外在的。和而不同，就是追求内在的和谐统一，而不是表象上的相同和一致。孔子的和谐观不仅将“和”与“同”作为区分君子与小人的基本标准，而且指出了真正的和谐是以承认社会矛盾和差别的客观存在为前提的，其所追求的是在“不同”的基础上形成的“和”，是矛盾多样性的统一。

(二) 中国古代以和为贵的思想

"和"的哲学思想在先秦时代诸子百家中有很重要的分量。在中国的传统哲学中，和谐的终极关怀是实现持久和平。为此，诸子百家从不同的角度进行了探索和实践，并经过后代思想家如董仲舒、阮籍、"二程"(程颢和程颐)、张载等人的完善，形成了独具特色的以和为贵的理论特征，逐步积淀和强化为一种民族精神与意识信仰。具体而言，"和"的哲学思想包括以下五个方面的内容：

(1) 天地万物生于"和"；

(2) 人与自然相辅相成于"和"；

(3) 人与人相处贵在"和"，人伦和谐是伦理的价值目标；

(4) 人的自身修养重在"和"；

(5) 社会发展贵在"和"。

中华文明倡导的"厚德载物""有容乃大""兼听则明，偏信则暗"等精神，都是以和为贵思想的体现。在中国文化中，儒、释、道三教合一，也吸收了外来文化的营养：在民族价值观方面，以礼待人，承认与吸收任何民族的优秀文化；在治国之道方面，倡导兼容天下。这些都是中国古代以和为贵、重和去同文化精神的具体体现。同时，这种思维方式与文化精神对中国文化和社会生活的方方面面如中医学、中国艺术、中国建筑等都有着广泛而深刻的影响。

中华文明尤其倡导亲善睦邻、协和万邦、和平共处。由于受"和为贵"理念的浸润和熏陶，中国人形成了一种以和为贵的人生理想，不崇尚武力和战争。例如，中国古代著名的丝绸之路以及明代郑和下西洋，展现的都是中华民族崇尚和平交往而不是武力征服的以和为贵的精神。

三、中国传统哲学的特征

在中国文化系统中，中国哲学处于主导地位，中国传统文学、教育、艺术、科学、风俗等都深受哲学思想的引导和影响。中国传统哲学凝聚了中华文化的基本精神，是五千年文明发展的智慧结晶，其中影响最大的有先秦哲学、两汉经学、魏晋玄学、佛教哲学、宋明理学等。这些哲学思想作为中国传统文化的核心内容，无论思想内容还是思想形式都有其显著的特点，这些特点在人生观、伦理观、辩证法、认识论、方法论等各方面都有所表现。

"中国传统哲学作为一种'事物'，自然也有其不同于其他哲学的特点或特殊性。[①]”中国传统哲学历经几千年的发展，体现出与西方哲学传统不同的基本特征，概括而言，有以下四项。

(一) 直觉体悟

传统思维方式是指一个民族长期形成的、被普遍接受的、具有相对稳定性的一种思维模式。中国哲学家从初始阶段就欣赏整体动态、辩证综合和直觉体悟的思维方式。

中国传统哲学的辩证思维传统强调的是整体、对待、过程、流衍、动态平衡，主要体现在讲求对立前提下的和谐统一。一方面，强调各系统、要素之内外的相互依存、密切联系；另一方面，强调在相互补充、相互渗透、互为存在条件的前提下，由矛盾的主动方面对被动方面（如体对于用、心对于物、理对于气）的作用，从而构成均衡稳定、动态和谐的新统一体。春秋以后，老子继承和推进了史墨的观点，首先开始论证事物之间的对立统一规律，不仅阐释了动静、强弱、高下、先后等既相互对立又相互依存的哲学范畴，还提出了矛盾转化观。儒家也讲“生生之谓易”“一阴一阳之谓道”，着重强调了阴阳的此消彼长、刚柔的相互激荡就是事物发展变化的根源。其后，无论是汉代的扬雄，魏晋的郭象、王弼等玄学家，还是宋代的邵雍的“一分为二”、张载的“一物两体”，乃至明清之际王夫之的“方动而静”“方静而动”的理论，都使得中国传统哲学的辩证思维特性更加精致，向着更高层次发展。

中国传统哲学思维方式的最基本特征就是具有显著的直觉体悟性，强调思维应穿透语言，领略语言背后之象，进而穿透形象而领略其背后之意蕴，是建立在经验基础上的类比和类推。在中国哲学家看来，中国传统哲学思维是一种不能由语言概念来确指和表现而只能靠主体依其价值取向在经验范围内体悟的思想。

中国哲学家重道德、直觉、归纳、综合，讲究得其大要，同时倾心于在此世、此生修身、齐家、治国、平天下。因而，中国哲学家只注重现实生活的实证或主体的直觉体验，体验既久，有所感悟，以前的种种疑惑一旦豁然贯通，这样于心也就有所得、有所悟。由于是所得所悟的记录，因此，中国哲学著作少有西方哲学那样严密的逻辑论证结构，而更多是一些先哲的思维片段。

由此可见，直觉思维的优点是以经验为参照，能从整体上把握认知对象，有时能体悟出逻辑思维不能揭示的意境。

① 李承贵．中国传统哲学的特质及现代转型 [J]. 哲学研究，2011(6)：55.

(二) 浓郁的政治伦理色彩

西周统治者建立了以血缘为纽带、家国一体的宗法制。这一制度在西周时已经非常完备，成为当时社会稳定的重要因素，并影响了此后整个中国古代社会。在这种宗法氛围中成长起来的中国哲学，不可避免地带有浓厚的政治伦理色彩。儒家宣扬的“德治”“仁政”与“王道”就是典型的政治伦理体系，其中包含着崇德贵民的政治文化、孝悌和亲的伦理文化，体现出政治道德化、道德政治化的重要特征。同时，宗法制的另一重要特征就是礼乐文化，孔子强调“克己复礼”，就是以特定的礼来约束和指导人们的行为方式，以此来促进人际的和谐和社会秩序的稳定。人们还习惯以伦理道德为价值取向，去分析和评判他人的思想和行为，要求忠君爱国、孝敬父母、友兄悌弟、舍生取义、诚实守信。如果忠孝不能两全，则舍孝取忠，反映了中国传统哲学中以集体利益、忠君爱国为最高价值取向。

(三) 追求崇高的人生境界

境界是指一种精神生活的方式，是中国哲学家追求的理想人格之极致的一种精神状态、精神天地。孔子的“不知老之将至”“知者不惑，仁者不忧，勇者不惧”的君子人格，以及颜渊的“人不堪其忧，回也不改其乐”的坚守精神，即宋明理学家经常讨论的“孔颜乐处”问题。还有，孟子的“富贵不能淫，贫贱不能移，威武不能屈”的大丈夫精神，庄子通过齐物而达到逍遥游的真人、至人和神人，魏晋的名士们更是以“放达”和“飘逸”形造出“魏晋风度”，均是对理想人格的描述与践行。到了宋明时期，周敦颐主张“立人极”，以圣贤人格为向度，通过个体的道德自觉，卓然挺立于天地之间，不断实现自我的追求。按照中国哲学的传统，哲学的任务是帮助人达到道德境界和天地境界。大体上而言，因为注重内在体验和自省的修养功夫，中国哲学将成为一种境界论的哲学。

(四) 言行一致与知行合一

中国传统哲学的另一特征就是强调知行合一，“知”即思想学说，“行”即生活实践，“知”不在于建构理论体系，而是指导生活实践，进而达到“修身、齐家、治国、平天下”的人生理想。

中国古代哲学家很早就讨论过知先行后、知难行易、知行轻重等问题。孔子十分重视言行一致，知行合一。孔子要求学生依义而行来贯彻自己的主张，注重实施，落到实处。他还说衡量一个人的道德，不能只听他怎么说，关键是看他怎么做。

第二节　中国传统美德的内容梳理

中华民族的传统美德是在漫长的历史发展过程中逐步建构、提炼出来的，个人伦理、家庭伦理、国家伦理乃至宇宙伦理的一个成熟的道德规范体系，是对崇高的民族精神、优秀的民族品格、高尚的民族情感、良好的民族礼仪的高度概括和总结。它是中国古代道德文明的精华，是我们这个民族大家庭共存共荣的凝聚剂。长期以来，它规范着人们的行为方式和感情信念，在现实生活和社会发展中发挥着巨大作用。

传统道德规范有两种：一种是有理论形态的，是指伦理学家概括出来的，或者是由统治阶级提倡并上升为理论的道德规范；另一种是习俗形态的，是指那些虽然未能在理论上体现或表述出来，但在世俗生活中得到了广泛认同与奉行的道德规范。

在中国道德史上，《尚书・皋陶谟》把人的美德概括为九项：宽而栗、柔而立、愿而恭、乱而敬、扰而毅、直而温、简而廉、刚而塞、强而义。孔子在总结以往的道德理论的基础上，整理出一个比较完备的道德规范体系。它以仁为核心，认为仁包括孝、悌、忠、恕、智、信、爱憎分明、不怕困难、说话谨慎、干事有毅力、有牺牲精神。仁还包括民族感情、性格正派耿直等。孟子以仁、义、礼、智为四基德，提出五伦十教（君仁臣忠、父慈子孝、兄友弟恭、夫义妇顺、朋友有信）。法家代表人物管仲则提出所谓“四维、七体”。汉代董仲舒抓住了五伦中最重要的三伦，详细论证了“三纲”思想，提出五个重要的道德规范，从而构成完整的封建道德规范体系——“三纲五常”，即君为臣纲，父为子纲，夫为妻纲；仁、义、礼、智、信。因其起到了调整统治阶级内部关系、缓和社会矛盾、维护社会秩序的作用，被历代封建王朝所接纳、推崇，成为不可动摇的金科玉律。

一、中国传统美德的基本内容

（一）中国的仁爱孝悌美德

仁爱孝悌，这是中华民族美德中最具特色的部分。“仁”可以说是中华民族道德精神的象征。“仁”在各种道德中是最基本的也是最高的德目，而且在世俗道德生活中也是最普遍的德性标准。“仁”德的核心是爱人，其根本是孝悌。孝悌之德的基本内容是父慈子孝、兄友弟恭。它在社会道德生活中具有崇高的地位。由此而形成的家族亲情，对家庭关系、对中国社会的稳定起了极为重要的作用，是民族团结的基石。孝悌之情的扩展就是所谓忠恕之道。“忠恕”是由“仁”派生出来的，是“仁”由家族之爱走向泛爱的中介环节。忠恕之德的基本要求是以诚待人、推己及人。因此，爱人、孝悌、忠恕是仁德的基本内容，也是中华传统美德的集中体现。

(二) 中国的谦和好礼美德

“礼”是中国文化的突出精神。好礼、有礼、注重礼仪是中国人立身处世的重要美德。中国文化认为，礼是人与动物相区别的标志，也是治国安邦的根本。它根源于人的恭敬之心、辞让之心，出于对长上、对道德准则的恭敬和兄弟朋友的辞让之情。作为一种伦理制度，“礼教”在历史上曾起过消极的作用，但作为道德修养和文明的象征，礼貌、礼让、礼节是中华传统美德的体现。礼之运作，包含有“谦和”之德。“谦德”根源于人的辞让之心。其集中体现就是在荣誉、利益面前谦让不争以及人际关系中的互相尊重。“和德”体现在待人接物中为“和气”，体现在人际关系中为“和睦”，体现在价值取向上为“和谐”，而作为一种德性为“中和”。“礼”“谦”“和”都体现了中华民族的美好情操。

(三) 中国的诚信知报美德

中华美德由于性善的信念占主导地位，强调发挥自主自律的精神，所以特别重视“诚”和“信”的品德。“诚”即真实无妄，其最基本的含义是诚于己，诚于自己的本性。“诚”既是天道的本然，也是道德的根本。以“诚”为基础，中国人形成了许多相关的美德，如为人的诚实、待人的诚恳、对事业的忠诚。与“诚”相通的品德是“信”。守信用、讲信义是中国人公认的价值标准和基本的美德。除此之外，还有“报”的德性。“报”即知恩思报。中国人强调要报父母养育之恩、长辈提携之恩、朋友知遇之恩、国家培养之恩等。在漫长的文化积淀中，“知报”已经成为中国人道德良知和道德良心的重要组成部分，是中国道德质朴性的重要表现。

(四) 中国的精忠爱国美德

中华民族在长期的生存和发展中，逐步凝结成对祖国深厚的爱国主义情感，形成精忠爱国的浩然正气和民族气节。在中国传统道德中，爱祖国、爱民族历来被视为“大节”。虽然在封建社会中它与忠君联系在一起，具有时代局限性，但它在本质上是把君作为国家的代表，“忠君”背后是一种深层的国家意识。这种精忠爱国的精神是中华民族巨大的凝聚力，也是推动民族发展的巨大的精神力量。

(五) 中国的克己奉公美德

中华民族由于家族本位的社会结构和礼教文化的传统，培养了一种整体主义的精神，并在此基础上形成了克己奉公的美德。克己是奉公的前提，克尽己私便是公。

"克己"即克制己私、超越自我、服从整体。克己奉公的精神本质上是先公后私，个人私利服从社会公利的精神。

（六）中国的修己独慎美德

性善的信念和性善论的传统，使得中国伦理道德乃至整个中国文化，都建立在对人性尊严的强调与期待上，中国传统伦理深信，人性中具备了道德的一切要素与可能，因而"为仁由己"，只要安伦尽分、反躬内求，便是道德的完成。由此形成向内探求的主体性道德精神，集中体现为以律己修身为特征的道德修养学说。这种修养学说强调自主自律、自我超越以维护人伦关系和整体秩序，建立道德自我，其基本精神是"求诸己"。这是儒家立身处世、实现人的价值之根本。传统道德历来有"慎独"的告诫。所谓"慎独"就是在自我独处时要严于律己、戒慎恐惧。修己独慎的修养传统培养了中华民族践履道德的自觉性和主动性，造就了许多具有高尚品质和坚定节操的君子人格。

（七）中国的见利思义美德

对义利关系的处理集中体现了中华伦理道德的价值取向。先义后利、以义制利是传统义利观的基本内容和合理内核，是中华民族重要的传统美德。作为中华道德精神的精髓，以义为人的根本特点和价值取向，不仅升华为"生以载义""义以立生"的人生观，而且升华为中华民族"杀身成仁""舍生取义"的崇高道德境界。

（八）中国的勤俭廉正美德

中国人民历来以勤劳节俭、廉明正直著称于世。他们以劳动自立自强，形成了热爱劳动、吃苦耐劳、诚实勤奋的优秀品质。与此相联系，中华民族又有尚俭的传统。对劳动者而言，"俭"是对自己劳动成果的珍惜。对为政者来说，"俭以养德"的德，主要是廉德。"廉"既是为政者的要求，也是一般人应有的品德，因为无"廉"则不"洁"，无"廉"则不"明"。因此，有了"廉"，才可能做到"正"。"正"体现在品格上是"正直"，表现在待人上是"公正"，作为境界又有所谓"正气"，其核心是遵循公义和道德。勤俭廉政，既是中华民族共同的价值取向，也是中国人共有的美德。

（九）中国的笃实宽厚美德

中国是一个以农业为主要生产方式的国家，长期的农耕生产，形成了中华民族质朴的品格和务实的精神。在为人处世方面，中国人以"实"为标准，反对虚伪、虚妄。在待人上，则一向以宽厚为美德，严于律己，宽以待人。在人际关系中，中国人以“将心比心”“以心换心”为原则和原理，推己及人，设身处地为他人着想，在互动中达到人伦的和谐与人格的实现。日常生活中的“宽容大度”“宽宏大量”“忠厚长者”等道德评价，都是中华民族宽厚品德的体现。笃实宽厚的美德形成了中华民族精神的崇实性和包容性，使得中华民族这个大家庭能够和睦相处，形成连绵不断的民族历史和民族活力。

（十）中国的勇毅力行美德

这是中华民族在践履道德方面所具有的德性和德行，或者说是在道德意识方面所体现的美德。中国自古就有“勇”的德目。孔子以“知、仁、勇”为三德。孟子认为，人格修养要达到不被利益得失动摇的境界，必须具有“勇”的品格。“舍身取义”便是勇的体现。“毅”是在艰难困苦中坚持下去的毅力，以及在遵循道德准则方面的毅力。中华民族“富贵不能淫，贫贱不能移，威武不能屈”的“大丈夫”人格便是以坚毅、勇毅为基础和前提的。与成圣成仁目标相应的是“力行”的美德。中国文化认为，人格的完善、社会的进步，重心不在于知与言，而在于行。正是这种勇毅力行的美德，使得中华民族在各种险恶的环境中能够化险为夷、自强不息。

上述对中华民族十大传统美德的概括，不仅全面而完整地总结了人与自身、人与他人、人与群体关系的三个方面，而且每一个概括都是对传统道德规范的有机结合，都经过了改造和提升。作为中国古代道德文明精华的传统美德，是中国这个民族大家庭共存共荣的凝聚剂和内聚力，也在价值意义上形成了中华民族道德人格的精髓或精魂。依照道德人格体现道德理想的不同程度而划分的圣人、贤人、仁人、大人、君子、成人、善人等理想人格，不仅为中华民族的历史留下了恢宏的篇章，更为中华民族的未来树起了一面光辉的旗帜。因此，中华民族的传统美德是民族生存和发展之根。

二、中国传统美德中伦理道德的启迪

在建设适应社会主义市场经济和社会主义现代化的伦理体系过程中，我们如何从传统伦理思想宝库中提取和吸纳精华的成分以建构我们新时代的伦理道德思想体系，值得我们深思。下面我们依据现代社会公共生活、职业生活和家庭生活这样三大领域的划分，分别探讨一下中国传统道德对公共道德、职业道德和家庭道德建设的现代意义。

（一）中国传统伦理道德对公共道德建设的启迪

公共道德又简称为公德，它作为人们在社会公共生活领域里自觉遵循的行为规范原则，对社会风气的好坏起着最直接的影响与制约作用。中国传统文化向来强调“家国同构”，强调群己合一，因而其私德规范也内在地包容了基本的公德要求在其之中。

中国传统伦理道德思想对当代公德建设的价值启迪，从道德修养的方法论来考察，也还体现在诸如“慎独”境界的追求和敬畏之心的培养等方面。中国传统伦理道德非常强调拥有独处时的慎独境界，因此，在中国古代有极多的诸如元代哲人许衡不食无主之梨的道德佳话流传。在我们的公德建设中，“慎独”境界之所以重要，是因为公共生活通常是与众多陌生者相处，因而公德最需要高度自律精神去维系。对扬善惩恶的因果必然性持一份敬畏之心，通常是我们自觉拥有公德心的一个重要心理机制。

由此可见，在当前的公德建设中，不仅可以从传统伦理的具体德目诸如仁、义、礼、智、信这样一些规范中直接吸纳仁爱之心、见义勇为、诚信不欺等合理的思想内容，而且还可以从传统伦理的修养方法如“慎独”境界的培养和敬畏之心的培养等内容中启迪思路，从而使全民族形成高度自觉自律的公德意识和公德习惯。

(二) 中国传统伦理道德对职业道德建设的启迪

职业是社会分工的结果，它是每一个人安身立命的基础。职业除了技能与专业的要求外，还有道德方面的要求，这就是职业道德。中国传统伦理道德思想中关于职业道德的遗产也是非常丰富的。

中国传统伦理道德对当前职业道德建设的现代启迪，首先表现在以儒家伦理道德思想为主干的传统伦理中的“义利合一”这一基本原则的现代意义上。这个原则的基本内涵包括如下两方面的内容：一方面是见利思义，不谋不义之财，亦即所谓的“君子爱财，取之有道”；另一方面则是当义与利发生冲突时，自觉地恪守义在利先的原则，在必要的情形下做到舍利取义甚至不惜舍生取义。儒家的这一义利合一思想，对于我们确立市场经济条件下的正确义利观从而有效地改变当前职业道德生活领域里某些唯利是图的不良倾向，显然有着极富针对性的启迪作用。

中国传统伦理道德思想对职业道德建设的启迪作用，还体现在许多具体的职业道德规范中。譬如，为政者的职业道德，在孔子看来，为政者对职业道德的遵循是尤为重要的，因为它直接影响社会的风气和道德风尚。孔子这一政德思想对于我们为政者形成正直、清廉、刚正、公正的职业道德无疑有着启迪意义。又如，教师的职业道德，韩愈在《师说》中曾把师德概括为“传道”“授业”“解惑”三个基本规范，这三个规范对于我们今天的师德建设无疑是有借鉴意义的。再如，医生的职业道德，中国古代医学著作在记载了丰富的医学知识的同时也记载有丰富的医学伦理规范和医德传统。古代医学家对医德的这些概括无疑是合理和精当的，它对今天的医德建设显然也有着多方面的启迪意义。

(三) 中国传统伦理道德对家庭道德建设的启迪

由于中国古代是一个以血缘关系为纽带建立起来的宗法社会，家庭生活是社会的最基本的生活，所以，在中国古代的伦理道德传统中向来特别注重家庭道德的建设。在古人看来，最原始的道德关系就产生于夫妇父子的家庭之中。儒家特别重视家庭道德的教化功能，在修身、齐家、治国平天下的“成人”之道中，“齐家”既被视为“修身”的结果又被认为是“治国平天下”的起点。正是在这样的文化背景下，中国古代形成了以慈、孝、贞、敬、悌等为核心范畴的极为丰富的家庭道德规范。

当前的家庭道德建设主要是从当代社会生活的要求出发，其道德规范的形成也主要是从丰富多彩的社会实践中提升而来。就传统美德中的慈、孝、贞、敬、悌而言，对今天的家庭道德建设的启迪就是多方面的。例如，“慈”的道德规范在去除了“父为子纲”之类的封建因素之后，在今天来讲，可以启迪父母在对子女抚养与教育时既要有一腔的关爱之心，又要遵循爱而不溺的理性原则;“孝”的道德规范“父母在，不远游”，在今天而言，则可启迪子女对父母、对长辈要有体贴关爱之心，敬重、理解和赡养父母与长辈；“敬”的道德规范在扬弃了繁文缛节的礼教成分之后，在今天则可启迪在家庭成员中确立一种彼此平等、相互尊重、宽容和信任的基本德性规范。

可以肯定地说，中国传统伦理道德思想的现代价值是极为丰富的，而且还具有一定的世界意义。我们有理由相信，中国古代丰富的伦理道德遗产，不仅对中国的现代化建设起促进作用，而且也将对世界文明与文化的发展、进步产生深远的影响。

第三节　中国传统美德的当代价值

“中华民族传统美德是中华民族生存和发展的思想基础和内在动力。这些传统美德具有与时俱进的品质，因而延续千年而不衰。[①]”中华传统美德是中华民族五千年文明史中流传下来并经过创造性转化和创新性发展的优秀道德遗产。中华传统美德是中华民族的“形”与“神”。五千年来，中华传统美德中倡导的讲仁义、守诚信、重民本、尚和合、崇正气、求大同的精、气、神，是中华传统美德的精髓。今天，在建设中国特色社会主义的过程中，大力弘扬中华传统美德，挖掘中华传统美德的当代价值，具有重要的现实意义和深远的历史意义。

① 徐艳彬．中华民族传统美德的基本特征及其现代价值 [J]. 江汉大学学报（社会科学版），2007，24(4)：21.

一、忠勇报国的当代价值

在传统中国“忠君”即“忠国”的浩瀚几千年历史文明中，“忠勇报国”一直是被整个社会所提倡和赞誉的美德。在传统中国，“忠勇报国”体现的是儒家所说的“义”之气节，“忠勇报国”在“义”中尽显了爱国主义的理想和情操。实际上，“忠勇报国”的爱国主义情操存在于我们中华民族的整个历史中。但是，在当下和平年代的中国，大力提倡忠勇报国具有特殊的意义。提倡“忠勇报国”，就是要提倡无论是身在国内还是在国外，当忠于国家、热爱国家，不做损害国家和民族利益的事情；就是要自觉自动地努力学习世界先进知识、掌握先进技能，并服务于国家和我们伟大民族的复兴；就是要始终保持清醒头脑，不见利忘义，做好自己的本职工作，站好自己的岗位；就是要始终坚守高尚的操守，不与低级趣味相迎合。如此，我们才能防微杜渐，为我们中华民族的腾飞保驾护航。

二、廉洁奉公的当代价值

中国几千年的文明深深地被儒家文化所浸染，而儒家文化是积极入世的文化。其道德操守为《礼记·大学》中所述的“格物、致知、诚意、正心、修身、齐家、治国、平天下”。而治理天下，则当以廉洁奉公。

“所谓廉者，必生死之命也，轻恬资财也。”（《韩非子·解老》）“临大利而不易其义，可谓廉矣。”（《吕氏春秋》）这些都是对廉洁的话语解释，而《左传》中所记载的“宋人献玉”的故事则是对廉洁政、恪守职责的官员彰显着廉洁的美誉。除“宋人献玉”中的司城子罕，还有东汉时期“悬鱼”的太守养续、北宋时期家中立石碑刻“《诫廉家训》”的包拯、明朝时期以诗明志“清风两袖”的于谦、南宋时期因清贫感动皇帝的张浚等，无一不是廉洁奉公的典范。

提倡廉洁奉公，就是要提倡一种廉洁的社会文化，与职位的责权利相呼应；就是要营造一种心理氛围，大力凸显廉洁光荣；就是要在坚持法治、法规、规则与文化同行，而不是仅仅诉诸法律和规定；就是要树立廉洁奉公的榜样，引导社会舆论，发挥旁观者监督的作用。

在完善社会治理结构、依靠法律法规的手段基础上，发挥廉洁奉公的心理和文化作用。

三、孝慈对家人的当代价值

中华民族是一个非常讲“孝道”的民族，始终遵循着“百善孝为先”的文化精神。早在春秋时期，《尔雅》里就有对“孝”的解释，即“善事父母为孝”。《论语·为政》中孔子说："今之孝者，是谓能养。至于犬马，皆能有养；不敬，何以别乎?"《礼记·祭义》中曾子说："孝有三：大孝尊亲，其次弗辱，其下能养。"《说文解字》中认为："孝，善事父母者。从老省，从子，子承老也。"这些都是古哲先贤们对"孝"的解释，表达了孩子对父母长辈的赡养、尊敬和继承其遗志的含义。

"慈"乃是父母对孩子一种情怀。西汉贾谊《贾子道术》中认为："亲爱利子谓之慈。"(《韩诗外传》卷七)中韩婴说："夫为人父者，必怀慈仁之爱，以畜养其子。"……所有这些表明，"慈"，不仅仅是爱护，还要教导有方。孝慈文化是主导中国传统家庭伦理的精髓。《孝经》是著名的儒家十三经之一，《二十四孝》是传统社会中儿童的启蒙读物。在这样的文化熏陶下，历史上出现了许多值得世人敬佩和发扬的事迹。单就"孝"来说，传说中的舜帝，在经受继母百般折磨几乎至死之后，还仍然善待其母；三国时期的孟宗因为不能让病重的母亲吃上竹笋而大哭；西汉时期的汉文帝刘恒，在其母生病三年中，日夜守护，每次均亲尝汤药；北宋时期的著名诗人黄庭坚，亲自为母亲洗涤溺器；等等。

提倡孝慈，是要鼓励孩子孝顺父母，承担起儿女应尽的赡养义务；就是要提倡如著名画家郑板桥先生对世人"愿诸君待父母如子女一样"的呼吁；就是要提倡"祭而丰不如养之厚，悔之晚何若谨于前"的实践理性；就是要提倡如司马光"君子之于子，爱之而勿面，使之而勿貌，导之以道而勿强言"的育子原则；就是要提倡"为人父者，慈爱而教"(《管子·五辅》)的教子精神。提倡以孝慈对待家人，正是使得家庭和谐美满，进而更好地培养良好公民道德的关键性基础。

四、诚信对他人的当代价值

传统文化中，"诚"与"信"具有不同的含义。"诚"，即"只是表里如一"(《朱子语类》卷十六)，而"信"则是"不食其言"(《法言·重黎》)，虽然"诚"与"信"并不同义，但是二者却分不开，都被看作人在社会中做人做事的重要原则。

孔子的得意门生之一颜回曾经问过孔子，出门在外，将何以立身，孔子回答："恭敬忠信可以为身。恭则免于众，敬则人爱之，忠则人与之，信则人恃之。人所爱，人所与，人所恃，必免于患矣。"(《说苑·敬慎》)"人而无信，不知其可也。大车无輗，小车无軏，其何以行之哉。"(《论语·为政》)孟子则认为，"诚者，天之道也；思诚者，人之道也。"(孟子·离娄上)讲诚信，不仅仅是在圣人先贤们的论述中，也充满在传统中国的实际生活中。春秋时期的商鞅"立木为信"强大了秦国。秦朝时期的季布"一诺千金"，使其免遭后来的杀身之祸。明朝时期的"徽商"，其重承诺守信誉的美德，使得其作为一个群体称雄于商界。可见"诚信"在社会生活中的重要作用，而"烽火戏诸侯"之类的故事则表明了不诚信的后果，从反面佐证着诚信的功能。

第三章　中国汉字文化及艺术价值

汉字在社会发展中不仅是记录历史、传播文明的工具，而且蕴含着丰富的文化内涵和审美特质。汉字中的哲理思想，思维模式，数字逻辑等信息，以及汉字本身的审美情趣和艺术价值，是中国人民智慧的结晶，也是世界文化中的宝贵财富。本章主要围绕汉字的起源与演变、汉字的构造及特点、汉字的文化功能、汉字的艺术价值表现展开论述。

第一节　汉字的起源与演变

汉字是世界古老文字中唯一流传下来、迄今仍具强大生命力的表意文字，它既是中国传统文化的有机组成部分，又是其不可或缺的重要载体。汉字在中国传统文化的绵延传承和中华文明的历史发展中发挥着重要作用，对中国人的思想观念、行为方式、思维品质产生了重要影响。汉字是中国人终身的良师益友，也是中国人的精神家园。

一、汉字的起源分析

第一，结绳说。文字学中的结绳是指以绳子打结来记事的方式。古籍中有不少关于“结绳记事”的记载，如《周易正义》引《虞郑九家易》说：“古者无文字，其有约誓之事，事大大结其绳，事小小结其绳，结之多少，随物众寡，各执以相考，亦足以相治也。[①]”这段话既介绍了结绳记事的方法，用结绳的大小多少来表示事物、事件的大小多少；还介绍了结绳记事的目的，即订立誓约，相当于今天的契约文书。这种方法突破了有声语言的时空限制，能帮助双方记住当时的约定，从而达到“相治”目的。应当看到，结绳标志着中国古人思想认识上的一大进步，人们已经开始意识到需要借助于某种方法来辅助记忆的重要性，并且找到了记忆的方法——结绳。

① 王克喜，黄海．中国文化视域中的语言与逻辑 [M]. 北京：中央编译出版社，2020：85.

当然，结绳还不能算是文字本身，它只是从“无文字”过渡到“有文字”的一个环节。

第二，书契说。书契指文字，契就是刻，古代文字多用刀刻，故有此名，这里提到的契刻是指当时人们在木片或竹片上刻一些符号，用于记数和记事。从有关史料看，书契的刻画方法直接影响了后来的甲骨文，其中的一些符号也与甲骨文相关联。书契虽然还不能算是真正的文字，但它比结绳记事进了一大步。

第三，仓颉造字说。在各种关于汉字起源的传说中，仓颉造字是影响最大的一种。《荀子·解蔽》《韩非子·五蠹》《吕氏春秋·君守》《淮南子·本经训》《论衡》《说文解字》等典籍都有相关记载。仓颉是受鸟、兽留在地上之印迹的启发而开始造字的，具体方法有两种：一是“依类象形”造字法，也就是按照词义所表示事物的具体形状来构造字形，比如甲骨文中的“日”“月”就是按照太阳和月亮的样子描画下来的汉字；二是“形声相益”造字法，即用一个已有的汉字表示意义类别，再用另一个汉字表示其读音，从而合成一个新字，如“江”“湖”这两个字，左边的“氵”表示这两个字的意义类别，右边的“工”“胡”分别表示这两个字的读音。

汉字的起源漫长而又复杂，迄今仍是一个未解之谜，众多传说对它的解释都有一定道理，但也都带有很浓的主观色彩；汉字是顺应中国古人的社会实践而产生的，无论是结绳说的“结绳而治”，还是书契说的“代结绳之政”，都说明文字因生产生活、社会治理的需要而产生，表现着中国古人对自然、社会的认识，具有鲜明的目的性；关于汉字起源的说法，造字方法也是其中的内容之一，书契说的绘画与契刻，特别是仓颉说的“依类象形”“形声相益”等，都是古人采用的造字方法，这些方法与汉字实际相符。从传说所涉及的造字方法中，我们不仅可以看到汉字源远流长、从未中断的历史，同时也可以看到中国古人的智慧。

二、汉字形体的演变

（一）汉字形体演变的特点

（1）社会需要是汉字发展演变的根本动力。无论是记录占卜的甲骨文、以反映重大事件为主要内容的金文，还是促进国家统一的小篆，以及推动汉字进入“今文字”时代的隶书，抑或是书写更方便、辨认更容易的楷书、行书，无一不是满足社会需要的产物，特别是小篆，它在结束社会分裂、国家统一中发挥了重要作用，同时也让人们认识到，社会的稳定与字形的规范统一始终紧密地联系在一起，任何一种字形都是个人使用、社会通行和国家规范的统一，是社会实践的直接产物。

（2）汉字一直坚持它的表意性特点，当汉字所表征的事物发生变化之后，人们总会及时调整它的义符，如“炮”字，原来在用石头做进攻武器时，义符为“石”字旁，火药发明后，义符从“火”。

(3) 汉字形体发展演变的基本方向是简化和规范化。从上面介绍的情况来看，汉字形体基本上以变图形为符号、删减重复的偏旁或多余的笔画、以简单的偏旁或字体代替复杂的偏旁或字体等方式发展演变着，这就是简化，是汉字形体发展演变的规律之一。汉字的简化总跟符号化的增强紧密联系在一起，在这方面，隶书是个典型例子，由它所引起的“隶变”，成为古今文字的分水岭。与此同时，进行的是规范化，以统一的字形结构和形体通行于世，仓颉所做的工作、李斯等人所倡导和推行的“书同文”运动，都是有目的、有计划、有组织的汉字规范化工作，许慎的《说文解字》以及后来出现的一些字书的编纂，也都对汉字的规范化做出了重要贡献。这些工作及其成果，使汉字规范化成为一种社会共识和社会制度，只有符合规范的汉字才是正确的，否则就是错字，就会造成危害。汉字形体的发展演变过程表明，汉字规范化为社会稳定、国家统一所必需，社会越是稳定统一，对字体的规范化要求就会越高，推进力度也就越大。

(二) 汉字形体演变的历程

文字是记录语言的符号，语言是人类交流的工具。人类社会的发展变化，必将先引起语言变化，进而影响文字的变化。

1. 甲骨文的演变历程

甲骨文是殷商时期刻在龟甲或兽骨上的文字。当时，人们不理解各种自然现象和社会现象发生变化的原因，凡祭祀、征伐、田猎、出入、年成、疾病等，都要用龟甲兽骨占卜吉凶。既卜之后，又常于龟甲兽骨上刻写卜辞以及和占卜有关的记事文字，故甲骨文也称“卜辞”。因为发现甲骨文的河南省安阳市的小屯村在历史上被称为殷墟，所以甲骨文也叫殷墟文字或殷墟卜辞。出土的龟甲兽骨有10余万片，单字总数3500字左右。

从文字形体上看，甲骨文注重象形、方多圆少、构字自由是甲骨文的主要特点。注重象形是指甲骨文的图画意味很浓，在甲骨文中表示实物之形的字，多以图画之形来表示，如“龟”“鹿”“车”等字在甲骨文中都像实物之形。方多圆少是指甲骨文的笔画特点，甲骨文是用刀刻在龟甲和兽骨上的文字，所以笔画瘦削、多方折、少圆笔，即使像表示“太阳”“车轮”等圆形事物的字，在甲骨文中也都呈方形之状。构字自由是指甲骨文形体不固定的特点，笔画有多有少，写法有反有正，方位有左有右，比如战车的象形字“车”，有笔画较少的，也有笔画较多的；脚的象形字“止”，有正写的，也有反写的；眼睛的象形字“臣”，有向左的，也有向右的。甲骨文的字体结构与后来的“六书”基本相符，其中象形、会意占比较大，形声字也有不少，假借字的运用较普遍。

2. 金文的演变历程

金文是指铸在钟鼎等青铜器上的文字。先秦称铜为“金”，故称铸在青铜器上的文字为金文，也叫钟鼎文。金文出现在商代早期，当时的个别青铜器上就铸有族徽性的单字或先人的称号，到秦灭六国为止，金文一直都处在应用中，应用时间较长。商代后期，青铜器被赋予藏礼功能，成为古代宗法礼制的物化存在，具有明贵贱、别尊卑的特殊意义，如当时的天子是九鼎、诸侯七鼎、大夫五鼎等。铸在青铜器上的文字，内容多为对征伐、赏赐、册命、祀典、约契等的记录。殷代金文字体和甲骨文相近，铭辞字数较少；周初仍继承殷代，后渐趋整齐雄伟，字数也较多，如西周第十一个帝王宣王靖时的毛公鼎铸有499个字。从字形上看，金文有着甲骨文所没有的特点：人们一般先用毛笔书写，再翻铸在青铜器上，因此，线条肥厚粗壮、圆浑丰润，字体庄重美观，大小趋于一致，排列较为整齐。另外，金文中形声字大量增加，结构趋于稳定，这一切都说明它比甲骨文更加成熟。

3. 小篆的演变历程

从习惯称谓看，有小篆自然就有大篆，事实也正是如此，史上人们将大篆和小篆合称为篆书。大篆有籀文之称，大篆的字体讲究方正，线条注重匀称，结构追求整齐，但仍比较繁复，书写起来也不是那么方便。小篆是通过对大篆中较为繁复的字形的“省改”，形成了一种新的标准字——小篆。作为全国统一后的通用标准字，小篆具有简化、线条化、定型化特点。简化是指小篆削减了籀文中重复的部分，字形更加简洁，如小篆中的“车”就比籀文（一般指大篆）中的简洁得多。线条化是指以前文字中的圆点、团块、尖笔和粗细不同的笔道，均改为粗细一样的线条，从而增强了文字的符号性。定型化是指小篆针对以前文字或正或反、或左或右的随意布局，把每个字的写法和上下左右位置都固定下来，成为整齐划一的字体。许慎的《说文解字》所收的就是典型的小篆体。相传出自李斯之手的名篇《泰山刻石》《琅琊台刻石》《峄山刻石》等，线条规整，字体美观，都是非常典型的小篆字形。由大篆到小篆是中国历史上第一次有计划、有领导的大规模文字规范化运动，在汉字发展史上具有重大意义，它所确定的规范化原则也为后世的汉字改革提供了重要启示。

4. 隶书的演变历程

秦初的官文都用小篆书写，而民间通行的则是笔势趋直、笔画更简、书写更方便的“草篆”，时称“秦隶”，也叫篆隶或古隶，因为它仍带有篆意。事实上它已成为一种新字体。秦隶是由篆书快写而造成的。西汉初年，人们仍使用秦隶，到西汉中晚期之后，隶书逐渐失去篆意而成熟，并开始盛行起来，史称“汉隶”。人们所说的隶书一般是指汉隶。和小篆相比，隶书在字形上的变化主要是：圆笔变为方笔，曲笔变为直笔，字形更显平直方正；笔画有明显的粗细提顿变化，末笔大量出现挑势，从而彻底改变了以往文字以圆转线条为特征的书写风格。

汉字书写由此开始摆脱“描绘”而成为真正的符号书写，象形字不再象形，会意字、形声字的一些偏旁也难以看出何为声符、何为义符了，书史上将这些变化称为“隶变”。基于“隶变”，人们将此前的文字称为“古文字”，将由它开始以及后来的文字称为“今文字”。从这个角度看，“隶书”结束了千余年的古文字时代，开创了今文字格局，“隶变”成为古今汉字的分水岭，在汉字的历史演变中具有极为重要的意义。

5. 楷书的演变历程

楷书由隶书发展演变而来，其特点是笔画横平竖直，结构方正，书写方便，有“真书”“正书”之称，含楷模规范之意。和隶书相比，楷书的横不再上挑，改为收锋；撇不再卷波，改为尖斜向下；钩不再是慢钩，而是硬钩；字体不再扁方，而是长方。总之，楷书的变化主要是笔形方面的变化，结构方面与隶书没有多少差别，但因为楷书比隶书好写，比草书好认，故广为人们所喜爱，自隋唐成熟之后一直应用至今。宋代随印刷术的发展，在楷书的基础上形成了一种专供印刷用的大小一致、粗细匀称的字体，后称为宋体。

6. 行书的演变历程

行书是介于楷书和草书之间的字体。草书是一种因草率急就而写成的字体，各种字体都可以草率急就地书写，所以草书可分多种。一般而言，人们将篆书的草率急就而写成的叫“篆草”，将隶书的草率急就而写成的叫“章草”，将楷书的草率急就而写成的叫“今草”。草书往往以连笔引带、字体简化的方法进行书写，速度快、流畅，但有的比较难认，一旦发展到狂草，就失去了交际作用。行书则不同，它是楷书的快写，其特点是在保持楷书形体轮廓的前提下，适当运用连笔书写，省减一些笔画或偶尔加进一些草书字形，写起来比楷书自由流畅，但又比草书容易识别，因而深受人们喜爱，自魏以来一直是人们手写的主要字体。

第二节　汉字的构造及特点

现行汉字的基本构成成分是笔画（构成汉字字形的各种点和线）。通过分析与归纳，人们将汉字的基本笔画概括为八种：横、竖、撇、捺、提、点、钩、折，每个汉字都由或多或少的笔画构成。

一、汉字的主要构造方法

汉字构造讲的是汉字的造字方法。汉字是中国古代劳动人民创造的记录语言的文字，当文字创造达到一定数量时，就有一些人开始从造字方法上进行总结，归纳造字法，其中的“六书”影响最为深远。“六书”，首见于《周礼》，汉代学者把汉字的构成和使用方式归纳成六种类型，总称“六书”。普遍采取的是许慎的名称、班固的次序。“六书”是后人对汉字进行分析而归纳出来的系统，也是最早的关于汉字构造的系统理论。当有了“六书”系统以后，人们再造新字时，都以该系统为依据。

(一) 象形造字

象形造字，是指以描画事物本身形状的方法来表义，简言之就是“画成其物，随体诘诎”，这里的“诘诎”即弯曲，意思是字的笔画随着事物的形体而弯弯曲曲。比如，“日”始终是圆的，造字时就画个圆；“月”有圆有缺，缺的时候多，造字时就画成月牙形；“龟”字像一只龟的侧面形状；“鱼”字就是一尾有鱼头、鱼身和鱼尾的游鱼等。象形字的特点是用事物轮廓表现事物特征，人们容易认识，也是汉字造字的基础。象形字是汉字的基础，即汉字中其他类型的字大多是在象形字的基础上构形的，象形字在汉字构形中占有重要地位。但需要指出的是，象形字像图画但不能等同于图画，因为它是有特定意义和读音的独立文字，属于汉字范畴。象形造字有较大局限性，比如形体相近的事物，象形法不能做出区别；表现抽象概念的词语，用象形的方法造不出字来。因此，象形字的数量较少。

(二) 指事造字

指事是在象形的基础上加个指事性符号来造字的方法，它与象形字的区别在于它有抽象性的符号，是一种象形加符号的造字方法。比如，“上”“下”，在甲骨文中它们都有一长一短两横构成，短横在上面的就是“上”，短横在下面的就是“下”。类似的还有“本”“末”，“本”表示树根，“末”表示树梢，古人在造字时利用已有的象形字“木”，在它的下面加一长横表示树根的“本”；在它上面加一长横表示树梢的“末”。以上四字的一横笔，都是抽象性的符号，在构字中起指事作用。但从总体上看，用简单的符号表示抽象、复杂、不能象形的意义是比较困难的，而且有些抽象的意义也很难用某个符号指点出来，所以收录在《说文解字》中的指事字比象形字要少。

(三) 会意造字

所谓会意是指用两个或两个以上的现成汉字来构造新字的造字方法。从字的结构上讲，会意是两个或多个字的组合，合起来是一个字，分开来是两个或多个独立的字，这种字也叫合体字。理解会意字需要注意以下两点。

(1) 会意字的组合方式多种多样，既可以是两个部分的组合（如武由“止”“戈”组成），也可以是多个部分的组合（如“解”就由“角”“刀”“牛”三个部分组成）；构成会意字的部分既可以是同体的（比如“林”由两个相同的“木”字构成、“众”由三个相同的“人”字构成），也可以是异体的（如“娶”由“取”和“女”两个不同的字构成、“信”由“人”和“言”两个字构成）。这种情况说明，古人在用会意的方法造字时，思维方式已具有相当的灵活性。也正因为如此，会意字的数量远远多于象形字和指事字。

(2) 会意造字的要义在“意”上，会意字的产生表明中国汉字从重形开始走向重意，会意造字的方法也由此成为表意文字体系的重要基础。会意是将意义相关的字类合在一起，以造就表示新意义的字。比如，“涉”由“水”和“步”合并而成，表示人的行走与“水”相关，指徒步过水；“休”由“人”和“木”合并而成，所会之意就是“人依树而息”。

(四) 形声造字

形声字就是用表示事物类别的字作形符，取与事物名称声音相同或相近的字作声符，将两者合并在一起，组合成一个新字。同前面几种造字法相比，形声造字法的最大特点是一个汉字中有表音成分，汉字因此而成了既能表意又能表音的完美符号，它的产生，表明汉字从此开始走上了音义兼表的道路。形声造字法的另一个特点是造字方法简单，只要选择一个同音或近音的字作声旁，再配上一个适当的形旁，就能造出一个新的汉字来。比如，以“鱼”字为形旁，配上不同的声旁，就有“鲤”“鳗”“鲫”“鳍”等字；以“方”字为声旁，配上不同的形旁，就有“芳”“访”“防”“放”等字；而且形旁与声旁在一个汉字中的位置也很灵活，大致有左形右声、右形左声，上形下声、下形上声，内形外声、外形内声，形符占一角（如“岛”）或声符占一角（如“旗”）等多种结构方式。因此，形声是一种高产的造字法。

(五) 转注造字

转注造字属于“用字法”。各说文家解释不同。大致有“形转”“音转”“义转”三说。江声认为，所谓“建类一首”是指部首，“考”和“老”同属老部。戴震认为转注就是互训，《说文解字》“考”字下说“老也”，“老”字下说“考也”，“转相为注，互相为训”的例子。不同地区因为发音有不同以及地域上的隔阂，以致对同样的事物会有不同的称呼。当这两个字是用来表达相同的东西、词义一样时，它们会有相同的部首或部件。例如，“考”“老”二字，本义都是长者；“颠”“顶”二字，本义都是头顶；“窍”“空”二字，本义都是孔。这些字有着相同的部首（或部件）及解析，读音上也是有音转的关系。

(六)假借造字

汉字是由象形、象意的文字发展起来的。有的外物有形象可以描绘，有的意思可以利用图像和笔画来表现，但是有很多代表某些事物的概念不能用象形、指意的方式随时造出文字来表现，于是就假借已有的音同或音近的字来代表，这种跟借用的字的形义完全不合的字就称为假借字。假借字有两类。一类是本无其字的假借，也就是上面所说的假借字。例如，“北”，甲骨文字形像二人相背。北方的“北”无形可像，就借语音相同的“背”来表示北方的意思。假借字的另一类是本有其字的假借。在用字当中既然本有其字，还要另外写一个假借字的原因是：一是写书者仓促间写为一个音同的字，历代传抄因其旧而不改；二是某一时期、某一地区或某一师承，经常习惯以某字代某字用，后世传写也就一仍其旧。

“六书”是以小篆为对象归纳总结出来的汉字造字、用字方法的理论，这一理论的形成和提出，使汉字形成与发展的内在规律得以显现出来，从而提高了人们对规律的把握和运用，具有重要的历史意义。应当特别强调指出的是，“六书”是前人对已有汉字规律的总结，是先有汉字后有“六书”。

二、汉字的基本特点分类

文字是记录语言的符号，更具体而言，文字就是记录语词的符号。语言中的词由“意义”和“读音”两个要素构成，意义是词的内核，读音是词的外壳，它们缺一不可，共同支撑着一个词。文字对语词的记录，既可以记录语词的读音，也可以记录语词的意义。记录语词读音的叫表音文字（人们一看到这个字就能读出它的音），记录语词意义的文字叫表意文字（人们一看到字形就能懂得它的意义）。世界上有各种各样的文字，基本上可以分为两大类：表音文字和表意文字。

表音文字是一种使用少量的字母记录语言中的语音，从而记录语言的文字。根据字位所表示的语音单位。表音文字可以分成以下几类：①音节文字：用一个字母表示一个音节的文字。②半音节文字：用一个字母表示音节的一部分。③注音字母：用一个字母表示语音单位，其介于音节和音位之间。④元音附标文字和辅音音素文字：一个字位母表示一个音位，但是元音和辅音区别对待。⑤音位文字：一个字位表示一个音位。

表意文字是一种用象征性书写符号记录信息的文字体系用符号表示语义的文

字。每个符号叫作字，既是书写单位，又是音节单位。在书写、印刷时，符号之间不采用留空隙的方法来表示词的界限。

第三节　汉字的文化功能解析

汉字和中华民族的文学艺术有着千丝万缕的联系，汉字形态中包含的一点一画到每一个字的构形乃至字音字义，无不是艺术创作的元素。汉字文化是中华民族文化的重要组成部分。从物质文化的“茶文化”“建筑文化”、精神文化的“儒家文化”“道家文化”、社会文化的“民俗文化”“礼仪文化”等，都涉及汉字的文化范畴。汉字的字形、字义，汉字的造型原理、表述方式，汉字的物化联想、艺术形态无不承载着中国文化的方方面面。

汉字作为一种非字母文字，有着数量惊人的字符集，形态变化非常丰富，现存的乃至已经消失的各种文字系统中，找不出一个可以和汉字系统做比较的。几千年来，汉字不仅充当世世代代人们文化交际的媒介，在传统文化建构中也起到了重要作用。

一、汉字的传播功能解析

汉字在形态上与字母文字相比，具有“图画”的特征，是记录信息的图形，汉字的产生源于人们对客观世界的反映和表达，它不仅反映某一时代思维认知、物质生产的水平，它也是文化传播的媒介。同时，它给事物命名，又在其中融注文化观念，凸显了汉民族对汉字的人文强调。中国人认为，汉字的创造是为了教化，体现了中国文化的伦理型特征。汉字对内起到教化的功能，对外起到文明传播的作用。历史上某些国家、地区的文化结构在汉字的作用下产生了同化倾向。汉字曾先后传入朝鲜、日本等，并被直接或间接地改造成这些国家的官方书面语言。在我国各少数民族中，许多民族文字的创立也受到了汉字形态的启发，如契丹文、女真字、西夏文、壮族方块字、彝文等，在汉字基础上或直接增减笔画、变更字形，或酌用汉字创造原则另创新字。当它为别的国家和民族借用时，便传播了汉文化的观念，就其深层来说，汉字作为一种文化载体，它对人们的思维方式、价值观念产生了深远影响，具有巨大的凝聚力和渗透力。

二、汉字的映射功能解析

映射功能可以理解为以文字来折射文化、社会、历史发展等。这在世界上其他民族文字中并不明显，然而在汉字字形的演变过程中却体现得十分明确。世界上各民族文字均凝结着一定的文化信息，汉字中所蕴含的文化信息则相对更为丰富。汉字形态的演变在时间维度上表现出稳定的延续，可以从当今追溯到远古，是目前世界上唯一还在使用的象形文字系统，这种基于象形为主要特征的文字系统更易于摄入文化信息。我国古代一直贯穿着以字证史、推迹名物的传统，文学家每每用文字去探测社会演进、人文构置。在海外汉字界，也盛行着从文字入手来考证历史乃至中国人的心理特征的风气。

汉字的文化映射作用体现在文化研究的各个方面，如从汉字的发展来看文化的变迁，从偏旁部首的演化可探测社会的进步。在中国文化发展的过程中，汉字常被统治阶级所用，为人们的思想行为提供某种规范。中国人往往不仅把汉字作为文字符号来对待，而且常常把其视作携带着某种观念的神秘符号。在中国这样一个长期的封建国家里，文字常常被用作统治者的工具。秦始皇依权造字、武则天恃权改字就是显例。统治者利用文字去传播教化，也利用文字来证明其统治的合法性。

三、汉字的表现功能解析

汉字的形态具有传情达意的功能，这是汉字独具的魅力。许多汉字是由原始符号演变而来，几千年来无数人在它古朴的形式上冥思、揣摩、吟唱，启发了创作热情，唤起了美妙的情感。汉字具有神奇魅力的根源主要体现在以下两个方面。

首先，汉字是在象形母体中产生的，象形可以说是汉字的根。这一特点，使它和现实社会的关系更加密切，汉字往往能激起人们独特的体验。汉字可以刺激人们的生命体验，而汉字隶化以后脱离象形又不离象形的特点，更容易产生一种抽象的形式美感，驱使人们去复现其“有意味”的世界。

其次，汉字形态还可以成为表现生命、表现情感的符号。拼音文字一般只有几十个字母，字母多由圆圈、曲线、直线和斜线等构成，其形体的变化发展受到了限制。汉字的情况却不同，有多少个汉字就有多少个形态，每个字的笔画部件各不相同。书法可以说是直接得益于汉字的形体而创造起来的，通过墨的干湿浓淡和线条运动的疾徐涩畅等配合，基于汉字以线为主的奇妙组合形式将其进行重新塑形。

中国是一个崇“文”的民族、一个信仰自身历史的民族，这种信仰并非宗教，却有比宗教更可靠的精神支柱和心理慰藉。正因如此，才使中华民族在整体上有着不同的风貌和气质。

总之，汉字将中国的历史记载于世，而在绝大部分年代中，汉字的使用是在一种相当原始的思维方式陪伴下延续的，因此，中国人对于这种图画般的符号有着特殊的与生俱来的心理感受，这种意识也就一直保持到现代的民俗仪式中。春节时中国人总是喜欢在门上贴一个倒挂的“福”字，让喜气洋洋的汉字布满门户。因为在中国人的深层文化心理中，这些文字与那些久远的历史相连，是这些形态如诗如画般的文字把久远历史所蕴藏的好运与现代相连。这样，在漫长的历史和文化的发展过程中，汉字凝结着一定的文化信息，一端连着古老文明，一端连着现代的文化，成为人们文化世界的映射，成为历史发展、文明传播的载体，成为人们情感相通的独特表现形式，汉字就是这样架在历史和现代之间，成为中华民族当之无愧的文化精髓之一。

第四节　汉字的艺术价值表现

汉字是一个服务于汉语表达的书面符号系统。从某种程度上而言，汉字是中国社会多姿多彩的投影，汉字可以反映汉族人民从心理、礼俗到生活习惯的许多情况，提供了解中国社会和文化发展的许多线索。所以汉字在一定程度上直接、间接地表现了古代中国人的思想特点和思维方式。

“汉字是传承文化的信息载体，是整个汉民族文化的构成因子。只有对汉文字有充分的理解，然后才可探骊得珠地掌握汉民族文化。①”汉字在其产生的初始形态上反映着中国人对自然美法则的认识及其非凡的表现力。先人在造字的时候是“按美的规律建造”的，或“因物构思”，或“博采众美”，造出丰富多姿、生动优美的形象。汉字的形象是宇宙万物与人的生理、心理同形的。人们从这些形象中，观照到自己的力量、智慧、才能，看到了“人的本质力量”而引起精神愉悦。

“形美”是汉字重要的审美特质。汉字独特的美学价值植根于汉字与生俱来的象形性。中国自古以来就有所谓“书画同源”之说，汉字直接脱胎于图画。“近取诸身，远取诸物”是早期汉字的构形原则。多数象形字、指事、会意字都是由原始的文字画演变而来的。甲骨文、金文中的大量的象形字，就是画出一个物体，让人可以通过看就了解其表现的内容。因此，可以说汉字结构的基本特征就是以象形字是全部汉字的基础，“象形”统摄着六书，几乎渗透于所有汉字的字形。中国先民具有直觉思维的特点，善于接受大自然的启迪，反映人和自然的和谐关系就通过汉字间接地折射出来了。

汉字还使我国产生了某些独有的艺术，如“对联”，俗称“对对子”，像天对地、

① 李土生．复兴民族文化重塑汉字价值 [J]. 汉字文化，2013(1)：9.

雨对风、山花对海树、大陆对长空之类，就是利用汉字的各个独立，音节分明，声调匀称，相对整齐排列的特性而形成的一种语言形式。又如，汉字丰富多彩的字体和形体，加上独具一格的书写工具和材料，经过我们祖先长期的创造和努力，使得它的书写成为世界上一门特别的艺术——书法。汉字笔画千姿百态，它所表现的美，可概括为“运动美、力量美、速度美、浑厚美、犀利美、飘逸美、舒缓美”。运动美、力量美、速度美这三种美是事物内在的美，必须借助一定的形式才能体味；浑厚美、犀利美、飘逸美、舒缓美这四种美是事物外在的美，是形式本身具有的表现。另外，各种美又往往相互交融，体现于同一艺术形态中，水乳交融，共同构筑了不同的汉字。其中篆书的字体最具典型性，不仅两边完全对称，正反两面也完全相同，相映生辉。

此外，由于汉字与汉语高度适应的优点，汉字在我国历史上具有很大的功绩。我国几千年的光辉灿烂的民族文化，是依靠汉字记载下来的。中国古代的四大发明，还有无数领先世界的科技成果，也是依靠汉字的记载得以为后人所知晓。例如，《诗经》《楚辞》，诸子百家，《史记》《汉书》，六朝乐府，唐诗、宋词、元曲直至《西游记》《水浒传》《红楼梦》《聊斋志异》等数不尽的文学、历史、哲学方面的世界名著，无论写的是文言文还是白话文，都离不开汉字的使用。它们已经成为全人类共同的精神财富。更为难得的是，只要具备了一些古代的汉语知识，我们就可以直接阅读、欣赏和借鉴祖先给我们留下的这一份无比丰厚的文化遗产。这是由于汉字具有超时间的表现功能。

我国地域辽阔，幅员广大，除了少数民族之外，绝大多数都使用汉语。汉语在各地具有不同的方言，有的地方相隔很近，但是由于方言阻碍，无法通话，可是使用汉字，就克服了这种阻碍。只要会认会写，人人都能用汉字进行交际。这说明汉字又具有超空间的表现功能。

汉字在历史上的这些丰功伟绩值得我们自豪和讴歌。长期以来，中国人民对于汉字是怀有深厚的感情的。即使今天来衡量汉字，它的长处还是不少。例如，根据现代心理学和住处科学的研究，汉字由于形体各异，图像性强，便于礼堂辨认和接收，所以阅读汉字读物的速度可以远远超过其他拼音文字。汉字和其他文字比较起来，汉字由于其形、音、义的合一，所能携带的信息量是大为领先的。简言之，在一定的信息总量中，汉字只需要较少的字数就可以负载完。

总之，追求真、善、美是全人类共同的理想，凡是美好的事物，都会激起人们高尚的情操。汉字作为世界上最优美的文字之一，同时负载了大量的文化信息和审美信息。它的形体所体现的结构美和字体的风格美，使汉字的审美艺术魅力在世界文字的舞台上焕发出更蓬勃的生命力。

第四章　中国文房四宝文化艺术鉴赏

中国文房四宝——笔、墨、纸、砚，代表文人的艺术情趣和工匠的创造，也承载着中国传统文化的格调与精神。本章主要围绕笔的文化内涵与鉴赏、墨的文化内涵与鉴赏、纸的文化内涵与鉴赏、砚的文化内涵与鉴赏展开论述。

第一节　笔的文化内涵与鉴赏

一、笔的文化内涵

古代毛笔的形制看似简单，它由笔头、笔管、笔帽和笔顶组成，无论是战国时期的木杆笔、竹杆笔还是清代宫廷中用料考究的御用笔，都是如此。但是，由于制作笔头用的兽毛大有讲究，用料不同，性能、用途也不同，再说，中国的书画丰富多彩，对笔的要求也不一样，所以，实际上中国古代毛笔却不像它的形制那样简单。

(一) 笔的形制

(1) 笔头。毛笔蓄墨写字的部分。笔头的构造，从外表上看，可分为笔腰、笔锋和笔柱，但也有将它分为笔根、笔腰、笔锋和笔端的。①笔腰。指笔头的等分处 (部位)。②笔锋。笔头的尖头部位，洗净后呈半透明状。③笔柱。笔柱即笔芯。“笔柱”用现在的话来解释，就是笔头的芯子。④笔端。笔锋的尖端部分，仅几根甚至一二根毫毛。⑤笔根。笔根是指笔头的另一端，一般都插入笔管之内。但是，古代书画家以及收藏家，一般都不从外观上论笔头，而往往从笔头的内部构造去评析。这样，笔头的构造又可分为芯毫、被毫和副毫，或称笔芯、笔被和笔副。制笔初始，古人喜用兔毫。兔毫较硬，而笔则以刚柔相济为佳，所以，后来就出现以兔毫为主，杂以其他毫毛的制笔方式。对笔头的某个部位所用的毫毛就非常讲究了，于是出现了毫、被毫和副毫的称谓。①毫。毫是指最里层的毫毛，如《齐民要术》介绍三国时代魏人韦诞制笔，就是用兔毛和羊毛做毫，外面再裹上一层被毫。②被毫。被毫是指最外层的毫毛，又称“毫青”。③副毫。在毫与被毫之间是笔头中的辅助性毫毛。古时，兔毫笔的副毫往往选用羊毛。后来发现羊毛很耐用，且用笔时易于控制，便出现了羊毫笔。这样，副毫就改以猫毛或狗毛来替代。同时以黄色的毫料用作狼毫笔的副毫，紫色的兔毫笔选用黑色的副毫，注意用料的配制，这样，无论在色泽上还是质感上，都是十分理想的。

(2) 笔管。也称笔杆，指毛笔的手拿部分。

(3) 笔帽。俗称“笔套”，古称“笔储”。圆锥形，套着笔头起保护作用。古时多用铜制，今多由竹管、塑料所制成。

(4) 笔顶。笔管的另一端，与笔头相对。笔顶因笔形的不同，形状也不一样。楂笔的笔顶像哑铃的一端，呈球形，便于捏握；管笔的笔顶呈横截状，考究的则做成挂头，上面做一个绳扣，笔用完洗净后，可以用它将笔悬挂在笔挂上。

(二) 笔的分类

对于毛笔的分类，收藏家与书画家略有不同。书画家一般都按制作原料与弹性强弱，将毛笔分为软毫、硬毫和兼毫三类。收藏家除外，还按制作工艺的新老，列出有心笔和散卓笔两类。

1. 软豪笔

软豪笔即选用弹性弱、硬度比较差的柔性毛，如羊毫、鸡毫、胎毛而制成的毛笔(分别称之为羊毫笔、鸡毫笔、胎毛笔)。它的特点是笔质柔软，能多摄墨汁，使用时婉转、圆润、灵活，锋毫便于铺开，写出的字笔画丰满。软毫笔的规格，根据用途又有楂笔、斗笔、提笔、联笔、屏笔、大楷等几个品种。

(1) 楂笔：指写榜书时所用的最大的笔，又称“抓笔”。楂笔的笔管短而肥，便于挂执，专为书写大字而制。

(2) 斗笔：大笔的一种。用于书写比大楷再大些的字，多用长羊毫、羊须做成。

(3) 提笔：指用猪鬃做成的专供写匾额用的毛笔。

(4) 屏笔：写屏条的用笔，比提笔稍小一点，多用长毫做成，属于大楷笔类。

(5) 联笔：指专写对联用的毛笔。

(6) 大楷笔：指书写大楷字的用笔，其种类有大楷羊毫、大楷紫狼毫、“大白云”等。

2. 硬毫笔

硬毫笔即选用硬度和弹性较强的刚性毛制成的笔。硬毫笔的特点是锋毫刚硬，弹性较足，下按不易瘫弯，起提又易复挺；落纸锋芒显露，枯湿燥润变化分明，写出的点画常见瘦劲、锐利、峻峭，结体气势格外精神跳跃。硬毫一般适宜于写小楷，比较显露锋芒；也适合于写草书，牵丝线条粗细匀称。硬毫笔因用料不同，有“紫毫”“狼毫”“鼠须笔”等品种。

（1）紫毫：以紫色的兔毛（多采用野兔背脊毛）为原料制作而成的笔，优美坚硬，古有“紫毫笔，尖如锥兮利如刀”之说，是硬度仅次于“鼠须”的硬毫笔，但不耐用、易败秃。紫毫笔在唐代之前就已流行，白居易的《紫毫笔》诗中还有“紫毫之价如金贵”之句，说明紫毫笔的价格在唐代是很高的。

（2）狼毫：用黄鼠狼（鼬鼠）毛做成的毛笔。性劲健，用其写字，能大能小，能粗能细，容易掌握，适宜书写行、草书体。唐五代时，书画家当中已经有人使用狼毫，如五代后唐著名画家胡瓌的《画鉴》中，就有“胡瓌画番部人马，用狼毫笔制，疏渲棕尾，紧细有力”之说。

（3）鼠须笔：用田鼠胡须做成的毛笔，性最硬。据载，王羲之书写《兰亭序》用的就是鼠须笔。鼠须笔在唐宋时期都享有很高的地位，它与澄心堂纸、李廷珪墨同属一代之选。从文献记载看，唐宋时所用的鼠须笔，其实是一种兼毫笔，作为笔芯，这样取兔毫、鼠须之所长，增强了笔毫的力度，但又不失运笔时的自如委婉。

3. 兼毫笔

兼毫笔是相对纯毫笔而言的，纯毫笔的笔头用同一种毛制作而成，与软毫笔、硬毫笔属纯毫笔一类；兼毫笔则是用羊毛和兔毛或羊毛和狼毫两种毛配制而成的毛笔，又称“二毫笔”，是介于软硬两毫之间的中性笔。兼毫笔的特点是软硬适中，刚柔相济，但也有较硬与较软的几个档次，如偏硬的有“九紫一羊”“七紫三羊”“五紫五羊”等，偏柔软的有“三紫七羊”“二紫八羊”等。

（1）九紫一羊：用十分之九的紫毫（野兔背脊毛）为心，十分之一的羊毫为被，相配制成的一种兼毫笔，属偏硬性笔，适宜于精工书写。

（2）七紫三羊：用十分之七的紫毫为心，十分之三的羊毫为被，相配而成，偏硬性，通常用来书写小楷字。

（3）五紫五羊：用十分之五的紫毫为心和十分之五的羊毫为被，相配制成的毛笔，属中性笔，通常用来写小楷字。

（4）三紫七羊：用十分之三的紫毫为心，十分之七的羊毫为被，相配制成，偏柔软，适宜写中、小楷字。

（5）二紫八羊：用十分之二的紫毫为心，十分之八的羊毫为被，相配制成，偏柔软，适宜写行书。

4. 有心笔与散卓笔

（1）有心笔：中国唐代以前所生产的毛笔，这种在笔芯中大多要加上一个枣核似的小桩子，即为“有心”，目的是使笔头挺直牢固。但是，这样做的结果是笔头吸墨少，写字时仅仅是笔尖着纸，吃不着力而施展不开。后来，诸葛氏对制笔工艺做了比较大的改进，创制出“无心散卓笔”，这种“有心笔”才逐渐被淘汰。

(2) 散卓笔：又称“无心散卓笔”“诸葛笔”，唐时宣城著名笔工诸葛氏创制。“无心散卓笔”是相对“有心笔”而言的。诸葛氏在制笔时，免去了“加桩”这道工序，结果，制出的笔就没有了枣核似的桩子。他的做法是将笔毛理得长一点，把笔头的大半部分插在笔管里面。这样，笔头既扎得坚实牢固，又避免了“有心笔”那种由于“小桩子”的影响而致吸墨不足的弊病。“散卓笔”的出现，标志着中国制笔工艺的一次突破性的转折。

(三) 笔的材质

1. 笔尖的材料

制作毛笔笔尖的材料主要是兽毛禽羽，即动物纤维，也有少量用植物纤维的。“笔之所贵者在毫”，毫的使用对于笔而言是十分关键的。选毫不同，决定了笔的长短、粗细的不同特点。

(1) 羊毫：用羊毛做成。古代以浙江嘉兴、硖石生产的羊毫为第一，秀水等县次之，多以青羊毛为之。羊毛其质柔，于黑夜择光取之，谓之宿羊毫(此毫能受墨，但不易使用)。取之乳际者，谓之乳羊毫(其质柔和，唯毛短不能作大字)。取诸小羊者，谓之子羊毫。保存日久者，谓之陈羊毫(陈毫柔中有刚)。

(2) 紫毫：用紫色兔毛制成。亦名“紫毫笔”“紫霜毫”。兔毫有紫和花白之分，紫毫取自兔脊及尾。纯用紫毫，软而圆健，若兼花白，则坚强劲利。白居易有“紫毫笔”诗。

(3) 狼毫：用黄鼠狼(鼬鼠)毛制成。狼毫，其力介乎羊毫、紫毫之间。质较脆，不耐摩擦。南方通体狼毫，佳者用狼尾，用水发开全毫，用之最宜；北笔内用狼毫，中实以麻，外覆兔羊毫，发透全笔，实用稍差。

(4) 兼毫：用两种以上不同的毫制成。一般以狼毫或紫毫与羊毫合制而成。有直称兼毫者如紫兼毫，有表明配合成分多寡者，如“三紫七羊”“七紫三羊”“五紫五羊”各种。紫、狼兼者曰紫狼毫，狼、羊兼者曰狼羊毫，鸡、狼兼者曰鸡狼毫，鹿、狼兼者曰鹿狼毫。紫兼花白者仍曰紫毫，以同用兔毫也。兼毫制法：以一种毫为芯柱，他种毫覆之。也有掺杂为之者如作大字用之鬃笔，即掺杂羊毫。

(5) 兔毫：用兔毛制成。古代出宣州(今宣城)溧水县中山，在县东南十五里，制笔精妙。

(6) 鹿毫：鹿之细毛所制。在古代鹿毛常被用于制笔，其效能和兔毫相仿，然总不及兔毫普遍。

(7) 貂毫：紫貂之毛。又分黑貂、林貂，形似黄鼬，体色暗褐，其尾末端毫较长，宜作为毛笔原料，所制笔较圆劲丰满。

(8) 马毫：取于马身各部位之毛。有马尾毛，较长，劲健，宜做特大笔；有马鬃毛，毫粗壮直圆，硬度较猪鬃弱，宜作为匾牌大笔之毫。

(9) 猪毫：以猪颈部的长毛为毫料，多制排笔和漆笔，或掺其他毫用，也可作抓笔毫。

(10) 胎毛笔：用婴儿第一次理发时剪下的头发作毛笔原料。发质细柔，锋颖尖，可聚而成笔尖。

至于用植物纤维制成的笔尖，首推白沙茅龙笔，又称茅笔。茅笔是以茅草捶细，取其草茎扎束而成。相传为明代陈献章所创作。白沙茅龙笔今广东尚有制造，有大小数种。其他用植物、动物纤维制成的笔尖还有藤笔、竹笔、狸毫笔、鼠须笔、人须笔、鹅毛笔、鸡毛笔等，它们在历代制笔史中也都有过记载。

2. 笔杆的材料

笔杆也称笔管，是用手执笔的部分。笔管的材料以竹制的较普遍，取材较易，轻便实用，物美价廉。竹管有白竹管、方竹管、紫竹管、棕竹管、斑竹管、湘妃竹管和马鞭竹管等。

(1) 白竹管：指的是一般的白竹，盛产于我国广大的南方地区。白竹管截取竹茎中细、结、坚、直的部分，并以在冬天取材为宜，因冬天白竹生长处于休眠状态，其竹不易蛀、变形和燥裂。

(2) 方竹管：方竹产于浙江杭州、绍兴一带，竹杆方形，不粗，边长约 1 ~ 2.5 厘米，正方形，白色，较稀有。除方形之外，与一般白竹无异。

(3) 紫竹管：紫竹产于浙江普陀山，浙江杭、嘉、湖等地也有。竹色紫红，由竹皮至竹芯一色，竹杆细小，宜作笔管。

(4) 棕竹管：棕竹，色紫黑，有直形的纹，平细而坚韧，产于东海沿海地区，为常年绿的灌木形竹，宜制扇骨和笔管。

(5) 斑竹管：产于广西和浙江、福建等地的细竹，也称梅芦竹，茎匀杆直，有灰褐色和灰紫色的圆斑纹，制成笔管能增添风韵。

(6) 湘妃管：产于湖南等地，竹表皮呈白色而带紫褐色的圈状圆形斑纹，非常美丽。传说舜有二妃女娥皇、女英，闻舜死于湖南九嶷山，大恸，泪干血出，滴竹成斑。明清之湘妃竹制品价高昂，有仿品，谓之“烫妃”，即在白竹上用烙铁烫出斑痕。

(7) 马鞭竹管：竹矮小、节短、曲而老，以作马鞭杆而名。以马鞭竹为笔管，形态奇特，古意盎然。产于湖北、湖南、四川等地。

(8) 制作笔杆的其他材料。制作笔杆的其他材料还有：第一，玉管，古代的玉笔管都以产自新疆天山的和田玉制成，分成白玉、青玉、黄玉、碧玉、墨玉等品种，色美、质细，可供珍藏和赏玩，亦实用。第二，雕漆管、剔漆管、填漆管、黑漆描金管、彩漆描金管等，均为漆管。在漆管上以雕、填、剔、描手法绘制图案，美观华丽。第三，瓷管，以瓷土制成的笔杆，施釉后，经1300℃以上高温烧炼而成。质地坚硬，不实用，但有艺术价值。第四，木管，用硬木、乌木、楠木、檀香木等制成的笔杆。多产于我国广东、四川、云南地区，大多木质坚硬，花纹美丽，个别木质有特殊的香味，均为上等笔杆材料。第五，珐琅管，以铜胎景泰蓝施釉烧制而成，笔杆较重，华丽美观，多用于赏玩笔。

历代制笔不但讲求实用，而且注重笔杆的用料及装饰，通过在质料上的镶嵌、雕刻、描金、施釉烧制等不同手法，达到雕镂精致、色彩艳丽的艺术效果。笔杆装饰图案有双龙、双凤、龙凤戏珠、八仙、云凤、云蝠、古钱纹、人物山水、诗词等，以寓意吉祥如意、平安等内容居多。

(四) 笔用文房配件

(1) 笔格。笔格也称“笔搁”，顾名思义是搁置毛笔用的，又称笔枕。笔格以山形为其主要形制。1981年，浙江诸暨南宋墓出土的笔格，石质，造型似群山起伏。笔格的用料除石以外，还有玉、铜、铁、竹、木、陶土等。南朝梁吴均著《笔格赋》，细致地描绘了用桂枝作笔格的情景(《艺文类聚》卷五十八)。南朝梁简文帝萧纲还作有《咏笔格》诗。

(2) 笔床。笔床与笔格是两种不同的文具。笔床相当于笔盒，可以放笔，就像今天的文具盒。

(3) 笔挂。用竹木制成的架子，两边有柱子，高一尺余；上面有横木，宽亦一尺有余，可以倒悬笔管，作晾笔用。笔挂也有制成圆柱形的，圆顶，笔挂在圆顶周边上(毛笔顶部大多有挂头)，很方便。

(4) 笔筒。属常用文具之一。材质不一，形状也无定制。如今天所见的笔筒，多加雕饰，尤其是雕竹笔筒，很有艺术个性，品位也高，所以深受文人青睐，如清代周芝岩所刻山水图竹笔筒，高13.8厘米，径11.3厘米。其形制古朴典雅，被列为上品。

(5) 笔洗。用于洗笔。以钵盂为其基本形，其他的还有长方洗、玉环洗等。陶瓷笔洗为最常见，有官、哥元洗，葵花洗，罄口元肚洗，四卷荷叶洗，卷口帘段洗，缝环洗等，其中以粉青纹片朗者为贵，有龙泉双鱼洗、菊花瓣洗、百折洗、定窑三箍元洗、梅花洗、绦环洗、方池洗、柳斗元洗、圆口仪棱洗等。今藏于上海博物馆的哥窑海棠式洗、藏于台北故宫博物院的枢府釉印花洗，都是国宝级的稀世珍品。此外，还有中间用作笔洗、边盘用作笔掭的。形制各异，或素或花，工巧拟古，蔚为奇观。

除此之外，笔用类的文房用具还有笔掭、笔屏、笔船、笔海、笔篓、笔觇等。

(五) 古代制笔工艺与流派

每一支古笔都有它的年代制作特征和工艺水平。

1. 古代的制笔法

中国古代，称制笔为“茹笔”，有“含毫终日”之说，即制笔工人在制笔过程中需整天嘴含兽毛进行挑选、精拣。毛笔的制作属于手工劳作，要经过六七十道工序，主要工艺流程则有浸皮、采毫、选毫、分毫、熟毫、扎头、装套、剔毫和雕刻等步骤。其中，选毫、分毫与扎头最为重要，它直接关系到毛笔的质量，体现出工艺水平的高低。

中国制笔已经有数千年的历史，我们的祖先在制笔工艺上积累了很多宝贵的经验。根据史籍上的记载以及对古笔实物的考证，比较明确的制笔法有以下三种：

(1) 韦诞制笔法。中国的毛笔自秦代基本定型后，到东汉末年、魏晋时期便出现一个明显的转变，那就是兼毫笔的出现。因为自东汉始，中国的书法艺术发展很快，研究书法艺术的笔法成为一种专门的学问。显然，这是制笔工艺发展所带来的结果；反过来，笔法的深入研究也促使了制笔工艺的精进。东汉文学家、书法家蔡邕在《笔赋》中就提出：毛笔的制作应该“新陈代谢”并记载当时是以冬天的野兔毛作笔毫、削文竹为笔管，加丝漆之缠束形。晋人成公绥所著《弃故笔赋有序》中也有类似的记载。这说明汉魏时期，人们已经很注重笔头的用毫。“时势造就人才”，当时闻名遐迩的制笔名家张芝和韦诞，在中国制笔史上就占有很重要的地位。

(2) 两晋制笔法。古代，毛笔是文人书写的唯一工具，所以很讲究笔的实用效果。汉魏时期，由于书法艺术的发展，在讲求笔的实用的基础上，开始注重笔头制作过程中毫毛的配制；三国时魏人韦仲将在这方面迈出了重要的一步。在此基础上，两晋时期的兼毫笔制作以及整个制笔工艺有了很大提高。当时笔的种类很多，且工艺水平也较前有了进步。

(3) 诸葛氏制笔法。中国的制笔业发展到宋代，笔工巧匠不断涌现，制笔技术又向前推进了一步。当时的制笔主要以质量取胜，其中的代表性人物有宣城的诸葛高、诸葛元、诸葛方、诸葛丰等人。他们的制笔方法被后世命名为“诸葛氏制笔法”。宋代的文化艺术非常发达，还出现了一大批文学大家和书画大家，如欧阳修、苏轼、梅尧臣、米芾、黄庭坚等。当时毛笔的使用十分普遍，于是，笔的质量、笔的寿命问题就引起了社会的关注。当时，苏轼就很推崇诸葛高。因为当时京城里所售毛笔都“圆熟少锋”，外表美观，软熟好使，但写了百字开外，笔头就显得软弱无力了。诸葛高制的笔则与之不同。

此时诸葛氏所制之笔，不仅以“三副”名品著称于世，而且它的“无心散卓笔”也另有一功，同样享有盛誉。这种“无心散卓笔”既不用柱毫，也不用心副，而是用两种或一种兽毛参差散立扎成。由于有三分之二的笔头深纳在笔管之中，使用的只是笔毫的锋尖部分，所以弹性自然好，无须再用其他弹性更好的毫料来加健，而且不会有散锋、脱毫之弊。所以，这种笔在当时深受士人青睐。

2. 制笔工艺的两大流派

我国的毛笔制笔工艺，有两大流派，一是以湖州善琏为代表的“湖派”，我国东南及北方诸省的制笔，包括宣笔，都属此派；二是以湖南长沙为代表的“湘派”，其制品流行于中南及西南诸省。两派工艺以笔毛分层匀扎与混层合扎为区分，各有特色，但所产毛笔都能达到“尖、齐、圆、健”的要求。

（1）湖派制笔工艺。湖派工艺以湖州笔为代表。湖笔是元代时继宣笔而崛起的。当时，由于元朝统治者对工艺美术的摧残，使宣笔生产不能维持，导致宣州不少笔工外流，其中有些人流到了湖州。湖笔继承了宣笔制作的优良传统，宣城著名笔工诸葛氏所创立的诸葛氏制笔法，也是湖派制笔工艺的一个极为重要的组成部分。

宋元时期，“湖笔”崛起，主要用山羊毛、黄鼠狼毛为原料，称为“羊毫”与“狼毫”。这是对毛笔又一次重大改进。湖州羊毫笔是湖笔中的主要品种，也最有特色，它的外观特征十分醒目，其尖端有透明的锋颖，故湖笔又有“湖颖”的美称。湖笔中的兔毫取自附近硖石一带的山兔；狼毫笔则用东北所产的黄鼬毫，采集时间都要求在冬季，以保证毫料的品质。

制造一支湖笔，要采用一整套传统的特殊工艺，概言之，要经过水盆、结头、装套、择笔、刻字等一系列过程。其中，“水盆”是关键性的工序，它的主要内容为选毫、齐毫和造型，这道工序因为必须在水中进行，故称“水盆”。湖笔的“结头”也很有特色，它是把初步成型并晾干的笔头分层扎好后，将底部在火上加热，把煎熟的松香渗透到笔头内部，使笔头难以动摇松脱，故湖笔享有“毫毛不脱”的美名。湖笔制作自元、明以来，能工巧匠辈出，如元代的冯应科，据《归安县志》记载，他的制笔与赵孟頫、钱选的书画并列，有“吴兴三绝”之誉。

（2）湘派制笔工艺。湘派工艺以“湘笔”为代表。湘笔是元、明以来异军突起的另一毛笔名品，与湖笔媲美而毫不逊色。湘笔主要产于湖南长沙，其制作不讲究锋颖的外形，扎笔毫和湖笔不同，不分层面进行杂扎，有“水毫”“兼毫”等传统品种著称于世，在使用时有得心应手之效。湘笔的历史悠久，可追溯到唐代。当时的大文学家柳宗元曾写过一首诗，讲友人赠他郴州笔，对郴州笔倍加赞赏。郴州，隋开皇九年（589）置，治所在今郴县，唐辖境相当于今湖南的来水流域及蓝山、临武等地。所以，郴州笔实是湘笔的前身。湘笔成为我国南方毛笔的一大品种，其实也是历史长期选择的结果。

二、笔的鉴赏

毛笔虽然是实用工具，但是，随着社会经济与文化事业的发展，毛笔的制作工艺不断改进，毛笔也日益完善和精美，成为人们所喜爱的一种传统工艺品。因此，从宋代开始，就有人专门收集和珍藏各种毛笔。但是，毛笔不易保存，尤其是笔头上的毫毛，不仅易坏，而且年代久远，保管不慎，也易腐变。所以，从今天收藏的角度考虑，对古笔的鉴赏，往往更着眼于装饰意味浓厚、色彩古雅而内容又丰富的笔管上，只有对近代和当代所出的名笔，才会做比较全面的鉴定。

(一) 笔头的鉴赏

(1) 看形制。笔头的形制是为书写、绘画的需要而确定的。古人以竹笋式笔毫为我国传统品类，属于短锋羊毫、兼毫笔类，锋短而粗，形如笋状，落纸凝重厚实，除实用外，还给人以鉴赏趣味。又有兰花式笔毫，也是我国传统毛笔品类之一，笔头圆润，洁白纯净娇柔，似含苞欲放之玉兰，给人以秀美之感，赏心悦目。古代还有一种笔毫做成葫芦式，兼毫，圆润坚劲。

(2) 以“四德”为标准。古人鉴定笔头，都是从实用的角度出发，并有“四德”之说。所谓“四德”即尖、齐、圆、健。尖者，笔头尖细也。齐者，于齿间轻缓咬开，将指甲揿之使扁排开，内外之毛一齐而无长短也。圆者，周身圆饱湛，如新出土之笋，绝无低陷凹凸之处也。健者，于指上打圈子，绝不涩滞也。迄今为止，书画家和文物收藏界对毛笔笔毫的鉴定，仍沿用着这“四德”标准。

(3) 对旧变的检验。除了“四德”之外，对于古笔，因为还要考虑它是否腐变，这就需要做进一步的鉴定：看笔尖是否挺顺，光泽度如何；手捋其毛，是否还有毛本身的弹力。一般来说，以不粗糙、泥软者为佳。

(4) 品类辨别。如果毛笔年份不是很远，或者被认为还能使用的，一般情况下，还应该分辨它是用什么毛制作的。倘若笔杆上刻着狼毫笔，而笔头却是羊毫，那就有问题了。有的毛笔，名头很响，但仔细辨别，它的笔毫质量较差，也不行。简言之，一要确定它是什么毫毛，二要辨别它的真假与品味的高低。

(二) 笔管的鉴赏

在古笔中，对笔管（包括笔帽）的鉴赏，显得十分重要。从内容上讲，它应该包括笔管材质真伪优劣的识别和工艺、雕刻水平的鉴定两个方面。

(1) 对材质真伪优劣的识辨。用于制作毛笔笔管的材料较多，大致可分为竹、木、玉、瓷、珐琅、雕漆、金属等几个门类。一般情况下，对贵重材料制成的笔管，尤其要注意它的真与伪、优与劣。

(2)雕工评析。中国的毛笔，自西晋开始，就很注重“丽饰”。古代工匠在周不盈寸的毛笔管上，巧妙地描绘、镌刻山水人物、花卉鸟兽，足以表现工艺的独特、高超。故宫收藏的明代黑漆、彩漆描金云龙、龙凤管笔就更令人叹为观止了。这些毛笔管、笔套均髹黑漆为地，用彩漆描绘山海云龙戏珠纹，大海波涛汹涌，山石耸立其间，浪击山石，惊涛四起，寥寥数笔，勾画出一派海阔天高的意境，衬托出苍龙凌空飞舞，在云中腾越戏珠的磅礴气势。加之彩漆描绘精细，色彩明丽和谐，画面构图主次分明，布局严谨，笔管和笔套镶金扣，就更增添了富丽华贵之感。它的笔头毛色光润，浑圆壮实，葫芦式锋尖锥状，美观挺拔，精工巧制，尖、齐、圆、健四德完备，真不愧为传世“文房四宝”中的珍品。现在民间收藏的有些古笔，虽不及故宫藏笔那么华美，但雕梅、兰、竹、菊，寥寥数笔也很有风韵。

第二节　墨的文化内涵与鉴赏

一、墨的文化内涵

古墨是民间收藏中的高雅藏品之一，清代之前或更早一些。对于收藏爱好者而言，了解制作墨的用料和过程是十分必要的。收藏者是否掌握制墨方面的知识，是否熟知墨的形制和种类，对古墨的真伪鉴赏则尤为重要。

(一) 墨的造型与装饰图文

墨，早在唐宋时代就已从实用的单一功用，逐渐向兼有艺术观赏的多功能方向发展了。就墨的形制而言，最初是“丸”、是“笏”、是“螺”，只有比较简单的几种。后来，随着文化发展的需要，封建帝王又大量征贡，形制变化增加，使墨进而成为更加精美的文化工艺品，为人们所喜爱、所珍藏。古墨的制式表现在两个方面：一是造型，二是装饰图文。

1. 墨的造型

明代制墨专家方于鲁收集、整理出三百余种古墨样式，他把三百余种样式分为五大类：规、萬、挺、圭和杂佩。规是圆形，萬是方形，挺是取正直的意思，呈长方形。在这五类中，又分出许多细目，如璋形、笏形、玉佩形、牛舌形、圆璧形、蝉形、砚形、碑形、鼎形、钱币形、塑像形、玉玺形、异兽形、果品形等。下面以长方形、圆形、牛舌形、八边形、象生形墨为例，进行简要分析。

(1) 长方形墨 (这是古墨的基本造型)。长方形墨的长宽尺寸没有定制，但要适宜手握研磨。长方形墨造型，有的镶边，有的无框；有的边线挺括，有的边角搓圆；它的边角有下方上圆，也有上方去角成碑形的，还有瓦棱形等，灵活多样，不一而足。例如，康熙年间与曹素功齐名的吴守默，制作“黄山松液”墨，一共8枚，全是长方形体，无边框，每枚重15克。每枚正面阴文“黄山松液”四金字，字体时有变化；背面镌刻松石图案，8枚图案又各有不同。清秀雅致，古意悠远。

(2) 圆形墨。古人有时用“饼”作为墨的数量单位，实际上源于圆形墨。圆形墨像饼，数量、品种也多。《程氏墨苑》卷十著录了不少圆形墨，如“太极图”“河图”“北斗七星”“龙凤呈祥”“天保九如”“五老告河图”“文昌宫”等。圆形墨中也有在它的边缘做成叶瓣形状的。例如，传世的明赤水珠十二瓣形墨。

(3) 牛舌形墨。牛舌形墨实际上是长方形墨与圆形墨的结合，是拉长了的椭圆形，它的形状很像牛舌。

(4) 八边形墨。如《方氏墨谱》上著录有八边形“九锡”墨、“水灵”墨、“盘鉴图”墨、“触邪”墨等。现在民间所见“触邪”墨，如崇祯壬午年 (1642) 方景耀所珍藏者，正面阴文镌有“触邪”二字，反面是一神兽辟邪图案。

(5) 象生形墨。模拟动物、瓜果花卉的外形而制成的象形墨，如“蟠桃核”墨制成半片桃核的形状；“玉虎符”墨，内有榫，可合二为一；还有“夔龙觹”“玉鱼佩”“玉貂蝉”墨等，给墨增添了不少艺术性和趣味性。

在墨的众多门类中，有集锦墨、彩墨等品种，它们的形制也无定式，方圆搭配，姿色纷呈。

2. 墨的装饰图文

古墨的装饰图文，基本上都是通过墨模上的“底子”(阳文面模) 和“印子”(阴文背模)，精心抑压而成的。作为一种传统的手工工艺，墨模艺术应该受到重视，让其得到传承。底子、印子上的图案、名称以及款识，过去都是由较高技艺的雕刻专家操刀，因此，古墨上的图案和文字都很重要。

一般而言，在雕刻之前，总得先有画家设计好图样，画稿图样的优劣直接影响雕刻的效果，但是，我们也不能因此否认雕刻工艺家在这方面的创造性劳动。

一般来说，墨模上的雕刻采用的是浅刻，不管是线刻还是浮雕，要做到细致入微又别具风格，较为困难。而且，墨模上的雕刻又是反刻，更增加了制版上的困难。例如，方于鲁的“鱼在在藻”墨，上面线刻的水纹、水草和鱼鳞以及鱼游的姿态都丝丝入微，动感强烈，即使是手绘恐怕也难出其右。又如，明代万历年间的著名墨工叶玄卿的“二酉山房歌”墨。正方形，正面蝇头小楷，刻玄玄子“二酉山房歌”

全文，很显然，墨面所刻绘的就是二酉山房图景：山洞窈然，有书搁架上；山泉淙淙，林木丰茂，是一个幽居读书的好地方。此墨面所刻山洞，用线劲挺，如斧劈一般，刻工还将绘画中的皴法移用到刻模上，清新可人，别具风貌。边款是“甲辰年(1604)苍苍室藏款”“叶玄卿按易水法制”。

(二)墨的制作方法

明初沈继孙所著《墨法集要》，详细记述了自元至明这一时期制墨的整个过程，大致可分浸油、水盆、油触、烟碗、灯草、烧烟、筛烟、溶胶、用药、蒸剂、杵捣、称剂、锤炼、九擀、样制、入灰、水池、研试和印脱等共21个步骤。并且，每一步骤的介绍，都配以精美的附图。从沈继孙所著《墨法集要》介绍中可知，明代制墨工艺的分工相当精细，制作流程也很合理，与宋代李孝美的《墨谱》相比较，李孝美的《墨谱》仅列采松、造窑等八道工序，工艺孰精孰粗，一目了然。下面，我们依据古代文献并参考近代制墨工艺的流程和特点，将古墨的制作方法和过程，分取烟、用胶、和剂、成型和加工五大部分，进行简要分析。

1. 取烟

烟是动植物未尽燃烧而生成的气化物。烟遇冷而凝固生成烟炱。所谓“取烟”就是取烟炱作为制墨的原料。烟炱又有松烟炱和油烟炱之分，松烟炱用以制松烟墨，油烟炱用以制油烟墨。

制作松烟墨，古人首先要去砍伐松枝，“采古松之肥阔者，截作小枝。削去签刺，掬其先成白灰，随烟而入，则煤不醇美”。然后，造窑、生火，再取煤。所谓取煤，也就是待窑冷却以后，去窑中刮取烟炱。烟炱按出烟的先后，分“前后中为三等，唯后者为优，中者次，前者又其次”。

制作油烟墨则不同。它最先的工作是浸油。油有桐油、麻子油、皂青油、菜籽油、豆油等，其中以桐油得烟最多，制墨“色黑而光”。浸油的要求很高，所加的配料需要遵循每桐油十斤，芝麻油五斤。先将苏木二两，黄连一两半，海桐皮、香仁、紫草、檀香各一两，栀子、白芷各半两，木鳖子仁六枚。取来这些配料之后，再锉碎，放入麻油内，浸泡半个多月；平时还要用木杖搅拌。为了烧烟，事先还要准备好水盆、油触、烟碗和灯草等。烧烟时，在密室中，将水盆置于木架上，盆窍向架外，塞住窍，浸水满，砖衬油触于水内。每触倾油八分，纳灯草讫，烟椀盖之。勿见风，致烟落，约四五刻扫烟一度。

2. 用胶

无论是松烟墨还是油烟墨，都必须用胶；用胶的好坏多少，对墨的质量影响很大。所以，古人十分重视。古人用的胶品种较多，如鱼鳔胶、牛皮胶等。古人溶胶，要求胶水清澈可鉴，因为“煮化得胶清，墨乃不腻”。古人溶胶，除了配料、用胶多少和温度高低之外，还讲究溶胶的时间。《墨法集要》记载：“凡造胶制墨，宜在正月、二月、十月、十一月。余月造者，大热则造胶不凝，制墨多碎；大寒则造胶冻瘃，制墨断裂。小墨尚可，大墨决不可为也。①”

3. 和剂

和剂，也就是将制墨的各种配料，根据配方按一定的顺序添加、搅拌和杵捣、锤炼，以成料坯。对制墨而言，杵捣的次数越多越好。古人对于杵捣是很下功夫的，往往从辰时一直要捣到午时，大约4个钟点，方为成熟；而且，必须趁热杵捣，不能让它凝并了。从制作油烟墨的要求来看，杵捣六七百下，或一千杵即可。杵捣后出臼，要趁热搓成条子“入灰”。杵捣还有时间上的要求：不得过二月、九月，因为和剂“温则败臭，寒则难干”。

4. 成型

制模，现代人称为做模具，类似于铸造工艺中的翻砂。制墨用的模具是用木料制成的。墨要制成什么图样，就得事先按设计图样，雕刻成墨模。

古人在谈到墨的样制时，主要是大小和纹理。墨的样制，太大则不便于用，太小则难于得色，三四两得其中。古墨的形制多有纹理，据载，古墨的纹理有：斜皮纹法、古松皮法、金星纹法等。

墨模，又称印脱。“墨脱之制，七木凑成。四木为墙，夹两片印板在内板刻墨之上下印文，上墙露榫用闩，下墙暗榫嵌住，墙末用木箍之。出墨则去箍。②”其中还有压模一环。压模，也叫“坐担”。初制墨锭在印脱中很难得实，因此，必须“用压面床坐木担压之，方得四围都到，棱角美满”。再说“入灰”和“出灰”，其主要作用是使初制墨锭自然晾干，在灰中又能避风，初制墨锭“不可见风，见风墨断”。出灰的时间掌握也很关键，“出灰太软亦断，出灰太干则裂”，不软不硬，方可出灰。置灰时间的月份、时间的长短，是否换灰换纸，不同性质的烟墨、不同大小的墨锭，要求都各有不同。

5. 加工

“加工”主要包含打磨、描金刻字等步骤。墨锭出灰之后，墨锭只是个毛坯，上面多有毛刺、疙瘩，多处不平整不圆润，有些图案与墨模原样相比较，具有一定的缺陷。因此，“加工”这一步骤必不可少。

打磨也就是修整外形，把那些多余的毛刺疙瘩修锉掉，按墨模图样细加琢磨修

① 华文图景收藏项目组编．文房四宝收藏使用解析 [M]. 北京：北京轻工业出版社，2007：42.

② 倪洪林．中国民间收藏实用书 [M]. 哈尔滨：北方文艺出版社，2005：64.

饰，以求合乎设计要求。如果根据设计要求描金敷彩的，那么就要描上金粉、银粉，填上颜色；如果设计要求刻字的，那么就要按样字雕刻，其中刻字的位置需要在制作墨模时留好。

部分墨需要在墨的表面外加漆衣，使墨更显光彩。加漆衣，这是一种刮磨工艺，并不是真的涂上一层黑漆。例如，明代制墨家程、方二氏在刮磨漆皮方面造诣颇深，通体加漆衣也是程墨、方墨的显著特点之一。

另外，还有制盒、包装等工序，它们也是“加工”步骤中的有机组成部分。从市场销售的角度出发，制盒、包装是十分重要的。事实表明，不注意商品的外包装，将直接影响商品的销售乃至声誉。

(三) 墨的品类

1. 墨的种类

中国的古墨，历来分门别类。按制墨的原料划分，有松烟墨、桐烟墨、漆烟墨之别；按墨的不同品位及用途划分，则可列出以下七种。

(1) 普通墨：一般人用来书写的墨，形式简朴，墨品名称与墨家字号直接用金蓝色书写。

(2) 贡墨：古代封疆大吏请墨家制造进呈皇帝，或按旧制征贡的墨，都署有进呈者的名款，有的也署墨家的名款，贡墨大多为墨中珍品。

(3) 御墨：皇帝用墨。唐以后设墨务官，专制御墨。清代御用墨分为两类：内务府墨作所制和徽州墨家承制；前者外流很少，但价值不高。

(4) 自制墨：按照制墨者意愿制造的墨，始自东魏韦诞。《歙县志》将明清自制墨分为“文人自怡”型和“精鉴好事”型两类，都属上品。

(5) 珍玩墨：不为使用而为欣赏制作的墨，形体大多小巧玲珑，大小盈寸，烟料、做工都属上乘，艺术价值很高，是墨中珍品。

(6) 礼品墨：作为礼物馈赠的墨。有“寿礼墨”“婚礼墨”“赠送学生墨”三种，多注重外表形式，一般装潢精美，但烟料稍差。

(7) 药墨：当作药物治病的墨。一般是松烟墨，有些署墨家名款，有些直接署药店名款。

2. 历代的名牌墨

所谓名牌墨，即历史上被众口交誉、约定俗成的名牌产品。

柔翰斋墨：明吴乔年所制。正面篆文“知止堂珍藏”，背面八分书“万历戊午乔年监制”，侧有“柔翰斋墨”四字，重一钱八分。

大国香墨：明祝彦辅制。一面“大国香”三字，一面“歙祝彦辅制”五字，均楷书，重二钱。

九玄三极墨：明潘方凯制。一面“九玄三极”四字，下一小印内“方凯”二字；一面“潘方凯制”四字，下一小龙，重二钱。

云龙墨：明吴去尘制。一面“云龙”二字，一面“飞龙在天，万国咸宁”八字，皆玉筋篆书，旁记“崇祯元年”，重二钱五分。

浴砚斋墨：吴去尘制。一面“浴砚斋”三篆字，一面“吴去尘监制”五字，楷书，四旁锁纹，重二钱五分。又“浴砚斋”三字，亦有隶书者。

乌玉玦墨：吴去尘制。一面“乌玉玦”三字，八分书；一面“吴去尘墨”四字，真书，四边皆作瓦楞纹，重二钱。

吴制之墨甚多，如行楷书之“贝叶”“双红叶”“芝草”“兰石图”“登龙飞”“人生一乐”；大篆文之“自牧堂”双螭盘绕；篆文之“霞标”“竹墨一国宝”等款文之墨，皆吴氏所制墨也。

松下居士墨：吴去尘制。一面松下居士图，一面“吴知白监制”，重三钱七分。按：知白，去尘字也。

天下文明墨：明吴羽吉所制。一面绘一龙登云状，旁注“吴羽吉”三字；一面篆文“天下文明”四字，额书“庚辰法墨”四字，重一钱九分。

梦草堂墨：明吴和卿所制。一面“梦草堂”，一面“吴和卿监制”五字。各边双线内有小龙，重一钱九分。

金壶液墨：明吴石臣所制。一面“金壶液”三楷字，一面为双龙含珠图，侧面有长印“吴石臣监制”字样，边纹古朴雅洁，重三钱一分。

玄圭墨：明素道人所制。一面隶书“玄圭”二字，上一圆印，内阳文“双螭”；一面“素道人制”四隶字，重二钱。

淡斋墨：明淡斋所制。一面正中有“淡斋”二篆字，一面无字、无花纹，唯边缘转处俱作优钵昙花式，重一钱八分。

将磨子墨：明一峰道人制。一面长印阳文楷书“一峰道人墨”五字，一面隶书“将磨子”三字，重二钱一分。

神品墨：明苏宾嵎制。一面有“神品”二字，楷书，下左旁有“苏宾嵎制”四字；一面作一斜枝花干，皆似梅而独有叶，于根旁有一小长印阳文“元或”二字；侧面有“汪仲绥还古法墨”七字，重二钱六分。

食灵斋墨：明食灵斋主制。一面上半隶书“墨皇素臣”四字，下画一像手中执笏拱立；一面“食灵斋”三篆书，重二钱一分。

渊云墨：明文园所制。墨形如梭，一面双螭回环中有篆书“渊云”二字，一面“文园法墨”四隶书，侧有天启元年字样，重二钱。

字邮墨：明三玉主所制。一面双螭中盘“字邮”二篆书。一面“三玉珍赏”四隶书，重二钱二分。

笥友墨：明丁叔明制。一面行楷“笥友”二字，一面“丁叔明清赏墨”，侧有绳头“昙犀”二字，重一钱八分。

圭式宿电墨：明吴氏制。一面篆书“宿电”，一面长印阳文“吴氏墨精”四字，作圭式，重一钱八分。

青麟髓墨：明方于鲁所制。作柱形，盘龙口外嵌一珠，有“漱金青麟髓”字，重四钱三分。

八仙墨：明吴去尘制。花式各种不同，俱八仙故事，重一钱八分。

静远轩墨：墨下有“思寥珍藏”小印，背书“月湖世显”，此邵少宰购方程名品断碎者，属吴翼堂太史觅善工重和胶成之者。

紫金光聚墨：面书“紫金光聚”，背有“康熙第二壬寅古歙汪胥原按易水法制”。

持敬堂墨：亦明名墨，唯只有彭城小印，其他不详。

思齐堂墨：面书“云林甄士学书画墨”，背“思齐堂珍藏”，下有“黄道甄士”二小印。墨甚佳，唯制者姓氏不甚详。

半砚云墨；面书“半砚云”，背书“甬江钱文起造”。

自民国以来，民间还有收藏彩墨的，迄今为止，民间、拍卖市场亦多有出现，所谓彩墨，非墨也，乃绘画之颜料制为墨形者。

(四) 墨的文房配件

(1) 墨匣。用于存放墨锭，起装饰和保护作用。墨匣中，以套墨、集锦墨、彩墨所用的匣最为考究。古代墨匣多以紫檀、乌木、豆瓣楠木为材料，并镶有玉带、花枝或螭虎、人物等图纹。所以，一般都很精美。古代墨匣中，也多有制成漆匣的。清末制墨匣最著名的，当数京城“万礼斋”。

(2) 墨床。用于置放未干之墨锭。

二、墨的鉴赏

中国墨从宋代开始，逐渐成为文人书案上的陈设和装饰。文人追求墨质的精良，追求墨的造型美和诗情画意，更促使墨制朝着美轮美奂的工艺精品方向发展，同时也导致了珍贵名墨的迭出和名人名家墨收藏热的到来，这种集墨、赏墨之风，至嘉靖、万历年间，便达到了高潮。

中国古墨中的珍品，它的精美程度几近极致，其价格亦可在很短时间内飙升数十倍。中国明清时期，名家墨的声誉之著，价格之高，由此也可见一斑了。也正因为如此，后世冒名顶替、鱼目混珠的欺世行为滋漫开来。自20世纪90年代开始，艺术品市场的古墨行情飞涨，于是，伪造之风又兴，现制的赝品与清代、民国时期的赝品交混在一起，流传于民间、肆市之间，让人真假难辨。对此我们不能不防，不能不学习一些有关鉴赏的知识。收藏爱好者和古墨经营者，学会对古墨的真伪优劣的鉴定，是非常重要的。

(一) 古人用墨的诀窍

古人在选墨、用墨的过程中，积累了很多经验与教训，后来有人将其归纳为以下五点。

(1) 察看墨色。黑为墨之要素。旧墨颜色纯黑，无论作书作画，使用之后，定能使作品生色，增加美感，而新墨则灰而不黑，无论怎样浓厚亦绝不黑。

(2) 辨析墨材。新墨之材料不精，配兑（研磨）不匀，时而粘笔，时而阴湿。旧墨之制系用鹿角胶，且配合恰到好处，既不落墨，又不显有胶性，书写至为随意。

(3) 嗅闻墨味。“墨之材料以及胶为大宗，此二者均有恶味”，新墨未能将此弊除去，以致触笔令人作呕；旧墨则非但无恶味，且变为芝兰之香，馨而不绝，能为使用者增加快感。

(4) 洞察净杂。新墨时有沙砾，费笔毁砚；旧墨质地纯净，不损笔锋。

(5) 检验形态。新墨颜色屡更，揭裱阴湿，而旧墨则百年如一日，土蚀水侵，不走原迹。

(二) 墨的综合鉴赏法

对古墨的鉴定，还需要依靠平时多看实物，多记实物，通过实物与文献资料相互印证，加以思考，比较分析。多看实物可以对某一名家名作的墨质、题识、图案、墨品、装潢、风格等加深认识，熟记在心。多看文献资料，学会区分歙县与休宁各派墨品及风格特点，通过对墨品的了解，即使在没有年款的情况下也可以鉴定出名家墨品。

看墨色：墨的表面除了描金敷彩的字画外，暴露在外的主要是黑色。因用料、加工不同，墨表面的黑色及其光亮往往也是不同的。

听声：叩墨听声，醇烟之墨其声清响，杂烟之墨其声重滞。当前市场上出现一些质料粗糙，叩墨出声喑哑，体轻而呈灰白色的墨锭，尽管墨面文字及图案与真品完全相同，但形同土块，我们就应该想到旧墨模留存于世，作伪者有利用它来造假的可能。至于以石充墨，伪品的图纹多系人工刻雕，不比真品模压而成。心里有谱，识别也容易。

掂轻重：掂量墨的轻重、抚摩墨表面的精粗之后再做判断。

看款识：古墨上的款识五花八门，纷繁复杂，但是作为古墨的收藏者而言，就必须具备识别款识真伪的能力。这一能力所包含的内容相当丰富，有关于历史方面的，有关于书法方面的，也有关于印章方面的等，特别是有关墨史方面的内容，更加直接。例如，清朝之初，国祚甫定，汉族士人心怀故国，都无闲情虑及翰墨，而且，雍正朝兴文字狱，士人们更视文墨之事为危途。因此，清初顺治、雍正二朝流传下来的名墨不多。御墨也很少会流出清宫。因此，收藏清初顺治、雍正朝墨，当慎之又慎。名墨上镌刻墨名、铭文、题款所用的字体，篆、隶、真书都有，且大多端庄工匀，但是，字体上所表现的各家风格是不同的。例如，明末程、方二家的文字都是阳文，不作阴刻；这与二家所制墨通体漆衣有关。而且，他们所刻文字很见功力，作伪者很难模拟。《墨史》上曾经详细地介绍过李廷珪墨的用字，墨背“歙州李廷珪墨”款识中，“歙”字的“欠”旁左边的一撇，与“州”字中间的一竖相连贯；“李”字中的一竖与下半部分的“子”字相连贯；又，“廷”字中的“壬”中间一竖正好与“墨”字的右角上下对齐，据此能辨别李墨的真伪。目前，流于社会的伪品，大多盗用明代程君房、方于鲁或其他名家的名款。

另外，还有一个避讳问题。例如，康熙年间的墨锭上如果遇上“玄”字，就得改字或缺笔，将“玄”字写成“元”字，或者缺掉“玄”字的最后一点。据此，既可判定制墨的年代，又能够进行辨伪；倘若一锭标有干支年号的古墨，经推算是康熙年间，而墨家署款中出现“玄”字，那就是赝品无疑。

看表形：一看状态，二看漆皮、色彩。墨以坚挺不变形、理细如犀者为上。古墨、名家墨食胶量少，易断，受风化作用会有细微裂纹，但绝不会出现大的弯曲；赝品就会露馅，此为表现之一。古墨漆衣者，年代越远漆皮越显浑厚，并呈现蛇皮样断纹，又像古瓷釉面开片，有纹而不裂，隐蕴在漆皮之间，发出蓝色的光彩。漆皮墨盛行于明万历年间，清康熙时少见。明代漆皮墨，多是上下左右侧边通漆，正背面为本色。清代在漱金墨或本色墨上，仅漆两面的边，两侧上下都不漆。漆皮者，无论漆边、漱金，年代久远而光敛，新漆则亮、则火。另外，明清两代漱金墨和填金墨上的金色有分别。明代金色黄中泛红，色厚；清初黄而亮，稍薄；清末则黄中泛白色，亦薄。近代和现代仿品，真金极少，往往为化学仿金。又因为造假者以次充好，将原有名款挖去，而后以墨蜡填平，再刻名家章款，略施金彩，然后加以打磨。灯光下，用放大镜察之，填墨蜡处与周边有异，金彩亦火。

注意风格：不同时代、不同文化素养的制墨专家所制作的墨锭，其风格各异，墨品、墨韵均不同。收藏爱好者如果能娴熟地把握不同时代、不同流派的不同风格和不同特点，那么，鉴赏古墨的真伪就相对来说容易得多。以“清四家”为例，时间上"清四家(曹素功、汪近圣、汪节庵、胡开文)"有先后，地域上曹素功、汪近圣主要集中在歙县、绩溪，汪节庵、胡开文主要在屯溪、休宁。曹素功"艺粟斋"适应时代要求，制作有满文墨，他的满文"紫玉光"墨是其代表作。"艺粟斋"所制集锦套墨，华美精良。汪近圣墨质地精纯，图绘设计蕴含文人气息，但用胶过重是汪近圣墨的缺点。汪节庵墨多制作于嘉庆、道光年间，其墨用料讲究，馨香扑鼻；汪氏制有精致的仿古集锦墨，贡墨制作也在各家之上。胡开文墨图案有新意，别具一格，原因是他十分注意墨模的制作，墨模镌刻精良是制作醒目外观的基础。同时，墨的图案、题识也有时代风格上的区别，这是墨模的雕刻受明清两代书画流派的影响而带来的。明代的书法多遒劲，雕刻手法深厚，显示其雄健，它的阳文字锋芒峻厉。清代书法多秀润，雕刻手法则精秀润细。绘画也基本如此。明清两代雕刻墨模的技巧，也因此而成为两大不同流派；明代墨模刀法多深厚有力，清代墨模刀法多柔妍精细。

看装潢：明清时的佳墨往往都有原来的包装，如漆匣、楠木匣、古锦套等。但是，也应该注意到某些制伪者以赝品配真匣，所以鉴定时应以墨本身的真伪为主要依据。

第三节 纸的文化内涵与鉴赏

一、纸的文化内涵

中国的书画用纸，品类繁多，以宣纸为例，可分为棉料、净皮等大类；其中又有棉连、罗纹、龟纹等品种的不同。书画用纸的尺幅有大有小，大的有丈二、丈六，小的三尺四尺，笺纸则多是小张的。纸的性能差别也很大，熟宣和生宣因产地不同、品种不同，性能也不同，书画家用墨汁一试，马上就能感觉出来。这些差别主要是由于用料和制作加工工艺的不同造成的，古纸也是这样。

(一) 纸的品类

我国纸的文化源远流长，历代名纸很多，早期的纸如絮纸、灞桥纸、居延纸、中纸、罗布淖尔纸、旱滩坡纸、蔡侯纸等，有的见于著录，有的是现代考古的实物发现。由于历史久远和当时生产的数量有限，这些纸均已失传。

1. 唐宋的名纸

(1) 宣纸，因产于宣州而得名。唐以前开始制造，最初以檀树皮为原料。宋元以后又用楮、桑、竹、麻等数十种原料制作。宣纸质地绵韧，纹理美观，洁白细密，搓折无损，利于书写绘画，墨韵层次清晰，有独特的渗透、润墨和一次吸附性能，落墨着色，能鲜明地体现书画虚实相间的风格，写字骨神兼备，作画墨韵生动。另外，它还耐老化，防虫蛀，耐热耐光，适合长期保存，有“千年美纸”“纸中之王”的美称。宣纸根据其加工不同，可分为生宣、熟宣和半生不熟宣。

生宣纸又叫生纸，生产后直接使用，吸水性、润墨性强，可用于泼墨画、写意画。笔触层次清晰，干、湿、浓、淡，变幻多端。

熟宣纸，由生宣纸在矾水中浸制后，经研光、拖浆、填粉、深色、洒金、加蜡、施胶等工序而制成，又称“矾宣纸”。用熟宣纸作书画，不易走墨晕染，适宜于画工整细致的工笔画和写楷隶书。此纸久藏后，会漏矾或脆裂。唐朝写经用的硬黄纸、五代北宋的澄心堂纸都是熟宣纸。

半生不熟宣即半熟宣，是用生宣浸以各种植物汁液而成，具有微弱的抗水力，用以写字或作画，墨色洇、散较缓，适用于书写小幅屏条、册页或用作兼工带写的绘画。

宣纸因制作时，树皮原料用多用少不一样，又可分为棉料、净皮、特种净皮三大类。宣纸的尺寸有二尺、三尺、四尺、五尺、六尺、七尺、八尺、丈二、丈六、尺四、尺六、尺八等几种规格；按厚度分，有单宣、夹宣、二层、三层、四层几种。最薄型的宣纸是特制的，主要用于拓片、拷贝、印刷古籍、装帧印谱；品名有棉连、扎花、罗纹、龟背纹、蝉翼等。

(2) 薛涛笺。唐末五代名纸。薛涛笺是一种加工染色纸，由薛涛创制，故名。薛涛，唐长安人，她善作诗填词，感到当时纸幅太大，遂亲自指导工人改制小幅纸。因用薛涛宅旁浣花溪水制成，因而又称“浣花笺”。相传薛涛曾把植物花瓣撒在纸面上加工制成彩笺，这种纸色彩斑斓，精致玲珑，又称“松花笔”。后历代有仿制。

(3) 水纹纸。水纹纸是唐代名纸，又名“花帘纸”。这种纸迎光看时能显示透亮的线纹或图案，目的在于增添纸的潜在美。制法有二：其一，在纸帘上用线编纹理或图案，凸出帘面，抄纸时此处浆薄，故纹理透亮而呈现于纸上；其二，将雕有纹理或图案的木制或其他材料制的模子，用强力压在纸面上，犹如现在通用的证券纸、货币纸的水印纹。

(4) 澄心堂纸。南唐时徽州地区所产宣纸，薄如卵膜，坚洁如玉，细薄光润，有的五十尺为一幅，从头到尾，匀薄如一。南唐后主李煜特别喜爱这种纸，特意用自己读书批阅奏章的处所——澄心堂来储藏，供宫中长期使用，所以称“澄心堂纸”，后世视为艺术瑰宝。

(5) 谢公笺。谢公笺是一种经过加工的染色纸，为宋初谢景初（1019—1084）创制，因而得名。谢氏受薛涛造纸笺的启发，在益州设计制造出“十样蛮笺”，即十种色彩的书信专用纸。这种纸，色彩艳丽新颖，雅致有趣，有深红、粉红、杏红、明黄、深青、浅青、深绿、浅绿、铜绿、浅云等十种颜色，与“薛涛笺”齐名。

（6）高丽纸。高丽纸又名韩纸、高丽贡纸。古代高丽国（又称高句丽、朝鲜）所产之纸。此纸多为粗条帘纹，纸纹距大又厚于白皮纸，经近人研究，宋元明清时我国书写所用高丽纸，大部分是桑皮纸，清乾隆时我国有仿制的高丽纸。

（7）金粟笺纸。宋太祖赵匡胤提倡佛教，全国印经之风盛行，为满足这种需求，当时歙州专门生产一种具有浓淡斑纹的藏经纸——硬黄纸，又名蜡黄经纸，或称金粟笺。金粟寺在浙江海盐金粟山下，因寺内抄《藏经》需纸特多，故纸名“金粟笺”。它的特点是质地硬密、光亮，呈半透明，防蛀抗水，颜色美丽，寿命很长，虽历千年，犹如新制。

（8）白鹿纸。白鹿纸是古纸名。《至正直纪》：“世传白鹿纸乃龙虎山写篆之纸也。有碧、黄、白三品，白者莹泽光净可爱，且坚韧胜江西之纸。赵松雪用以写字作画，阔幅而长者称白箓，后以白箓不雅，更名白鹿。”

（9）玉版纸。玉版纸是古代名纸，一种洁白坚致的精良笺纸。

2. 元、明、清的名纸

元、明、清以来，造纸原料及生产技术有很大突破和发展，又出现了许多精品，成为可供人观赏珍藏的艺术品。

（1）宣德贡笺。明代生产的“宣德贡笺”，在制作技艺上较为精湛。这种加工纸有许多品种，如五色粉笺、金花五色笺、五色大帘纸、磁青纸等。明代，苏州一带有一种洒金笺，也名噪一时。明代还仿制了唐代“薛涛笺”和宋代“金粟山藏经笺”。这种仿制纸中加云母粉，纸面露出光亮耀眼的颗粒，这是明代人的创新。清代除仿制古名纸外，还有一些创新的产品，如保存在故宫博物院内的“梅花玉版笺”，纸为斗方式，皮纸纸表加以粉蜡，再用泥金或泥银绘以冰梅图案，有方形“梅花玉版笺”朱印。这种纸创于清康熙年间，乾隆年间复制盛行，薄于清仿明仁殿纸。

（2）五色粉蜡笺。清代还新创“五色粉蜡笺”。这种粉蜡笺始于唐代，是以魏晋南北朝时的填粉纸和唐代的加蜡纸合二为一的加工纸，成为多层黏合的一种宣纸，具备粉纸及蜡纸的优点。底料的皮纸，施以粉加染蓝、白、粉红、淡绿、黄五色。加蜡以手工捶轧研光，称为“五色蜡笺”。有的在纸面上用胶粉施以细金银粉或金银箔，使之在彩色粉蜡笺上呈金银粉或金银箔的光彩，称“洒金银五色蜡笺”；有的用泥金描绘山水、云龙、花鸟、折枝花等图案，称“描金五色蜡笺”。此纸防水性强，表面光滑，透明度好，具有防虫蛀的功能，可以长久张挂。书写绘画后，墨色易凝聚在纸的表面，使书法黑亮如漆。由于制作精细价高，故多用于宫廷殿堂，书写宜春帖子诗词，供补壁用或作书画手卷引首、室内屏风，多见于宫廷内府殿堂的书写匾额及壁帖等，民间很少流传。乾隆内府制作最精，也称“库蜡笺”。

(3) 砑花纸。明清以来还有一种新的加工纸，为“砑花纸”。纸料为上等较坚韧的皮纸，有厚有薄，图案多为山水、花鸟、鱼虫、龙凤、云纹或水纹，也有人物故事或文字。此纸透光一看，能显示一幅美丽的暗纹图画。故宫保存的“砑花蜡印故事笺”，用的是细帘纹皮纸，纤维交结匀细，纸厚，色以土黄为多，纸上砑有《赤壁赋》《卢仝烹茶》等人物故事图案的暗纹。绘画风格均受宫廷绘画的影响。纸的表面施粉，非常精细，很适于笔墨书写。此纸加工方法为加粉染色，再把画稿刻在硬模上，再以蜡砑纸，模上凸示的花纹，因压力作用而呈现光亮透明的画面。明清以来还制有罗纹纸、发笺、白云母笺、各色雕版印花壁纸等。纸的加工工艺创造了染色、加蜡、研光、施粉、描金、研洒金银和加矾胶等各种技术，人们以“片纸非容易，措手七十二”来形容工艺的繁杂及艰苦。

(4) 毛边纸。毛边纸是一种竹纸。明末江西出产竹纸，纸质细腻，托墨吸水性能好，既适宜于写字，又可用于印刷古籍。因明代大藏书家毛晋嗜书如命，好用竹纸印刷书籍，曾到江西大量订购稍厚实的竹纸，并在纸边上盖一个篆书“毛”字印章，所以，人们习惯称这种纸为“毛边纸”并沿用至今。现在我国南方产竹的地方均有生产，以嫩竹作为原料，用石灰沤烂发酵，捣碎成浆，再添加适当的黄色染料，不施胶，手工竹帘抄造而成。毛边纸的质地细嫩、柔软，韧性好，略带蛋黄色，吸水性强，用于书写、印刷，容易吸墨，字迹经久不变。较重的毛边纸又称为“玉扣纸”。江西横江出产的仿毛边纸又称为“重纸”。现在有些地方，如浙江一带用碱法制浆，在竹帘丝网的圆网造纸机上造出，称“机制毛边纸”，这种纸的质地、外观与手工造的毛边纸均有较大差别。

(5) 元书纸。元书纸产于浙江省富阳县一带，用竹浆抄造而成。纸质较差，但吸水性好，呈蛋黄色。多用作小学生毛笔字练习本，有时也用作农村糊窗纸和加工成卫生纸。

(6) 连史纸。连史纸又叫“连四纸”“连泗纸”；纸质较厚者又称为“海月纸”。原产于福建省邵武，以及闽北地区和江西省铅山县一带。采用嫩竹做原料，碱法蒸煮，漂白制浆，手工竹帘抄造。纸质薄而均匀，洁白如羊脂玉，书写图画均宜，多用来制作高级手工印刷品，如碑帖、信笺、扇面原纸等。

(7) 清代仿制纸。清代以来仿制加工的纸品种更多，尤以乾隆年间（1736—1795）的制品最为精细，且有传世纸品留存。乾隆年间仿制的“澄心堂纸”，这种纸多为斗方式，纸质较厚，可分层揭开，多为彩色粉笺，还绘以泥金山水、花鸟等图案，纸上均有长方形隶书小朱印，印文为“乾隆年仿澄心堂纸”，纸料为皮料。清仿“薛涛笺”，是一种长方形粉红小笺，印有长方形小印，印文“薛涛笺”，多用于信纸。乾隆年间又仿制“金粟藏经纸”，乾隆帝喜用此纸写字，又用此纸印《波罗蜜多心经》。有些内府的名画也用此纸做“引首”，故宫博物院尚有保存。乾隆时期还仿制元代名纸“明仁殿纸”，如“清仿明仁殿画如意云纹粉蜡笺”，纸上用泥金画如意云纹，纸厚，表面平滑，纸质匀细，纤维素甚少，属桑皮纸。这种纸两面均有精细加工，背面有黄粉加蜡，且以金片洒之，纸的正面右下角有阳文“乾隆年仿明仁殿纸”，隶书朱印。此纸为内府库藏品，造价极高，有很高的工艺水平。明清时期我国造纸业在各方面都达到了很高水平，安徽的“宣纸”，江苏的“粉蜡笺”，福建、浙江、陕西的“竹纸”均为当时著名品种，并流传到国外，为人类文化的发展和交流作出了较大贡献。

（二）纸的制作

我们对古人造纸方法的了解，主要是从《齐民要术》和《天工开物》这两部历史文献中得到的。北魏贾思勰所著《齐民要术》中，有两篇专门讲纸的加工技术。一篇介绍造纸过程中，对楮（构树）皮的处理技术。另一篇介绍以黄檗汁染纸防蠹的具体做法。这些纸张制作、加工经验的总结，对南北朝直到唐朝的造纸业，都起了指导作用，至今仍有一定的参考价值。明代科学家宋应星的《天工开物》中，有《杀青》一卷是专门记述纸张生产技术的，对中国古代彩色纸、涂布纸、包装纸、竹纸、皮纸等十多种纸的原料、制作方法及产地，有较详细的记载。

纸的制作原理和过程，古今应该是一致的，只是原料、后期加工工艺上存在差别。从纸的制作过程来看，它大致应该是：取坯、制料、做纸浆、抄纸、焙纸五个步骤。

（1）取坯。首先，将砍伐下来的青檀树或楮树等树木的皮取下来。这是一个技术性很强的活，因为选枝有一定的要求，枝条太老或太嫩都不合用。其次，把选好的树枝束成捆进行蒸煮、脱皮。最后，再将这些毛皮浸泡在石灰水里，经若干天后取出洗净。纸的皮坯就这样制成了。

（2）制料。将皮坯反复多次地浸渍、蒸煮、洗涤和暴晒。

（3）做纸浆。将匀净的皮料浸在稻草灰和柴灰水中做进一步的腐烂发酵。十多天后发酵为浆料。然后，把浆料放入臼中，舂成纸浆。这个过程现在叫作“配料”，也就是将皮料和草料按一定的比例混合在一起做成纸浆。

（4）抄纸。把纸浆倒进石槽，加胶或纸药水以及木槿汁，使之具有黏性。然后由两个人持帘入水槽，将纸浆抄进帘内，滤去水分而形成纸胎，再将纸胎平放在湿纸板上。

(5) 焙纸。把滤去水分的纸胎平放在湿纸板上之后，等到迭满一定的张数，“积百番而榨之，以去其水”。压干以后再把纸一张一张揭开，贴到光洁的砖砌的夹墙上；砖砌的夹墙里烧着柴火，用炙热的墙面来烘干纸。就这样一张张雪白的纸制成了。

(三) 纸的加工工艺

古纸的加工工艺主要是指特色纸的加工，或称加工纸的加工，它与一般的日用书画纸有所区别，如梅花玉版笺、羊脑笺等，它们的制作工艺相对一般的书画纸更复杂，也更讲究艺术效果和社会效果，具体工艺如下。

(1) 砑光。用光滑的卵石在纸面上来回压磨，使纸面光洁平滑。砑光的工艺出现较早，从左伯纸“研妙辉光”的特点来看，东汉末年造纸工匠就已经采用压磨纸面的砑光工艺了。一般说来，制作特色纸都得经过这道工序。

(2) 染色。用有机染料给加工纸染色。最初，可能染黄色的居多。唐代硬黄纸也是用黄檗染成黄色的，多用于写经，且能起到防蛀的作用。唐宋时期，加工纸的样式有了改进，用途也扩大了，应时代需要出现了彩色小笺。宋代的“谢公十色纸”染色的范围已经扩大到十种颜色，已经能分出有深有浅的各种不同层次。

(3) 施粉。施粉也称“填粉”，是指在纸有孔隙的地方用粉加以填补。早先施粉的作用主要在于填补，后来，从实践中发现“粉”的作用不止于此，它如果与彩色混合在一起，可使色彩调和丰富；并且它具有不透明的性质，能改变纸的透明程度；再则，施粉后的纸吸水性有所增强，色彩斑斓的粉纸由此产生。

(4) 洒金。在彩色的粉纸上洒上金银粉末，可使纸面更加绚丽夺目，富有华贵气象。当然，在洒金之前，纸面上要预先涂上黏合剂，洒上金银粉后再加工研光。洒金纸（或洒银纸）可分为金粉均匀细密的屑金纸、碎片状金粉的片金纸和全纸涂满金粉的冷金纸三种。冷金纸最次。

(5) 印花。有两种印花法，一种是印明花，与木刻水印相似，它是直接将图案印上纸面，如“北平笺谱”。还有一种印暗花法，是在抄纸过程中将纸压在两块刻有凹凸花纹图案（一正一反）的木刻版中间，逐幅印制。另外，还有一种，即刻花透光纸，应该也属于印暗花法。

(四) 纸的文房配件

(1) 镇纸。镇纸又称“书镇”，主要用以重压纸张或书册而不使其失散。书镇所用材料为铜、石、玉、玛瑙、水晶或陶土等。自古及今，镇纸形制多样，制作者争奇斗巧，变化万端，是文人案头的宝玩之一。与镇纸具有同样用途的还有“压尺”，或叫“镇尺”。

(2) 裁刀。为裁纸专用，也有将它看作古人“用以杀青为书”的削刀。后来，仿照古人的削刀所制成的裁刀，其制上尖下环，长仅尺许，其柄所用木料很是讲究，并饰有图案花纹。

二、纸的鉴赏

(一) 纸鉴赏的技巧

1. 纸的鉴赏与选择

唐宋以来，书画、书籍、信笺用纸已经十分普遍，因为各类纸所使用的原料、制作工艺不同，所以它们之间的性质往往也有较大差别。同时，随着时间的流逝，纸会老化，它们所表现出来的不同时代的老化程度和特征，也就成为我们鉴赏纸的年份和真伪的依据。

唐以前主要以蔡伦之法造纸，即网纸、麻纸、谷纸；唐代始有硬黄纸；唐末五代有薛涛笺；到五代北宋始有澄心堂纸，有黄白经笺，可揭开使用。宋代纸粗厚，而且绵；宋版书纸质软；宋人书画多用澄心堂纸，它的纹路斜侧一边，隐有龙凤；卷册之类多用黄色藏经纸。元代纸纹细而薄，用胶矾，因此元人书画易于脱损；元版书字瘦硬而纸薄。明代时用胶矾的纸只有宣德年间生产，书画家一般使用宣纸。一般而言，古纸多用丝和麻做原料，纤维较长，质地不如今纸细密，表面也没有今纸平匀，在放大镜下观察，有如剥去一层膜皮，似有虫蚀之状，并且有一层白灰若隐若现，纸的颜色无论深浅，于厚薄、里外、凹凸处均系一致。这些都是由于时间长久而自然形成的。作伪者用颜料新染，其颜色于厚薄、里外、凹凸处，必有轻重浓淡的差异，一经检验，便可知真伪。这里，我们再介绍古纸鉴赏的一些具体方法。

(1) 看帘纹。古代的书画用纸与今天的宣纸制作方法大同小异。宣纸中有一条条平行的直线暗纹，这就是帘纹。它是造纸过程中，“抄纸”工艺的体现。抄纸所用的竹帘，各个地方因为长短宽窄不同、用线编织的方法不同，所以纸上所留下的帘纹也不同。依据古纸上的帘纹，是可以判别纸的产地、纸的性能甚至生产的年代。例如，宋代建阳麻沙、崇化两地造纸刻书的风气很盛，当时用的纸，纸质白且硬。建阳人就地取材，制造的多是竹纸，竹纸“白而硬”，它的帘纹很宽，一般都有两指宽，甚至还有超过两指宽的。与其他地方出产的宋纸帘纹不同，纸质也多有不同。与建阳出产的明代纸也不同，明代建阳竹纸的帘纹仅仅只有一指宽。

(2) 看纸色。看纸色不仅可以看出纸的性能，而且能大致分辨出年代和产地。纸因年代久远而呈现出的灰暗颜色与人为的做旧不一样，即使是保存较好的古纸，不同产地、不同年代的纸色也不一样。例如，宋代的建阳竹纸“白而硬”，到了元代，竹纸却反而比宋代的黑。还有，元代制造的皮纸极薄，纸色显得粗黄，宋代的皮纸就厚实，所谓“洁白厚纸”，宋人印书用皮纸还要两面印。当然也有例外，但从大体上来说是这样的情况。

(3) 看厚薄。从纸的厚薄上，有时可以判断它的生产年代。厚型古纸比薄纸更易发脆，更容易破碎，从破碎碎片所呈现出来的状况大致可以辨出古今；看厚薄，有时还可以辨真伪，因为厚型古纸碎裂成小块，裂纹是斜向的，而伪作的厚型古纸碎裂成的往往是大块的，裂纹是笔直的。

(4) 看裂纹。古纸难免曲折损伤。一般而言，经反复折叠，纸边会形成隐约的缝口；这与新纸的反复折叠所出现的折皱明显不同。古纸相对于新纸来说，性脆易裂，也有的古纸被撕裂开了；从裂口的明暗色泽以及裂纹走向的自然程度，也大致能判定出纸的新旧。

除此之外，还可以从发霉的斑点、虫咬的破洞中去辨别古纸的真伪。但是，更重要的是要注意从纸的发展历史和不同制作方法中去把握古纸的时代特征，从古纸所呈现出来的图案、色彩和工艺中去把握古纸的艺术特征。这些恐怕是作伪者很难甚至无法假冒的。

在科学技术相当发达的今天，用现代的科技手段对古纸进行仪器分析也是鉴定真伪的方法之一。但是，这里有一定的条件限制，对于民间收藏古纸来说，主要还是靠自己的辨伪知识和丰富的实践经验。

对于书画家而言，纸的选择是至关重要的。首先，书画家喜用旧纸，因为旧纸的加工工艺地道，纯用人工和天然的原料，发酵时间足，加工过程长，对纸的质量和保存都有很大的关系。另外，旧纸经过几百年、几十年的存放，表皮上的石灰质和细小沙粒等杂物自然地脱落和风化，纸质变得更加柔糯、细腻，画上去的彩色和墨色在纸上也会表现得更好。其次，纸不能滞涩，也不能太光滑。滞涩者难以推笔；太光滑者运笔时，笔像马行于冰上，难以尽情发挥。以上两者都直接影响到作品的神气。一般而言，书画家的最佳选择是宣纸，在于它滑涩适度，吸水吸墨，宜书宜画。最后，纸上所反映出来的墨色和彩色要黑、亮、鲜，不要灰暗。出现灰暗而不鲜亮，是漂白粉用量过多，代替了日光漂白或是用纯碱蒸煮的缘故。当然，对于熟纸、蜡笺、粉笺、金笺等，另有不同的衡量标准，不能一概而论。

2. 纸的自然损伤

我国是纸的发祥地，具有千年的历史。但是，纸要保存得好是很不容易的，纸的自然损伤也在所难免。今天研究古纸的主要依据只能是古代的书画、经卷和书籍。流传至今的真正收藏意义上的古纸，主要在明清两代。明代的纸已凤毛麟角，清代前期的纸也属稀世之珍品，多见的是晚清的仿古纸。古纸的自然损伤，的确是一件很难避免的事。了解这一点，一方面可以让我们从反面经验吸取教训，注意保护古纸；另一方面能比较清楚地将古纸的自然损伤与人为作假区分开来。

漫长的历史给古纸打上了深深的印记，这包括春夏秋冬的气候，如日晒、雨淋、风吹、尘封、虫蠹的侵蚀，会给古纸带来的种种伤残。

（1）暗旧。时间长了纸会变旧，纸面灰暗、毫无光彩。尽管说徽州地区生产的宣纸莹洁白净，纸寿千年，但是，天长日久，也会变黄、变灰，失去了昔日的光彩。

（2）霉圈。因保存不善，纸受潮、发霉而出现形似荷叶瓣样的霉圈。从霉圈的颜色可以分辨出发霉的程度：黄色的霉圈表明受霉程度较轻，受潮的时间较短；黑色的发霉较重；紫色的霉圈则表明受潮的时间最长，程度最严重。

（3）水迹。纸被水沾染以后，会出现一块一块的水迹痕，水痕边沿呈灰黄色，很难去掉。有时，虽未被水沾染；但是时间一长，也会受潮，纸上会出现一点一点的小潮斑。这与水迹有所不同。

（4）蠹蚀。纸被蛀虫咬噬后，会出现一个个大小不同的破洞。一般而言，虫蛀从边沿开始，向里逐步扩大；如果是折叠的纸，虫蛀在折叠处，把纸打开，纸上会出现连续的对称蛀洞。

（5）发脆。纸被长期放置在干燥的地方，没有保持一定的湿度，不仅会变得灰暗无光，而且会发脆，一不小心就会被折断。

（二）纸的仿制

古代的名纸不能保存流传下来，后来的人就设法仿制，这也是一个不得已而为之的补救办法。例如，南唐名纸“澄心堂纸”的仿制，在宋代就有；到了清代，“澄心堂纸”的仿制盛行，但与南唐“澄心堂纸”大相径庭，不可同日而语，用作书写的效果也不一样。古纸的仿制若是特制的加工纸，两者之间在质感、色泽以及洒金施粉的工艺效果上的差距，就更明显了，有经验的收藏家一眼就能看出。但是，后代的仿制名纸，尤其是加工纸，也不乏精致之作。在原来的名纸不可得的情况下，精工细作的仿制纸当然也有收藏价值。事实上，明清时代的许多仿制加工纸正是今天收藏的主体。仿制不是作伪。一般而言，古纸的仿制品都注明仿制的年代和纸的名称。例如，乾隆时的“仿金粟山藏经纸”，纸的背面都打上“乾隆年仿金粟山藏经纸”红色小印。

（三）纸的作伪

目前，纯粹伪制古纸的情况，还不算多。作伪现象比较集中的，其实是书画用纸。为了把假书画伪造得天衣无缝，作伪者往往先将纸作旧。当然也有先作书画，然后连同纸一起作旧的。将新的纸作旧，无非是两种办法：一染色；二烟熏。

仿纸一经染色，色鲜不沉，表里如一，不像古纸那样“色淡而匀，表旧里新”。古纸天长日久，变得灰暗是自然形成的，因此灰得均匀、沉重；染色作旧，无论是浸润还是涂刷，都会露出不匀的痕迹来，即使是高明的画家也不可能调制出天然的灰暗颜色。所谓“表旧里新”，就是说古纸的那种灰暗色只是表面的一层，它没有渗透性，不可能像染色那样，颜色会从它的表面一直渗透到它的里面去。

烟熏过的纸，粗粗一看像是旧的，但仔细辨别，就能发现烟熏的纸带有焦褐色，与古纸的灰暗颜色不同。并且纸质变脆，容易碎裂。

至于高级加工纸的作伪，其方法大致与上述相同。即使是古代加工纸的仿制品，也同样是假冒的主要对象；明清时期的很多仿制加工纸往往是宫廷用纸，做工十分精细考究，而流传在民间的不多，收藏拍卖市场一向看好，且久盛不衰。因此，仿制加工纸也同样珍贵，是收藏者觅取的首选古纸。当然，假冒的仿制加工纸就没有什么收藏的价值可言了。

除染色和烟熏两种作旧方法之外，还有的采用人为致残的办法作旧。上面我们介绍了古纸损伤的各种情况，作伪者就是按照这些损伤的状况模拟作旧。将新纸藏在潮湿的地方让它自然发霉，或任由虫蛀，故意撕裂，故意反复折叠等。

第四节　砚的文化内涵与鉴赏

一、砚的文化内涵

(一) 砚的组成

砚是适应研磨颜料或墨的需要而产生的。新石器时代，古人要在陶器上描绘色彩与图案，为了研磨和调色，就制作了盛用颜料的器物。这些器物中，有的就像今天我们所用的研钵、调色碟，非常简单：外围隆起，中间低凹，犹如反转过来的瓦片。先秦时期，人们以瓦来命名这种外围隆起，中间低凹的研磨器，称为瓦砚，其实并非真的用瓦来制砚；真的用瓦来制砚，是隋唐以后的事，如汉未央宫瓦砚、铜雀瓦砚即是。作为研磨用品，砚台主要由以下部分组成。

(1) 砚堂。砚堂又称墨堂、墨道、砚心。指砚的中心研墨处，它是砚的核心部位，石质好坏、使用价值高低都由它决定。以往中小学生习字用的长方形砚台，砚堂在它的下方，占五分之四的位置。部分名贵石品，如端砚独有的鱼脑冻、蕉叶白，歙砚的刷丝纹、眉子等，在制砚工人的精心设计下，往往都保留在砚堂这一部位。

(2) 砚池。砚池的别称较多，有称砚海、砚泓、砚湖、砚沼的，也有从墨的角度称其为墨池、墨海的。它是指砚的低洼处，用来存积清水或墨汁，它可大可小，一般因材而异；有些圆形砚台的砚池设计在砚的边缘，也有干脆不设置砚池的。不过，用名贵石料制作的上品石砚，除砚堂外，一般都会开挖出很小的一处作为砚池；砚池毕竟是砚的重要特征。

(3) 砚额。砚额也叫砚头，指砚的上部较其他三边砚唇更宽的部位。砚的主要工艺雕刻、纹饰一般都安排在这一部位，用以提高砚的观赏价值。

(4) 砚岗。砚岗是指砚堂中间稍高的部分，再向四周渐渐低下去，使研墨时所得墨汁随时可向四周低洼处流下贮存起来。

(5) 砚边。砚边或叫砚缘、砚唇，指砚堂周围略高的边缘带，形成砚的轮廓，好像砚的堤坝，它能起到蓄水和蓄贮墨汁的作用。也有的不设置砚边，不设置砚边的往往是一些名品，这些名品的观赏和收藏价值胜于实用价值。除此之外，砚的表面部分称“砚面”；砚的背面部分称“砚背”；砚的两侧称“砚侧”。有的砚台还加了盖。在砚背和砚侧上通常加刻有款识，或砚名，或诗词，或题跋，或绘画，或印鉴等。当然，加刻这些边款、铭文的，大多数是古砚和名砚。

(二) 砚的形制类别

(1) 几何形。几何形是指圆形、椭圆形、长方形、方形、八角形等。这些几何形砚中，长方形、圆形砚可以说是最常见的，如果上面没有好的或者名家的雕工，缺少年份，质料又很平常，那么就没有收藏的价值。不过，古砚、艺术砚往往以这些几何形状为基础。倘若古砚、艺术砚的几何形状有严重破损，那么其价值就会降低。

(2) 仿生形。仿生形是指砚的轮廓外形仿动物、植物的形状，如牛形砚、鹅式砚、蟾蜍砚、蝉砚、石狮砚、兽形铜砚、瓜形砚、鱼形砚、荷叶砚等。砚的外形仿生，汉代就已出现，以后逐渐由简而繁。开始这样制作，可能出自一种简单的审美情趣，后来逐渐赋予它一些吉祥，避邪或劝勉的含义；开始时只是轮廓象形，再加一些线刻勾出物体的大致部位，后来逐渐追求生动、逼真，最后则以完整的构图来刻画，从而进入艺术创作的领域，这种倾向在北宋时已露端倪，如苏轼的鹅式砚以及荷鱼砚，就是典型例子。

(3) 什物形。什物形是指砚的轮廓外形如同一些常见的器物，如瓶形、几形、钟形、斧形、凤池形、石鼓形、圭形、提梁形、井形、瓦形、山形、琴形、鼎形等。这些砚形的出现，也反映了古人，尤其是文人士大夫的一些雅趣。例如，圭形砚，

“圭”原是达官进朝所持的一种笏（又叫朝板），用以记事的，文人仿圭制作砚台，实际上是他们追求“修身、齐家、治国、平天下”的价值观念和人生目标的自然流露。什物形砚也是由简至繁地发展、变化的。但这种变化不是通过形状的逼真、刻画的细腻来实现，而是以镌刻相关诗赋图案进行配合，犹如瓷器上赋诗作画，纨扇上题词一般，为砚平添了一些诗情画意，文人气息也更为浓厚了。

（4）随意形。随意形是指因材制砚，不在乎砚的轮廓外形，而注重借助砚材的纹理，进行画面的创作与雕琢。这种随形砚的制作，愈到后来愈显得奇巧而有灵气。清末、民国时期，至中华人民共和国成立后，比较流行。随意形砚其实是创新风格的石雕艺术品，它既借鉴了玉器工艺中的巧色巧雕手法，又有赖于中国画中山水花鸟、人物画的传统构思。在民间收藏的历代砚台中，扁形砚最为普及，面广、量多，造型千姿百态。除扁形砚之外，足支型、抄手型以及暖型砚，因为受时代风尚和历史条件的影响、限制，数量就比较少了。这些砚年代愈久远，它的历史、文物价值也愈大。

（5）三足形。三足形是足支形砚最早的表现形式。之所以雕琢三足，是因为三点可以形成一个面，以求研墨时平稳而不摇动。例如，西汉时的“十二峰陶砚”，砚面之下为三足，皆作宽扁形，足面刻出深阔的横纹，状如叠石；东汉“三熊足兽纽石砚”，三足则雕琢成三个熊头等。三足形砚主要流行于两汉时期，除三足砚之外，魏晋时还偶有四足形、五足形瓷砚出现。

（6）圈足形。圈足形也称多足形，因为砚面多作圆形，砚足围圆周而立，故名。例如，隋代“赭釉圈足瓷砚”、唐代“二十二柱足圆陶砚”等。砚足形状有如兽蹄，也有的雕成兽头、兽足连为一体的柱子。圈足形砚主要流行于魏晋隋唐时期。

（7）箕形。足支形砚发展到唐代，又有较大的改进，出现了箕形砚。它的外形像日常生活用的簸箕，两端翘起，一端平而阔，另一端较窄，呈圆形或方形。它的砚底一端落地，一端以足支撑，有单足、双足、梯足之分，磨墨时也不会摇晃。箕形砚主要流行于唐代。

（8）暖砚。暖砚有两种形式：其一是在墨堂下凿出空腔，灌注热水于内，以保持砚面的温度；其二是砚面之下设置底座，底座多用金属制成砚匣，可置炭火以保持温度。金属匣一般都精雕巧作，别具一格。暖砚盛行于明、清时期，暖砚砚面多为歙石、端石和松花江石。由于晚唐开始出现高腿书案，砚台不再设高脚支撑。到宋代，长方形抄手砚成为砚的主流。

（9）抄手形。砚面一端低，一端高，底挖空，所谓抄手就是可用手抄砚底，便于拿取，它的体型也比较轻便。抄手砚始出于五代十国，宋代相当流行。

(三) 砚的种类

1. 石砚

石砚是中国砚台中的大类。自唐代文人士大夫关注石砚之后，全国大江南北许多地方都有砚石开采，创制出许多有名的品种。

(1) 端砚。端砚是用端溪砚石雕琢而成。端溪砚石产自广东省肇庆市东郊斧柯山的端溪一带，始出于唐代武德年间。上好的端溪砚石，石质幼嫩、细腻、滋润，具有发墨不损毫、呵气可研墨的特点，而且砚石上天然生成的花纹很多，构成了端石中各式各样的“石品”，如鱼脑冻、青花、蕉叶白、天青、火捺、猪肝冻、金星点、冰纹、石眼等。端砚的制作工艺代代相传，工匠们量材施技，因石构图，所产之砚始终保持古雅、朴实、精美、形态自然等特点，因此享有“群砚之首”“天下第一砚”“文房四宝中的宝中之宝”等美誉。

(2) 歙砚 (又名龙尾石砚)。歙砚用婺源龙尾山下溪涧中的龙尾石 (又称歙石) 雕琢而成，因婺源旧属安徽歙州，故名。歙砚始出于唐代开元年间。上好的龙尾石石质坚韧、润密，纹理美丽，龙尾石上也有花纹，构成各式各样的“石品”，如眉子、罗纹、金星、金晕、鱼子、刷丝、锦蹙等。歙砚在长期发展的过程中，形成了自己的艺术风格，它以巧用纹理装饰见长，给人以清新、秀逸之感，所以被列为“四大名砚”之一。

(3) 洮河石砚。洮河石砚是用洮河石雕琢而成。中国“四大名砚”之一。洮河石产自甘肃临潭县洮河中，始出于宋代。洮河石石质腻润，色泽雅丽，发墨快，贮墨久而不干。以石色分有绿洮和红洮两种。绿洮石有“鸭头绿”“鹦哥绿”等名色。石纹如丝，似浪滚云涌，清丽动人。红洮石呈土红色，纯净而细润，较为罕见。洮河石砚传世品很少，故宫博物院藏有宋代作品，但见长方形砚石的正面，上半部刻丛山峻岭，中间雕楼阁殿宇，中为墨池，背面四处刻有龟负石碑，浮雕、透雕、线刻并用，工艺十分精致。

(4) 红丝石砚。中国传统“四大名砚”之一。红丝石产于青州，始出于唐代中和年间。其石质致密，手拭如膏。石色有红、黄、紫三种，它以鲜艳多彩的天然刷丝著称于世，丝纹缠绕曲折，变化多姿，犹如浪花汹涌，湍流荡漾，也有的似花卉、鸟兽、山峰、人物。此外，还有呈现绿色石眼或金色带条的，或呈现闪亮的紫筋、点点的黑斑等。正是这些奇幻的纹理，才构成了红丝石砚特有的风采。

(5) 松花石砚。松花石砚是清代开创的石砚新品种，系清代早期到中期的“御用”砚台。松花石产于吉林省混同江砥石山 (松花江发源地)。松花石质地细腻温润，坚硬致密，色彩分紫红、紫绿相兼、深绿、浅绿四种，间有黄色，刷丝纹居多，亦有金线、银线等。松花石因产自清朝始祖发祥地，质地又好，所以，清时专作御用，有时也用来赏赐重臣。松花石砚于清后曾一度失传，现复又出产。

(6) 淄石砚（又称“金星砚”）。产于山东省淄博市的淄川、博山一带。淄石纹理细润，发墨而不损毫。淄石色黑，而今新出者则发展为包括紫红、碧绿、绀黄、绀青、天青、三彩等若干品类的砚石系，纹理也极为丰富。淄石砚造型自然古朴，能巧用天工，雅俗共赏，为文人、书画金石家所喜爱。

(7) 紫金石砚。紫金石产于山东省临朐，始出于唐代，是传统名砚——鲁砚之一种。紫金石“色紫润泽，发墨如端歙，唐时竞取为砚，芒润清响”。1973 年，北京元大都遗址出土了一方凤形紫金石砚，石色正紫，呈隐约青花和豆绿色小点，映日遍体泛银星，不同凡响。

(8) 鼍矶石砚。由鼍矶石雕琢而成，始出于北宋，盛于明清，是传统名砚——鲁砚之一种。鼍矶石产自山东蓬莱以北的鼍矶岛。其石质中含有微量自然铜粒，如金属撒于石上，闪耀发光，即所谓金星。色青黑，略呈绀青、灰绿，有明度不同的雪浪纹，小如秋水微波，大如雪浪滚滚，着水湿润后似欲浮动，映日泛见珠光，故名“金星雪浪”。所以，清时鼍矶石砚被列为宫廷贡品。现故宫博物院藏有一方鼍矶石砚，为乾隆年间制，色青间碧，中凝白，周围刻蟠螭纹，覆手镌刻乾隆手书七言诗一首。

(9) 燕子石砚（又称蝙蝠石砚、多福砚）。燕子石石色，有的乌黑如漆，有的褐如紫砂，有的微绿似铜，也有的温莹如玉，质地细腻，硬度适中。抚之如凝脂，然发墨较慢。燕子石的开采与制作，始于明代。多福（蝠）砚这石中之“蝠”乃三叶虫的化石，它生活于五亿年前泰山附近的浅海中，经地壳变迁，而被埋入泥沙或岩石夹缝中，成为化石，其形状像蝙蝠，所以此石便被称为“蝙蝠石”。自“多福砚”问世后，当地人就收集这种石头用以雕砚、出售，故在清中叶后，这一带的雕砚业颇为兴旺。燕子石砚造型古朴大方，今人雕制则多以《孙膑兵法》竹简为装潢图案，古色古香，妙趣无穷。

(10) 薛南山石砚。因石产于临沂城西薛南山，故名。薛南山石天然成形，或如马蹄，或似龟壳，四周有竹节状，石质多为深绿色，纹彩如微尘，若隐若现，色泽柔和沉静，映日有贝珠光发于深处，硬度适宜，质细温润，磨墨无声，发墨而不滞笔。

(11) 温石砚。温石产于山东即墨马山洪阳河底的温泉下，传说此砚石在冬日严寒时磨墨不冻，故名。温石色深紫，多纹彩，有青花、胭脂晕、朱斑、翠斑、朱线及绿色石眼等石品花纹。温石晶莹温润，发墨而不滞笔，为砚石中上品，且在石质、色泽、纹彩等方面酷似端石，所以，常有人分不清温石、端石。当然，温石砚与端砚相比，毕竟低了一个档次。

(12) 徐公石砚。徐公石砚因石产于山东沂南市徐公店，故名。徐公石或方或圆，四周有天然细碎石乳，不假人工，天趣盎然，纯朴雅观。其石色各异，有茶叶末色、蟹壳青、鳝鱼黄、沉绿、生褐、绀青、橘黄等。质嫩理细，清莹如玉，抚之有湿气油然而生，发墨如油。徐公石俏丽俊美，若巧用其色泽、纹彩、自然形状和变幻神妙的自然边，无须多加雕琢，便可制成奇特、精致、古朴雅致的砚台。

(13) 赭砚（贡砚）。传统名砚之一，亦称贡砚，砚石产自江西省修水县，始出于唐代。"赫砚"是清道光皇帝的赐名，"贡砚"则是当地传统之称谓。赭石以赭黄为主体，偶有绿晕，亦有纯作绿色的。色泽凝重雅丽，石质细腻润泽，雕琢成砚，既华丽又有入研无声、发墨细快、保湿利毫的特点。赭砚的雕刻工艺，既有端派细腻的风格，亦有北方豪放的气度。用赭石因材造型的钟砚、竹节砚、琴砚、寿星砚，以及雕镂的图案，都别具一格，向来受人们青睐。

(14) 越石砚。越石砚已有数百年的历史。砚石产自浙江绍兴市会稽山麓。石质分紫、青、黑等几种，色泽艳丽，有青花、鱼脑、蕉叶、金丝、银丝、紫袍、玉带、虎皮、美人红等自然花纹，质地细腻，发墨极好且不滞笔，有呵气成云、研磨无声等特点。越石砚雕工精丽，巧色巧雕，再配以红木或花梨木砚盒，人见人爱。

(15) 乐石砚。乐石砚是古代传统名砚之一，砚石产于安徽省宿州。石质多墨色，尤以少量少色的"玉蓉"为制砚佳品。现今皖北已复产乐石，制成砚台。

(16) 天坛石砚。天坛石砚始制于唐代开元年间，为古代传统名砚之一，砚石产自河南省济源市王屋山天坛峰下。天坛石砚质地细腻，发墨保湿。天坛石砚纹彩瑰丽，有青斑、红敦、柳芽黄、金线、玉带、麦叶绿等天然纹饰，造型古朴典雅，玲珑俊秀，雕刻图案则多以喜庆吉祥、历史典故为题材。现仍有出产。

(17) 思州石砚。古代传统名砚。始出于南宋，砚石产自贵州省岑巩县星石潭。岑巩县古称思州，故名。思州石坚致细润，发墨细，不滞笔，贮墨砚内终日不干。无水时，呵气砚中，自出露液，亦能书写。

(18) 灵岩石砚。灵岩石砚，是一种古代砚台名。砚石产自江苏苏州灵岩蝼村，最佳者有淡青、鳝鱼黄两种。

(19) 西砚（又称紫金石砚）。西砚是传统名砚。砚石产自浙江江山县与常山县交界的砚山，砚山溪发源于江西西溪，这里原属衢州府，衢州古称西安，故名"西砚"。西砚初始于明代洪武年间。西砚中，石质为水石者青，山半石者紫，绝顶者尤润，猪肝色者佳。坚润如歙石，最名贵者为紫石中有白条带，故名"紫袍玉带"。西砚均因材施艺，精雕细刻，充分运用深浮雕、浅浮雕、线刻等技法，饰以山水、人物、花鸟图案，造型多样。现仍有出产。

（20）谷山石砚。谷山石砚是传统名砚。砚石产自湖南长沙市。米芾《砚史》中称谷山石砚：“色淡青，有纹如乱丝，理慢，叩之无声，得墨快，发墨有光。”

（21）漓溪石砚。漓溪石砚出自湖南常德、辰州之间，石表淡青色，内深紫而带红，或有金线及黄脉相间者，号为“紫袍金带”，有极细润者，久用则光如镜。

（22）菊花石砚。菊花石实属动物化石类，石上有洁白晶莹而形如菊花的花纹，故名。菊花石产自湖南省浏阳地区，开采于清中期以后。当地人常依石取材，多随形因材施艺、因色取巧。凿成石砚后，作为地方特产进贡内廷，献给皇帝。菊花石砚的质地硬，滑而不发墨，只作为鉴赏、珍藏之工艺品。

（23）金星宋石砚。金星宋石砚是传统名砚，砚石产于江西省庐山，始出于东晋。金星宋石砚石质坚丽，光滑如玉，金星璀璨，呵气成云，具有上墨快而细腻，蓄墨时间长而不涸，墨色鲜艳，香味久而不散等特点。

（24）嘉陵江石砚。嘉陵江石砚是传统名砚之一，砚石产自四川省嘉陵江山峡的牛角峡，始出于明代。嘉陵江石砚色黑，石质坚实细腻，具有发墨快、不损笔锋、蓄墨数日不腐不涸等特点，制作精细，并以高浮雕工艺见长，传统图饰与造型有鱼龙戏珠、观世音、罗汉等。

（25）金音石砚。金音石砚是传统名砚之一，始出于唐代，砚石产自重庆市石柱土家族自治县的凤凰乡砚石湾。金音石刚如金玉，敲击时发出铿锵声，似金玉铮铮悦耳，故名。金音石砚色泽漆黑，平滑光洁，触摸如玉，蓄墨数日不干，且干涸墨迹一经呵气，又可濡笔。金音石砚雕刻精致、美观，风格独特，历来受文人墨客青睐。

（26）蒲石砚。蒲石砚是传统名砚之一，砚石产自四川省蒲江县盐开沟。蒲石砚石质坚细，石色青润，具有冬日研墨不冰、磨墨均匀等特点，雕琢以花卉鱼鸟、人物形象取胜，技艺精湛，题材广泛。

（27）苴却石砚。砚石因产于苴却县（今云南省永仁县）而得名。苴却石砚始产于清代同治年间。苴却砚以石眼多为主要特征。石色青如碧玉，红似金瞳，白如月牙。石眼彩晕重重，碧眼明朗，有鸲鹆眼、龙眼、猫眼、丹凤眼等十余种，或孤标双映，或三五横斜，观如浩瀚银河，群星璀璨，而唯明莹为最佳。苴却石砚有隔热绝缘之功，呵气研墨之妙，坚而不顽，宿墨不腐，贮墨不涸。雕工仿“广作”，故市井有人以此冒充端砚，牟取暴利。

（28）琼州金星石砚。广东琼州、万州之悬崖，产金星石，可作砚，色黑如漆，细润如玉，以水润之则金星自见，干则否。极发墨，久用不退乏，颇似端溪石，甚贵重也。

（29）贺兰山石砚（又称贺兰端砚）。贺兰山石砚是传统名砚之一，砚石产自宁夏回族自治区贺兰山麓的笔架山，始出于晚唐。贺兰山石天生丽质，有深紫、浅绿两种天然色彩，砚雕艺人称此为“紫底”“绿彩”；制砚时多以紫色为主，绿作点缀之用，紫、绿双色相映，酷似紫色绒幕上镶嵌翡翠，端庄而清丽。若是再间有褐色石绒，俗称“三彩”。贺兰山砚石中，带石眼、玉带、银线、眉子、云纹者，就更为可贵。贺兰山砚石是水成岩，结构均匀，质地细密，清雅莹润，所以发墨细，不渗不漏，不干不臭，不损笔毫，是制砚的理想材料。制作时，艺人充分运用其紫中嵌绿的纹理特征，在构图上俏色巧雕，取得了很好的艺术效果。

(30) 绿石（蓝）砚。古代名砚之一。《古玩指南》载曰：“绿石（蓝）出陕西临洮之洮河，石绿色如蓝，其润如玉，发墨不减端溪下岩石。唯产于大河之深水中，不易得也。”

(31) 角石砚。山西绛州（今新绛县）产角石，其色如白牛角，其纹有花浪，与牛角无异，或如浮屠佛塔。然顽，滑不发墨。

(32) 潭柘紫石砚。潭柘紫石砚是传统名砚之一。砚石产自北京市门头沟区，因取自北京西郊潭柘寺附近山中，呈紫红色，故名。潭柘紫石砚始出于明代，后由于战乱，致使这一宝藏沉睡于荒山野岭达五百年之久。砚石有深紫、红紫及紫色夹绿色斑点等多种。石质致密细腻，以猪肝色砚石为主。现已恢复生产，设计上多仿明清古砚，并吸收易水石砚的雕刻技法，图案简洁流畅，有二百多个品种。

(33) 易水石砚。易水石砚是传统名砚之一。易水砚石是一种色彩柔和的紫色水成岩，石面上往往点缀着碧绿、淡黄或灰色的斑纹。砚石细腻光润，质刚而柔，易于发墨，储墨久长且不滞笔。易水石砚的雕琢采用阳雕、立雕、透雕等多种技法，均因材施艺，有几十种品种，其中以龟砚、龙砚、琴砚、兽砚、棋砚五大高档砚式最为著名。

(34) 五台山石砚。传统名砚之一，砚石产自山西省五台县段庙山，故名；亦称段砚。五台山石砚久负盛名，石色有红、紫、黑、绿四种，以紫、黑、绿者为最佳；紫色台石，深紫透红，质地纯净，制成石砚，古色尽然；黑色台石，磁实纹细，墩厚古朴；绿色台石，晶莹透亮，有水波、浮云花纹隐现石上，极为美观。石质均坚实、细腻，有天然纹理，纹理纤细、缜密。研磨发墨快，保湿润笔。所雕图案，有山水、人物鸟兽、花卉和名家诗文，以梨木推光漆制的砚盒配装，漆器与石砚相互辉映，极为精美。现在五台山石砚，以仿古为主，其中以仿明代“抄手游水池砚”和雕琴式“绿砚”最为有名。

2. 泥陶砚

中国砚台中，泥陶砚也可称作一个大类。泥陶类砚台包括陶砚、瓷砚、澄泥砚、瓦砚、砖砚等。

(1) 陶砚。陶砚一般都用极细的泥土、陶土混合后，塑成各式砚台，然后烧结而成。其纹理浅显，质地细滑，着墨不费笔，但贮水时有微渗现象。陶砚的流行年代是在砚石进入制砚之前，即唐代之前。石砚大量产生之后，陶砚就很少见了。由于陶砚较易破碎，所以流传到今天的也极少，比较著名的，如汉代“十二峰陶砚”、唐代“二十二柱足圆陶砚”，都收藏在故宫博物院。现在民间收藏的多为明清时期制作的陶质工艺砚台，实用性较差，收藏价值也不大。

(2) 瓷砚。瓷砚也是塑雕后烧结而成的，它与陶砚的区别在于瓷砚原料为瓷土，并且除砚堂中间研墨处之外都上釉，然后用高温烧结。瓷砚在我国两晋时期已经出现，当时是青釉瓷，形制则与汉砚相仿佛。宋明间，瓷砚的生产和其他瓷器一样，重心移到江西景德镇，此时瓷砚制作工艺有相当大的进步，出现了白瓷砚和彩绘瓷砚。到明代，瓷砚的装饰工艺进一步发展，除了在砚边、砚侧及砚底施以细腻、滋润的白釉外，还彩绘釉下彩青花和釉上彩五彩以及斗彩等，有的瓷砚还在砚侧和覆手处落款，注明生产的时间、作坊（窑口）以及作者姓名等。清代的瓷砚更趋精致，有的甚至将砚堂之下掏空，使用时注入热水，以防冬天砚池冰冻。

瓷砚生产当然不限景德镇一地，当时福建德化、湖南长沙、浙江龙泉、广东石湾等窑址也都有生产。至晚清时，瓷砚逐渐退出了历史舞台。

瓷砚的实用性较差，由于瓷胎过硬，磨墨时打滑而不下墨，它的价格应与同时代其他瓷器相并论，只有装饰华美、造型别致、带款识和流传有序的瓷砚，价格才会超出常规。

(3) 澄泥砚。绛县澄泥砚与唐时为第一的虢州澄泥砚，实际上是同一个品牌陶质砚台，两个地名均指山西南部与河南西部的交合之处，只是制砚的地址随时代的变迁有所移动而已。绛县澄泥砚细腻坚实，形式俱丽，发墨而不损毫，滋润胜水，可与石质佳砚相比肩，品类有鳝鱼黄、蟹壳青、绿豆砂、玫瑰紫、豆瓣砂、朱砂等，宋时被列为中国“四大名砚”之一。

(4) 瓦砚。唐宋时比较流行，先是用殿瓦改制。古殿瓦身如半筒，背磨平即可研墨，再雕出砚池和一些简洁的纹饰，“去其身以为砚”。唐代瓦砚名目繁多，如未央宫瓦砚、长乐宫瓦砚、石渠阁瓦砚、羽阳宫瓦砚、邺城铜雀台瓦砚、冰井台瓦砚等。这些宫瓦砚，体质细润、坚致如石，性能与澄泥砚相仿，瓦的出处又有些名堂，故受时人青睐。但好的宫瓦毕竟有限，后来便出现仿瓦砚制品。真正的古瓦砚，流传至今的较少。

(5) 砖砚。与瓦砚一样，兴盛于唐宋，砚材亦取自于宫殿庙堂。未央宫砖砚，色黄，形如肾，长6寸，阔4寸，厚1寸，扣之，声清而坚，背有“建安十五年”阳字一行，上篆“海天初月”四字。

3. 漆木砚

漆砂砚、木砚均属此类砚台。

(1) 漆砂砚。一般以木材为胎，再用配以金刚砂的生漆髹成砚面，色似澄泥，可与石砚媲美。漆砂砚胎质轻巧，坚细耐磨，又可以用木雕和漆艺进行装饰，是清代风行了一时的砚台品种。瓷胎漆砂砚是1980年扬州漆器厂新近试制而成的。漆砂砚都有砚盒相配，砚盒也常以髹漆为之，漆色深沉古雅，或嵌以百宝，还往往由书画家在一色漆上镌刻诗书画印，表现出艺人和文人相结合的意趣。

(2) 木砚。用木材制成的砚台，西晋时已出现。木砚流传较少，比较著名的，如天津市艺术博物馆收藏的清代“贯耳瓶形木砚”，该砚双耳、大腹瓶形，瓶口凹下为水池，瓶腹为砚堂，砚体轻巧，造型别致。山东博物馆收藏的杉木圆砚也很有特点，椭圆形，线条流畅、简洁，砚面两端高低不一，很自然地形成水池、砚堂，并配有漆盒。盒盖嵌螺钿梅花，也古色古香。

(3) 竹砚。以竹片制成的砚台。史料上不见记载，但近代有弘一法师制作的一方竹砚传世。

4. 玉砚与金属砚

(1) 玉砚。玉的品种众多，但制砚的玉，均为出产于我国的古玉，如产于新疆天山和田的白玉、黄玉、青玉、碧玉、黑玉等，还包括我国所产的水晶和玛瑙。玉砚始出于汉代。到了清代，产于辽宁的岫玉（新山玉）和河南的南阳玉、独山玉等，也进入了玉砚的行列。之后，玉砚基本绝迹。玉的硬度高，雕琢比之石砚、陶砚困难得多，所以，玉砚大多雕琢简单，和石砚的精美雕琢不能相比。玉砚往往只有砚池和砚堂，砚背上一个覆手，最多也只在砚边雕一些回纹等作为装饰，故玉砚有一种质朴的感觉。玉砚质地细腻、坚实，尽管不吸水，不伤笔毫，但滑而不发墨，所以玉砚不实用，仅作为掭笔和炫耀身份之用。这也是玉砚之所以流传不多、推而不广的原因。玉砚的价值首先是根据玉质的优劣而定，其次才是玉砚的琢工、年代、装饰（砚匣）。总而言之，玉砚的价值应低于同时期的佳质端砚和歙砚。

(2) 金属砚。尽管金属质砚古已有之，但只是作为砚石的装饰盒的形式出现的。例如，1969年江苏徐州土山东汉彭城王墓出土的东汉鎏金兽形铜砚，该砚由口部至尾部横断分成上下二部分，上为盖。下为底，内有凹槽可嵌砚石。说是鎏金兽形铜砚，实为铜砚盒。又如清代嵌端石铜暖砚，正方形，铜盒上嵌端石，面上有方孔。铜盒为一水丞，下托镂空铜盒，并有一开口，系燃火之处，两侧有环可上提。金属质的砚有铜砚、铁砚、锡砚、金砚、银砚等，以铜砚为多，其他的仅陪衬而已。金属质硬，不发墨。清末和民国时，也有以铜为匣，匣盖内部嵌一块薄薄的砚石，作研墨用，匣底则放入丝棉、药棉等吸水性物，然后浇入墨汁。铜匣有方形、长方形、圆形、椭圆形等，匣面上多有刻画，也不乏名人题刻书画佳作，因便于使用和携带，当时倒也比较流行。

二、砚的鉴赏

“砚的艺术价值主要在于雕琢，这是把砚列入工艺美术品的主要依据。①”砚是一种久负盛名的中国传统手工艺品。中国四大名砚是指甘肃洮州的洮河砚、广东肇庆市的端砚、安徽歙县的歙砚、山西新绛县的澄泥砚，它们是中国传统的四大优质名砚。“四大名砚”的鉴赏，从内容上来讲，也是“质、工、品、铭、饰”五个方面，但在“质、工、品”上，内容更具体，个性更突出。

(一) 砚鉴赏的内容与方法

1. 砚鉴赏的内容

(1) 质。质是指砚材的质地和天然纹理。砚材的质地，无论石、玉、砖、陶、瓷、金、漆、木，它们的总体标准应该是：坚实细腻，温润如玉；不吸水，易发墨，不损笔锋；寒冻储水不冰，盛夏储水不腐。符合或接近这些标准的，属于优质，而优质砚台中首推端、歙、澄泥、洮河四大名砚。在四大名砚中，以端、歙独领风骚。

砚石中存在可供观赏的天然纹理极少，端石、歙石上的天然纹理，当数其中的佼佼者。端石的花色纹理有青花、鸲鹆眼、胭脂火捺，玫瑰紫、梅花点、鱼脑冻、蕉叶白，冰纹、马尾纹、金银线等。歙石的花色纹理有罗纹、眉子、金星、鱼子等。出产端石、歙石的不同坑口决定了这些石料所夹裹的纹理；同样，从这些纹理上也可辨析出端石、歙石的所在坑口。因此，行家们谈论砚台的质地，往往都以砚石出自什么坑口作为入门话题。

(2) 工。工，即雕工，指砚台的雕琢水平。因为砚的艺术价值的高低就在于雕琢的优劣。鉴赏砚台的雕工，既要看其造型是否高雅别致，又要看它在实用的前提下，所雕线条是否圆浑、简练，构图是否富有意境，是否具有较高的文化内涵。

一般而言，唐宋之际的砚雕只有时代风格上的区别，譬如屐形砚、抄手砚、淌池砚，均属造型上的变化。接着，有了浅浮雕和浅刻等加工方法，出现了兰亭砚、蓬莱砚等，其雕刻简练、浑朴，略显粗犷。明代以后，砚雕的艺术审美内容逐渐增强，进而形成砚雕艺术的地区风格和流派。当然，明代、清代的砚雕艺术，也有不同的时代风格。一般来说，明代砚雕端庄厚重，纹饰不甚繁丽，且大件作品居多；清代砚雕讲究装饰华丽，布局丰满，运刀犀利，出筋露骨。

① 程明铭．砚的鉴赏及科学评价 [J]．地球，2002(6)：15.

砚台不可有尖锐的棱角、毛刺，即“琢之圆润”，这是最起码的要求，而优秀的砚雕师还总能掩疵显美，突出特点；这里特别要指出的是砚雕艺术中俏色的运用。好的砚石，色泽美，纹理美，制砚就应该让这样的色泽、纹理充分地显示出来，这就牵涉到雕刻艺术中俏色巧雕的运用。砚雕中俏色运用得好，应该是：①能抓住表现对象的典型色彩；②醒目的俏色用得精妙，“俏”得出来；③俏色的运用与图案表现的主题吻合。

(3) 品。品是指砚的品相和外形。砚的品相，如人的品貌，以端正、规矩、落落大方者为上。故砚之造型品相以长方、正方、圆形、椭圆形者为上；畸形而自然状如某一物者次之；畸形而毫无意义者为下。

(4) 铭。铭即砚铭，指镌刻于砚台表面的文字，它是文学、书法与砚雕艺术相结合的产物。

砚铭向来受到文人雅士的注重，其内容也十分广泛而有深意。作为文学形式的早期砚铭，大多数是就砚说砚，是文人用以品评和赞美砚的。例如，唐代杜甫的《石砚诗》。到了宋代，人们喜欢用它来抒发自己的思想感情和道德情操，从此以后，言志寄情就成了砚铭创作的主流，并留下了许多脍炙人口的名篇佳作。

砚铭作为艺术品出现，兴于宋元，盛于明清。明末清初，我国篆刻艺术空前兴盛。砚铭在篆刻艺术的影响下，也开始向艺术创作方向发展。在刻制技艺上，它广泛地吸收了篆刻艺术的全面构图、章法布局和刀法技巧，艺术欣赏品位提高了。同时，内容亦趋于完备，年款也较之前更为普遍，并出现了在铭后加钤印章的新形式。

明清时期，赏砚之风日盛。当时，金石书法名家辈出，他们当中就有不少人自己动手作铭并自已书写和镌刻。他们铭面构图因形而异，行草隶篆楷因砚而择。同时，刀法的运用也力求突现笔画的顿挫、轻重、快慢、转折，刻得生动自然，既有笔意又有刀味，从而使砚铭的文学美和艺术美融为一体。

而铭文因受砚面和雕刻过程的限制，多要求简短、精辟，所以在古砚中能见到的长篇砚铭不多。砚铭虽短，字字千金。或咏物言志，或警言自勉，或馈赠留言，或记事怀情。砚铭形式多样，亦诗亦赋，有长有短，或镌于砚面，或刻之四旁；一般都要求书写形式变化多样，正草隶篆各具风采；铭文与纹饰巧妙结合，同造型有机融汇。

总之，在名砚上，铭的价值除了诗句的意境优劣之外，还应看它的书法雕刻艺术水平的高下。因为能在砚上发表评说，题诗吟咏者，均是著名的文人和收藏家，有铭之砚一般均能提高其价值。

(5) 饰。饰指的是砚的装饰，如砚匣、锦套等。尽管这些东西仅作装饰和养护之用，但对砚的价值却能起到陪衬的作用。砚匣大多为木、漆所制；木有紫檀、鸡翅等红木、楠木之类，漆有推光漆、雕漆、菠萝漆、刻漆、点螺漆、洋漆。高等的砚匣上面，甚至还嵌有白玉或金银丝。锦套一般套在砚匣之外，当然也有砚匣之外再套砚匣的。一般来说，砚匣考究，里面的砚也不会差，但偶然也会出错，因此这是要小心品评与衡量的。砚匣、锦套也有质地上的优劣之分，有做工、雕工上的区别，还有年份上的差异等。

2. 砚鉴赏的方法

砚鉴赏的基本方法可以归纳为六个字：看、摸、敲、洗、掂、刻。

(1) 看：就是看砚的质、工、品、铭、饰，以及新旧程度和修理与否等。砚经过修补，其补过的地方颜色与砚的原色总有差别，因为修补之处有树脂等化学胶水，它总比四周的原色来得亮。

(2) 摸：拿到一方砚后，用手摸一摸，感觉是否滑润。如果像小孩皮肤一样光滑细嫩，说明石质细嫩；摸上去粗糙，说明石质差。同时，手感冰凉，则石质佳；暖者则差。用手指或手掌按砚石，有汗印者佳，无汗印者差。

(3) 敲：将砚用手指托定，以手指轻击之，闻其声。若端石，以木声为佳，瓦声次之，金声为下。这三种不同的声响，分别体现出端石质地的嫩与老。若歙砚，敲击声以清脆的“噹、噹、噹”金属声为佳；如果闻“卜、卜、卜”声，说明该歙石多泥质，为下品，或石有暗伤。

(4) 洗：选择砚和收藏砚，最好还要经过清洗这个环节，尤其是古砚，砚面上墨痕斑斑，遮掩了自然的美纹，也分辨不清砚石的坑口年代。洗砚，把墨痕去掉，能还原砚石的本来面目。若古砚的砚面墨垢郁积，洗之不清，可用细号水沙轻轻地和水在砚面的中心磨去薄薄的一层，但必须当心，千万不能擦伤古砚的其他部分，以免损伤古砚的包浆。砚经过清洗后，更容易看清砚石有否伤痕和修理过的痕迹。

(5) 掂：用手掂砚的分量。同样大小的砚石，重者好，轻者差。重的说明砚石矿物胶结紧，颗粒细；轻的说明胶结松，颗粒粗。掂的方法尤对歙砚比较适用。

(6) 刻：一方砚的好与差，首先应考虑的是石质好坏，然后才是琢刻。佳石必欲良工，彼此衬托，则艺术品位更高，二者如果缺一，终成遗憾，同时也降低了砚的价值。熟悉砚石的工人和艺术家，只要用刀在砚石上轻轻地刻上几道，马上就会感到该砚石质地优劣。

有些被奉为名贵砚台的，鉴赏时除了“看、摸、敲、洗、掂、刻”之外，还必须进行比较和考证。所谓比较，指与同等、同类砚台比较；所谓考证，就是根据作品的形状、砚铭，从有关文献史料中去找找有没有答案，只有这样才能真正辨出真伪，测出其价值如何。挑选砚和收藏砚，若按上述的要求去做，必能鉴赏砚的真伪优劣，但事实上一点毛病和瑕疵都没有的砚较少。砚的特点不同，用途不同，选择的原则也应根据各自的要求，各有所侧重。

(二) 洮河砚的鉴赏

1. 洮河砚石质优劣的辨别

洮砚的质量鉴赏可以通过观察裂痕、观察质理、观察形状等综合判断。首先，由于洮砚质硬性脆，多见砚体炸裂线痕和块状崩损痕。其次，洮河砚存世量均很稀少，都以绿色为基色，兼有红黄诸色。再次，洮砚形状各不相同，有方形、圆形、椭圆形、弧瓢形等。最后，洮河砚石的平均硬度为莫氏4度。洮河砚的手感显得坚而硬，相对平整而光洁。洮砚辨别的方法主要有以下四种。

(1) 观察洮砚的裂痕，不会出现像古龙尾砚常见的层状风化剥蚀，也很少出现像古端砚体上常见的压伤凹痕。由于洮砚质硬性脆，多见砚体炸裂线痕和块状崩损痕。

(2) 观察洮砚的质理，鸭头绿大多以深绿色为主，洮河砚的玫瑰红多为土红色。洮河砚存世量均很稀少，都以绿色为基色，兼有红黄诸色。从整体上而言，洮河砚的鸭头绿大多以深绿色为主，洮河砚的玫瑰红多为土红色。

(3) 观察洮砚的形状，各不相同，有方形、圆形、椭圆形、弧瓢形等。洮砚图案更是千姿百态，应有尽有。有人物山水，花草虫鸟，林荫树木，飞禽走兽，古币珍玩，田园风光等。洮砚大小也各不相同，有的洮砚重达数百公斤，小的洮砚仅有几百克。

(4) 观察洮砚的坚硬程度，洮河砚的手感显得坚而硬，相对平整而光洁。制作洮砚最好的石料是“老坑石”，产于卓尼县喇嘛崖和水泉湾一代。而老坑石中的极品，当数“鸭头绿”，碧绿如蓝，轻抚如婴儿肌肤，储量极少，自宋末就已断采，能否重现不得而知，现今每得一块鸭头绿可视之为千年古董。硬度在莫氏3.1左右，最适宜研磨。

2. 洮河砚真伪的鉴定

岁月流逝，沧海桑田，如今洮河水位降低，采石较古时更为便，当时石匠还在山崖上开出了“鸭头绿”“鹦鹉绿”等绿洮砚材，在洮河深水中挖掘出赤紫色的红洮砚石，甘肃省工艺美术厂即以此精雕成砚。而在民间，则又出现以新砚充古砚的现象，引起了收藏界的注意。洮河绿石砚的新、古之辨，其实也不难，因为古砚材(绿洮) 系水岩，新砚石则是山崖石，古砚材系水岩滋润，新砚石比较干燥。另外，还可以从包浆、雕工上进行判断。

3. 洮河砚雕工的鉴定

洮河石砚以砚材色泽的独特，配以精雕细琢而闻名于世。它的制作多采用透雕、浮雕、高浮雕等多种技法，纹样则随时代的变迁而变化。唐宋时代的洮河石砚，多为长方形、象生形状、杂形及抄手式，与中原地区的砚形无大差别。明清以后的洮河石砚与江浙一带的砚雕相比，风格殊异，尤其是它以带盖为特征，盖上一般都雕有花纹图案。还有一种不加雕琢的平板砚，意在突出砚面上清丽脱俗的自然纹理。

(三) 端砚的鉴赏

1. 端砚石品优劣的鉴定

(1) 老坑。老坑砚石材料采自深于河床之底的石脉，由于长年受水的净化浸渍，自身石质温润且幼滑，石色青灰中带蓝紫，制成砚后经历长期的使用揣摸与墨长期相伴，加之漫长年月的空气接触氧化，因此发生质变，表面皮壳墨光擦洗不去，由表入里必然有墨渗痕，甚至用细沙擦开小片砚堂观之，所见的石肉也与新砚有明显的区别，色泽变深，由紫蓝偏灰黑，砚的本身有些也会出现断续的细小裂纹状或分层剥离，细辨之，老坑所俱的石品隐约可见：如玫瑰紫青花、金银线、冰纹或鱼脑冻、蕉叶白等。

老坑砚石岩性：泥质结构，致密，块状构造。矿物成分：主要由云母类(水云母)黏土为主组成，还有赤铁矿、石英、绿泥石、碳酸盐之类，微量矿物有：电气石、金红石、黄铁矿等。赤铁矿呈微粒状，相对集中成环带状的晕圈时，则谓之为“火捺”。老坑砚石外观青灰色，微带紫蓝色，石纹细腻而幼滑、娇嫩、致密而坚实。大西洞与水归洞同称老坑砚石，在色泽上粗看大致一样，其实仔细审视仍可分辨出来。大西洞石色在青灰色中微带紫蓝色而偏蓝；水归洞则在青灰色中微带紫蓝色而偏紫。大西洞之冰纹似乎多些，水归洞则相对少些。老坑砚石击之发出声，无铿锵之声(与宋坑比较有明显不同)。石品花纹有冰纹、金线、银线、青花、玫瑰紫青花、火捺、天青、蕉叶白、鱼脑冻、冰纹冻、天青冻以及名贵的石眼。较常见的石品是冰纹和金线、银线，其次是火捺。鱼脑冻(包括碎冻)和蕉叶白则是稀有的，非常难得。老坑，尤其是出自大西洞砚石中的鱼脑冻是最理想的，是砚石中最为娇嫩之处，最为难得。鱼脑冻或蕉叶白的周围必定有胭脂晕火捺，最好者是将整个“冻”团团围住。冻内或近边沿处必定有青花，有时还有玫瑰紫青花，这种鱼脑冻是非常罕见的，不要说是完整的白如晴云的鱼脑冻，就是碎冻亦属少见。我以为很有必要将老坑砚石中的“冻”“晕”“荡”区分开来，否则就会影响“冻”的真正价值。老坑砚石中还有一种非常少见的冰纹冻，这也是唯老坑水岩砚石所独有的。

古人曾赞美老坑砚石具有“体重而轻”“质刚而柔”的特点。把“重与轻”，“刚与柔”这两对矛盾统一在一体之中，这是有根据和有道理的。老坑砚石从表面看呈紫蓝色略带青，使人感到比原来的感觉要轻些。所谓“质刚而柔”是从雕琢的过程和研墨的角度来说，老坑砚石的确质地坚实而又带柔性。假如用手心轻按老坑砚的砚堂，旋即会出现滋润的水气。这些特点是因为老坑砚石的矿物成分主要由泥质、绢云母及硅质胶结而成，同时也是由于这个原因，老坑砚石的泥质比重很大，所以敲击它时发出“笃笃”的木声，即所谓“扣之无声，磨墨亦无声”，缺少铿锵之声。

(2) 坑仔。坑仔岩砚石质优良，幼嫩、纹理细腻、坚实且滋润。但坑仔岩砚石不像老坑或麻子坑那样层次分明。石色青紫稍带赤，颜色花纹均匀，也不如老坑或麻子坑砚石色彩斑斓。石品花纹中有蕉叶白、鱼脑冻、青花、火捺以及各种石眼，尤以石眼多著称。其石眼色翠绿(间有黄色)，有的作七八重晕，黑睛活现，形似鸟兽之眼，乃是端溪各坑中的高级砚材。

(3) 麻子坑。麻子坑有水坑和旱坑之分，两洞口相隔不过5米，水坑在下，终年浸水，洞内泉水从岩壁不断渗出；旱坑在上，亦为“泉生石中”，不过积水时间比水坑稍短。麻子坑位于老坑之南约4千米处，洞口在山岩上，距山脚之端溪水约600米。该处山坡陡峭，怪石嶙峋，山道崎岖险峻，攀登不易，上落困难。麻子坑砚石质地高洁，优质的麻子坑石可与老坑石媲美。一般来说，它仅次于老坑，而与坑仔岩同级，如遇佳石则又胜于坑仔岩。麻子坑如果不认真细看，容易与老坑混同，砚石中有鱼脑冻、蕉叶白、青花、火捺、猪肝冻、金线火捺、天青、天青冻以及石眼等石品花纹，石眼尤佳，多碧绿，有瞳子，间有鸲鹆眼、鹦哥眼等佳石，眼中有晕，且作数层，可制成高档砚材。

(4) 宋坑。宋坑因在宋代被发现而开坑采石，故取名宋坑，均位于肇庆市北郊七星后面的北岭山一带。宋坑砚石由于产石区域面积近百平方公里，所以石质石色不完全一致。一般而言，宋坑砚石色泽是紫如猪肝，色凝重而浑厚，其表面还有所谓金星点，在阳光下闪闪发亮，这是宋坑砚石的主要特征之一。优质宋坑砚石还有火捺，更好的是猪肝冻或金线火捺。宋坑砚石由于矿区范围宽广，所以石质粗细不等，上乘的宋坑砚石质致密，润滑细腻，下墨快，发墨好，可作高中档的雕花砚材，其余则可制作墨海、淌池等砚台。

(5) 梅花坑。梅花坑的开坑采石始自宋代，原出自岭羊峡以东的高要沙浦典水村附近，故古人称典水梅花坑。目前，梅花坑砚石多在肇庆市北郊北岭山的九龙坑开采，据说与宋坑砚石同出一脉。梅花坑洞较深，洞内石分三格，上下格石粗不能作砚材，只有中间一格如无裂缝则可采用。梅花坑石以多眼为主要特点，呈苍灰白微带青黄色，其中有梅花点者为佳，石质近似宋，下墨亦快，但石质与老坑、麻子坑、坑仔岩相比略为粗糙。然而，仍不失为端溪砚中有代表性的名坑砚石之一。

(6) 斧柯东。斧柯东是一种砚石，产于斧柯山，石质不俗，细腻，坚硬致密，石品纹理丰富，实用性很强，送礼佳品。以出产端砚著称于世的斧柯山，位于肇庆市羚羊峡东南，绵延十多公里，崇山峻岭，气派非凡。其东麓地域一直是沙浦镇辖区，故有些人习惯称这一带产出的端石为沙浦石，还有羚羊峡以东（属鼎湖区）的沙浦诸坑，此地自明末清初曾断断续续开采过砚石，沙浦石称之为新麻坑或斧柯东。

(7) 绿端。绿端石色青绿微带土黄色，石质细腻、幼嫩、润滑，最佳者为翠绿色，纯浑无瑕，晶莹油润，别具一格。目前，绿端也是一种较为名贵的端溪砚石之一。史料的记载中很少谈及绿端的下墨与发墨之事，只有提到绿端水坑润而发墨（绿端坑洞原有水坑和旱坑之分），旱坑则没有谈及。近年来，沙浦苏一村附近亦发现绿端石砚材。绿端是指端州出产的绿石端砚，但绿色的砚石却不是只端州才有，广东恩平市有一种可以雕制成砚的绿石（下墨不快，发墨也不好），吉林的松花石砚，甘肃的洮砚均为绿石，因此必须加以区别。

(8) 古塔岩。古塔岩位于坑仔岩之南，屏风背附近。古塔岩石色凝重，紫色稍带赤，有些部位带紫红，或玫瑰红，色彩有变化，不单调，且看上去油润生辉；石质娇嫩、坚实、滋润；间中会发现石眼，并且有佳眼，但甚少有火捺、蕉叶白等。古塔岩砚石一般可作雕花砚材，仅次于老坑、麻子坑和坑仔岩，完全可与宋坑媲美，有些特别好的甚至可作高档砚材。

(9) 朝天岩。朝天岩位于宣德岩附近，开始采石于清康熙年间，由端溪水拾步登麻子坑，朝天岩是必经之地，且两边距离相当。朝天岩洞不深，洞内宽敞，因洞口大且朝天而开，故名曰朝天岩。朝天岩砚石质地较细腻，砚石呈紫蓝色，有青苔斑点，这是朝天岩独有的。

(10) 白线岩。白线岩位于羚羊峡以西、以北的山岭上，岩洞内分三层，第一层石皮青带翠绿色，质优者可作雕花砚材；第二层是二格青，多作低档的顺水淌池砚；第三层是青石，质优之青石时有火捺，可作砚材。质优白线岩砚石多有白筋暗浮石面上，乍看有点像散碎的冰纹。

(11) 沙浦坑。沙浦坑位于沙浦镇上，宋朝年间就已开采，它的开采洞口分布很广，绵延几十公里，石胍蕴藏量非常丰富，是目前产量最大的。沙浦坑的石矿中，时有泥沙夹杂着，就开采的安全性来说，相对是比较危险的，在开采的过程中，遇有难度，即弃采另觅新坑，这也是沙浦坑洞口都不深，洞口又多的原因。沙浦坑洞口开采寿命都不长，不像老坑一个洞口，就让人类奋斗了一千多年。沙浦坑的石质与石色变化很大，石质一般比较坚燥，没有三大名坑的滋润。好的沙浦坑特征很像三大名坑，偶尔也有鱼脑冻、蕉叶白、石眼、火捺、青花等石品花纹。朱砂斑（又称朱砂钉）应该称之为朱砂点更为适宜，偶尔在老坑砚石中出现，像黄豆般大小，最大的直径也不超过 1 厘米，朱砂色，质比砚石稍硬，但无碍于研墨，如果位置得当，还会起到点缀作用。

(12)白端。白端由于其本身洁白的颜色，常被古代官员用作朱砚使用，他们批示文件时，需要用红墨，较之紫端和绿端，白端更能清晰显示红色。因此，白端深得古代官员青睐，又因其出产较少，奇货可居。

2. 端砚雕工的鉴定

雕工的鉴定不光是查看砚雕技术(诸如线条的挺括与否，形象的逼真生动与否)，更重要的是要通过对砚台造型、图案内容的审定，大致上能判断这方砚台的年份及其艺术价值。对砚台年份的判断，亦即收藏界常说的“断代”；断定它是哪个朝代的作品，也就可判断它的文物价值。而对砚台艺术内容的审视，尤其是对明代以后的作品，更应该慎重、仔细一些。因为明以后的砚雕艺术已经走上一个新的台阶，流派与地方风格逐渐形成。明代以前，因为砚材容易得到，所以当时的造型大多“端方正直”，有纹饰的十分少见。其后，优质砚材稀少，砚价日上，倘若砚材一般，就会更倚重砚雕的艺术内涵。这种艺术内涵体现感情与技巧的结合，“感情”者，即是以砚抒情、寓情于砚；“技巧”者，即雕刻的方法和技艺。

端砚的雕刻工艺精良，有悠久的历史传统和深邃的文化内涵。端砚始于唐代，其雕刻也始于唐。

初唐的端砚，以实用为主，砚面上不雕任何图纹，毫无装饰；砚形多为长方形、方形，砚底多出脚，有的在砚底及两侧刻有砚铭。递至中唐，端砚艺人开始在砚台池头雕刻线条或简单的图纹，内容以山水、花鸟图案及仿古图纹为主。构图严谨，线条洗练，风格粗犷豪放，造型大方。当时，上层社会中还产生并逐渐形成对各种砚的石质、雕工进行评论的风气。砚多为箕形，即米芾《砚史》中所谓的形状“如书风字”，又称风字形。

宋代的端砚，构图非常简练，围绕实用，突出主体。造型大方，显得古朴、雅致。其主体一般采取深刀雕刻，适当穿插浅刀，必要时还加以细刻点缀，因此对比强烈，重点突出，粗中有细。式样亦由简单至复杂，品种由单调至繁多。当时已出现太史砚、兰亭砚、凤字砚、风字砚、石渠砚、长方砚、杂形砚。宋英宗治平年间(1064—1067)，各地方官为取悦皇帝，盛行名砚上贡之风，端砚式样更是五花八门，并由此逐渐形成自己的独特风格。

明代端砚的题材、砚形、砚式、设计、雕工，又有所发展。从砚式上看，明代起了承上启下的作用，它继承唐宋以来的砚式，而且在此基础上又创造出更多的砚式，如蛋形、神斧、金钟、古鼎、古琴、瓜果形，还有单打砚、走水砚、斗量(斗方)砚、淌池砚等，精雕细刻，构图也饱满，表现出浓厚的生活气息和地方色彩。这里特别要提一提的是“平板砚”，其以特别优美的砚材取胜，形制一般为长方形，只施剔平、磨光之工，不加雕琢，不开墨池和墨堂，其用意在于表达“佳石难觅良工”，对此文人和嗜砚石者都孜孜以求，视其为宝物，价格也高昂。这种平板砚的风格一直延续到清代。

清代端砚更重雕工，由于当时端石佳品层出不穷，士林都非常讲究砚石的色泽、文采、声音、嫩润以及题铭，这就导致端砚的雕琢更趋艺术化，所以上好的清端砚往往给人以华美的感觉。端石的石质细腻，易于雕刻。砚雕名家雕刻端石，更容易显其身手。所以，端砚中不乏名家之作，如顾二娘、黄宗炎、黄易、张纯、刘源、梁仪、汪复庆、陈端友等，都有端石传世佳作。

3. 端砚真伪的鉴定

“四大名砚”之真伪鉴赏，主要是对端砚真伪的鉴赏，因为端砚最名贵，造伪也最多。端石之伪，自宋已然。盖宋时之端砚，非徒国家责令岁以为贡，即一般流俗亦竞争收藏。端溪岩石不足应用，因之附近居民每四出采取他山之石，负运来端，改制为砚，以惑人者。然多不发墨，以之研墨虽不适用，而纹理奇妙，殊为美观，用充玩好，颇足欺世。宋时士大夫家所藏端砚，此类占多数也。

他处砚石类端者有洁石，出九溪、溹溪。表深青，里深紫而带红。有极细润者，然以磨墨，则水寒而不松快，愈用愈光，而顽硬如镜面。间有金线、黄脉直截如界行相间者，号紫袍金带。宋高宗朝戚里曾以进御不称旨，从此即未特显，而附庸于端石以存世也。次则于有辰沅州之墨石，色深黑，质粗糙，或微有小眼，黯然不分明。人不知者往往称为黑端，其实与黑端相去天渊矣。今端民负贩者多市沅砚璞而归，刻作端溪样，以贤士大夫，每获重价。若辰沅人自镌刻者则大雕篆，或作荷花莲水波、犀牛、龟鱼、八角、六花等样，藻饰异常，虽极精巧而材不堪用也。再次，则为端溪附近之伪石。端之旁有村曰黄冈，居民甚多。自宋以来，即依石为生。常取端溪附近之石冒为端石。有时得有与端溪脉理接近之石，气韵颜色亦足乱真。今世之所谓端砚者，此物占十之二三焉。且居民刻石为世业，故作伪之术亦超越一切。其作伪以石眼为多，即移他石之佳眼或染制佳眼嵌于其上，蜡以沃之，若非挖取以验，则虽精于鉴赏者亦常为所欺。除作假眼外，即以刻面作伪，或照着录上名砚式样仿作，或刻名人之诗词，落名人之款。所谓伪为，仅限于此，其他无能为力矣。至以他石充端石、劣石充佳石，乃系伪售而非伪制也。

当今能用来冒充端石的，至少还有湖南的祁阳石，山西的五台山石，四川的攀枝花石，山东的紫金石、温石，云南的直却石等。对此，必须认真鉴赏，进行看、摸、敲、洗、掂，然后仔细识别；其中最主要的是对纹理（美纹）的识别。因为假冒的石质粗看相似，本质总是有差别的。以攀枝花石和端石相比，攀枝花石中虽然也有美丽天然的花纹，称之为绿标和黄标，绿标色如芭蕉叶，黄标色如南瓜皮，一块块大小形状都不一样。但是，它们和端石中的翡翠斑、黄龙、蕉叶白、鱼脑冻等有明显的区别。攀枝花石中也有眼，品种也多，有的呈碧绿色、苍绿色、金黄色、糙米黄色，大小不一，大的状如鸡蛋，小的比之绿豆，其眼色清无晕无睛，比较单调。这和端石中的眼，无论在大小、颜色、神采等方面相比较，差异都很大，一比较就能分辨出来。

端砚的真伪，除了从质地、纹理上进行辨析，还可以从雕工、砚铭、包浆和装饰上进行鉴赏。

(1) 雕工辨伪。端石为名砚石之最，一般都不轻易下刀。历史上，许多砚雕名家喜欢在端石上大显身手，所以传世的老坑端砚大抵都是砚雕流派的艺术精品，而伪品的雕工往往都显得平庸。这是端砚鉴赏中应该了解的最基本知识。除此之外，这里还必须指出：砚台收藏家通过对雕工的鉴定，不仅可以识别出名砚石的真伪，而且还往往能看出它是否以新砚充古砚（古砚的真伪），以一般的雕工来仿冒名家的雕工（名家砚雕的真伪）。

对于一般古砚的考证，可以从款式、样式、图案等方面来分析、辨别。传世的古砚中，唐宋砚较少，较多的是明清古砚。所以鉴赏时，对古砚所表现的时代风格、地区风格、流派（名工）风格等，应该一起考虑。举例来说，现在我们比较常见的明至清初的淌池砚，其雕刻的线条挺拔圆浑，以砚池的顶部线条为例，若仔细观察，该线条在圆浑之下，还有向内凹成弧形的特征。如果用右手的食指按上去，食指正面凸出的弧形与砚的凹入的弧形正好相贴，这就是古淌池砚的特征。仿古者往往不知个中细节，只讲究线条的圆浑和砚面的外形。

关于仿名家砚，如仿制的顾二娘砚，不外乎有两种情况：一是取旧刻工的端砚加款。要知道顾二娘乃清初艺匠，加款之砚若为清代中后期的坑口和雕工（包括原配旧匣的年代），与原作的时代不合，那么不管其是否佳石良丁，皆应列为赝品。再说，后加款的刀痕与顾二娘作品中的刀痕，由于年代的差异，风格和痕迹、色泽都不一致，也比较容易辨认。二是取苏州蠖村石制砚。蠖村石为山坑，呈灰青、灰黄，色枯，质松若泥、易吸水，不发墨，琢成的砚式多为箧子砚、菌形砚，篆款还藏于箧子和菌菇之中，须细察之方能发现，无论雕工和刻款，与真品对比，相形见绌。而且，蠖村石砚多产于清代晚期，仿得再逼真，也是徒劳。

(2) 铭文的辨伪。因为从砚铭的题识内容，可以看出历代制作者、收藏者的见解、抱负、经历和砚的收藏传递轨迹，它是砚的文物价值的重要体现。所以，传世的砚上铭文假冒者甚多，作伪者借此沽名钓誉，识别颇为不易。这只有广见博闻，积累较丰富的文史知识，仔细地揣摩比较，方可避免误定。

对于砚铭真伪的判别，首先要了解铭刻作者的个人风格（书画、人品、学识等）和时代风格与铭的实际文辞是否一致；其次是看实际雕刻的手法、刀痕与作者的艺术手法及其所处的时代风格是否相符，会不会后加款；再次是看铭的所在部位是否落落大方和得体。铭刻中或有表示馈赠、易换的文辞，那么其落款的称呼是否相符，也可用作鉴赏时的参考。例如，一方古砚上有陈曼生的铭。陈曼生是清代中期浙派书画篆刻名家，善用切刀法刻印，风格苍劲古朴，如果该铭中陈曼生留下的印章所用不是切刀法，风格也与上述迥异，就应判为伪铭。

(3)“包浆”辨伪。对于古砚真伪的判别，观察古砚的“包浆”，也是一个重要环节。包浆是依附在砚的表皮上的一层自然光泽，它是数百年来砚材的自然老化并经过人的日夕摩挲才形成的，绝非朝夕之功。砚的包浆可以证实砚的新旧、年份。近年来，有人为仿古砚，将新砚用化学方法、烟熏方法、墨垢、茶叶水浸渍等方法做旧，竭尽心力做成包浆，但终因光泽过于剧烈、包浆在砚面的依附深度不够而被识破。

(4)装饰辨伪。1995年春季，上海朵云轩拍卖公司拍出一对六英寸的“广作”浅浮雕花卉天然端砚，紫檀匣，二方紫檀砚匣外，还配有一只紫檀方匣，装潢相当考究，当是清末宫廷里的“礼品”装潢，而该二方端砚的石质和雕工均属中上档次，按当时的行情估价在4～6万元，可大出意料的是，拍卖的成交价竟高达50万元，这不能不说是装潢之功，砚的装潢成了鉴赏砚的重要一环。但是，砚的装饰也有真伪。虽然砚的装饰像砚匣、锦套之类，对于砚的真伪的判别只能起到辅助、陪衬的作用，但也不能不辨。一般来说，砚匣考究，里面的砚也不会差。像旧的红木或紫檀砚匣，匣内壁是黑色的推光漆，此类装饰的砚匣年代大致在明末和清初；在砚匣正面上方嵌有玉牌的装饰，其年代当在明初和明中期。确定了砚匣的年份，进而也就可以推断匣内的砚也当在此年代或者更早一些时候。但是，偶然也会出差错，尤其是有人以新砚配老匣蒙人耳目，鉴赏时就更要小心谨慎。

(四) 歙砚的鉴赏

1. 歙砚石品优劣的鉴定

歙砚也有不少石品，明乎则可知其优劣。歙石形成时，由于结构和环境的不同，造成了它的色泽和纹理的多样化。它们有的以点滴状散开，有的以线条分层次排列，而线条有的规则，有的呈不规则曲折形态，变化极大，姿态极多。歙石的石品也由此分成罗纹、眉子、金星、银星四大类。

(1)罗纹：由硫化银、铜、锰等矿物成分的黏土质在砚石中作层状排列而形成，因其光泽似罗绮而得名。罗纹歙石多产自罗纹坑。歙石中的罗纹也有二十来种，它们是粗罗纹、细罗纹、暗细罗纹、角浪纹、刷丝罗纹、金星罗纹、古犀罗纹、金晕罗纹、金丝罗纹、银丝罗纹、枣心罗纹、瓜子罗纹、蒜子罗纹、胶丝罗纹、松纹、乌钉罗纹、金银刷丝罗纹、石心罗纹、卵石罗纹等。层次极薄的，在砚石的断面显示细罗纹；略粗的为粗罗纹；层次整齐、比例规则、纹如毛刷擦过的，则为刷丝罗纹；层次不规则而呈曲折状的，则为水浪纹或为旋涡纹；层次稀疏间有碳质黑点，呈现出枣心和蒜子形状，则称枣心罗纹和蒜子罗纹。碳质的黑点致小者，有如竹根剖面之黑点，则为鱼子罗纹；色气黄润，有黑点细斑者则为鳝肚罗纹；丝直而密者，为犀角罗纹；层次较厚，莹质有一道粗宽直纹的，则为角浪纹；层次间隔，一层含铁、一层含银，这种间隔形成的纹理，从剖面上来看，称之金银刷丝罗纹。

罗纹中最名贵的是犀角纹、鳅背纹及细罗纹、暗细罗纹。它们都是莹润发墨、呵气成水的精品。鳅背纹，又称满盆鳅，与犀角纹共质而致密，主要是碳质黑点分布得细匀所致，这些都是罕见之品，千不一见。在上述精品中，以暗细纹最易被忽略，乍看没有金星银花等光耀夺目之色（这正好是纯净无杂质），但仔细审视，却又发觉它有如罗縠之精细的紧密纹理，坚重莹净，一无瑕疵，是歙石中的无尚精品。

（2）眉子：歙石中石纹弯如新月者，称眉子。歙石中的眉子有十余种：长眉子、短眉子、阔眉子、对眉子、簇眉子、金星地眉子、金晕眉子、大眉子、雁攒湖眉子、绿豆眉子、鳝肚眉子、虎皮眉子、锦簇眉子、枣心眉子、金眉子等。眉子是罗纹的变异。“大眉子”，一抹白云，形如新月；“对眉子”，形体较小，多数横而不曲，两端略细，成双成对，若人面之双眉；还有一种眉子如甲痕，是眉子中最小的。实际上是银星的变异，银星磨制到不成星时，呈半圆状，有如指甲之痕。古籍中的“雁攒湖眉子”，就是无数的甲痕相接，如人字倒置，也如中国画中减笔画法的大雁和飞鸟，这种砚石有纹晕，犹如一泓秋水，而四周眉子密集，一眼望去，像是一群群大雁聚集在湖边，天近拂晓，湖中雾气笼罩，迷迷蒙蒙，近处有几只大雁扑翅南飞，远处的雁群则前呼后应，这种有动有静，有近有远，水气交融的情景，俨如一幅意境深远的中国画。事实上，在歙砚中“对眉子”“雁攒湖眉子”也很罕见，属于名贵品种。

歙石的品种除上述四个大类之外，还有“驴坑”“庙前青”“水舷金纹”和“鱼子歙”等。

驴坑石坑在婺源县西北，砚石有青色绿晕，石质极好。

水舷金纹其石坑在婺源县罗纹山眉子坑外侧邻溪处，称“水舷坑”，石多金色花纹，故得名。当然也有称其为“金花眉子”的，其金花有的像舞鹤，有的像寒雁，有的像鸳鸯，也有的如长寿仙人，洪景伯《歙砚谱》上记载的就有十种。

鱼子歙产于婺源龙尾山近侧之山坑，棕黄或灰色、浅绿色的砚石上，细小的黑点密密麻麻，状如鱼子，故得名。其石质比较干硬，已非正宗龙尾石。

以上说的是婺源龙尾山一带所产砚石的分类。但从“歙石”而言，还应包括以前歙州其他各县所产的品种，如休宁流口一带的山脉，与龙尾山山脉相连，近年来也在开采砚石，质量极佳，当地称之为“龙头石”。歙县岔口区周村所产的银丝石，是古籍上有记载的歙石品种，此石石色青碧，质地细腻，特别是其中布满银丝者，温润如玉，呵气成水，极为精美，是砚石中佳品。歙县溪头区所产的溪头坑石，其质可与龙尾石媲美，亦有金星、金晕、眉子、罗纹等品色。又如，竹铺乡附近所产砚石，色紫红，近似端石，质坚而细，发墨甚佳，当地称之为“歙红”，也是一种珍品。

歙砚石质优劣，也与砚材所出坑口有关。据宋代《砚史》《砚笺》《歙州砚谱》记载，龙尾石产自歙州龙尾山支脉——罗纹山；龙尾山不出砚石。罗纹山坑口有眉子坑、罗纹坑、水舷坑、碧里坑、济源坑、水蕨坑、金星坑、驴坑、溪头坑、叶九坑等。罗纹山的坑口多水坑，砚石一般都比较温润，其中尤以罗纹坑、眉子坑、碧里坑和水舷坑所产卵石为最佳，其大者不过四五寸，多作月砚，非常难得。叶九坑、驴坑、溪头坑所出砚石，相对来讲比较粗，比较干燥。

(3) 金星：石中有金色斑点如星斗者，称为金星，又有金色如流云、片云者，称为金晕。金星是一种硫化铁的点滴状散布物，结晶在砚石之中，大的如豆，小的如蚕蚁，最小的若鱼子。歙石中的几十种金星品种，就是根据其形状大小来命名的，如金线金星、雨点金星、鱼子金星、葵花金星、云雾金星、雨丝金星、大金星、小金星，以及各种的金花、金晕等。金晕也因形态不一，多以相似的形相来命名，如斗样、云气、卧蚕、舞鹤、金壶屏、双鸳鸯、罗汉洞、双鱼蹲鸱、枯槎仙人、湖中寒雁等。金星质融化到不见痕迹时，石呈青碧色，就更显得娇美沉静。

其实，金星质既然是一种金属矿物质，其硬度必然高于普通歙石的平均硬度，从而产生锉墨伤笔的不良作用，它应该属于顽劣之质。但是，金星的色彩悦目，在砚中起到了精美的装饰作用，人们就很自然地把它作为歙石的特征了。至于宋代文人尊崇金星，则与当时的历史习俗以及文人的思想观念有关。从实用角度考虑，歙砚中的金星分布，最好是在砚背，若生长在砚面则亡，应当把它们设计在砚首、砚边等研不到的地方为佳。20世纪60年代后期，笔者见到二方大小一致的罕见之金星和银星歙石，砚为平板长方形，不加雕琢，约六英寸，红木嵌瘿木盒，该二方砚的下半部约三分之一处，一方是金星满面，荧光闪烁，由于金星的密集分布，几乎成为一块金箔，依附于砚面之上；同样的另一块成了银箔。这可以说是稀世之珍。数十万方歙砚中不能遇其一，何况金银合璧乎。尽管风姿绰约，但仅可作为观赏和收藏品，实际使用时却无助于发墨宜笔。

(4) 银星：石中有银色斑点如星斗者，称为银星。银星是硫化银、硫化锌的点滴状散布物，结晶在砚石之中，但斑点深浅不一，有的还表现为一层层一片片银白色，或浓淡各异的云雾状色彩。银星无大点，且多出自老坑。

2. 歙砚雕工的鉴定

唐宋时期的砚雕虽有简有繁，但在刀法上、风格上却古朴雅洁，造型也端庄大方。当时不论端砚和歙砚，都统一于明显的时代风格中，地方风格并不显著。这是因为，当时对砚石的要求不高，开采较易，砚材的尺寸较大，对雕琢不太追求。所以，宋代的歙砚雕琢，虽已具有相当的工艺水平，但尚未达到艺术品的高度。由于村民受迷信思想影响，把一些自然灾害和采石中的伤亡事故，归结为因开采砚石而凿伤山的“龙脉”所致，因而不敢开采；采石艰辛，费工夫，成本又高，最终导致元、明二代歙石没有正式开采，歙砚雕刻只能取用宋代开采后的余料，其雕刻也大多延续宋代的风格。但是，明代晚期，徽州地区的制墨业、木版印刷业有了大发展之后，木刻的墨模和图文的木版雕刻精美绝伦，对歙砚的生产和雕刻艺术，都是很大的促进。因此，明末清初的歙砚上，所琢瓜果、殿阁，无不精细绝伦，鱼龙、人物诸图也神态入微。事实上，这正是明代晚期徽墨制模工人、新安版刻工人、砖雕石雕工人长期相互切磋，技艺长进的结果。明末清初，徽派的雕刻艺术名闻遐迩，影响巨大，实际上是包括木雕、砖雕、石雕和砚雕的。

歙砚雕琢以浮雕浅刻为主，它利用深刀所琢殿阁、人物等，层次分明，手法也细腻，墨池的开挖能做到相互呼应，因而显得十分协调。在造型上，平浅方正是歙砚传统的典型之作。历史上用歙石制作的官砚，所制大多长方，线条流畅简洁，尽管宋以后抄手砚、瓦式砚、椭圆砚和其他各式砚越来越多，而方正大砚长期不衰。清代大臣、书画家黄左田，经乾、嘉两朝所赐御砚达九方，其中方正大砚两方，一为金星石芾字大砚，一为石渠方尺大砚，都是歙砚。可见歙石之方正大砚是深受欢迎的。吴兰修云：“砚以方正为贵，浑朴为佳。”这话对歙砚来说，也恰如其分。

明清之际，歙砚中的随形小砚与端砚比较，相对要少得多，这当然和当时端石水坑出现的小型卵石（所谓大不盈掌）石价高昂有关，也与歙石层状结构的本身条件有关，它不可能如端砚那样的精雕细刻，歙石在雕刻的过程中稍不留神，图案线条过紧或是过密，都会出现崩边的现象。当然，歙石中也有个别的行囊小砚，石质精美、雅洁，匠心独运，随形而雕同样使人爱不释手。

历史上著名的徽派雕砚家有汪复庆、吴士杰，黄山澹庵、张纯诸人。其中，张纯，字吾未，号苦竹山人，乃桐城人，曾为高凤翰制砚，为高氏所赞许。

值得推崇的还有中华人民共和国成立后的徽州雕砚名家胡子良、俞德隆。胡子良所制的砚，刀法细腻，布局得体，具有深厚的徽派砚雕和书画篆刻的传统功底。胡子良一生琢砚一二百方，以刻于砚背的浮雕，如老子骑牛、犀牛望月、十方应真（罗汉）、素丝五驰等人物故事为精，闻名于同行。1953年，上海举办华东区工艺美术展览，他的砚作受到文艺界、新闻界人士的高度评价。现安徽省博物馆、上海兰馨珠宝文物商行还藏有他的作品，砚材优良，雕刻精妙绝伦，且均为巴掌大的长方小砚。而今，歙派砚雕艺术尚有老工艺大师胡震龙先生等一代名师承传与发扬。胡老自20世纪70年代起，即名闻遐迩，作品遍传海内外。他的砚雕功底深厚，技法娴熟，有鬼斧神工之誉。胡老不仅精通砚雕艺术，又擅长丹青山水、金石书法，竟将画境神韵、书法墨趣复现于砚雕作品上，给人以石画、石书之美，所以作品具有久远的魅力。

3. 歙砚真伪的鉴定

歙砚的真伪鉴定同端砚一样，也有四个方面：一是石质辨伪；二是雕工辨伪；三是铭文辨伪；四是装饰辨伪。由于传世的古歙砚不多，与端砚不能比肩；再者，历史上，元、明两代几乎不产龙尾石；元以后歙砚逐渐走下坡路，因此歙砚造假的余地相对较小。歙砚作伪主要表现在以“他山之石”充龙尾石，以新砚充古砚。

所谓以“他山之石”，是指以山东的鼍矶岛石、淄石，江西的星子石、玉山石等来冒充龙尾歙石。另外，还有将产于婺源以南的玉山石砚误以为“歙砚”的。对此，我们必须认真鉴赏，先进行看、摸、敲、洗、掂，然后仔细地识别歙石中的美纹。因为歙石中的金星、金晕等，也是区别于他砚的重要标志。前不久，山东淄石中发现有一种金星石，虽然金星极其灿亮，但不融于石，以手指攫之可剥落，终与歙石有别。

歙砚自元代开始，前后沉寂五六百年，其间仅乾隆年间组织过一次开采，以后又停顿下来，直至1963年，安徽歙县和江西婺源两县，对婺源龙尾石联合进行开发采掘，先后建立安徽歙砚厂、江西龙尾砚厂，歙砚的生产才真正得到恢复。自20世纪80年代以来，由于质佳、流传有序的古端砚、古歙砚，价格一直节节攀升，以致社会上假冒古砚的现象接踵发生，其主要手法便是将新砚伪制成古砚。为此，必须认真进行辨别。辨别的方法与辨别古端砚一样，也要从雕工、包浆、铭文和装饰上进行验证。

（五）澄泥砚的鉴赏

澄泥砚从宋末开始，便替代式微的山东红丝石砚，跻身于中国“四大名砚”之列。它形成于晋、唐之交，比端砚、歙砚的出现都早。唐宋时代，当端、歙还处于初创阶段，澄泥砚在文人士大夫阶层已很盛行，并被推为“砚中第一”。但是，宋元以后，澄泥砚的质地与端歙相比，就日渐见绌了；清乾隆朝之后，终于湮没于世。澄泥砚制作的衰落，有很多原因，但最重要的是因为制作技术失传，这正如台湾魏美月先生所说：澄泥砚的地道制法因系秘方，到宋代已失传大半；宋以后制成的澄泥砚类似陶砚，已非唐法矣！而现今生产的澄泥砚又是按宋代的《贾氏谈录》和《文房四谱》笼统介绍的方法制作的，大致是取河床下的泥，淘洗后，用绢袋盛之，再将袋口扎紧，抛入河中，继续受水冲洗。如此两三年以后，绢袋中的泥越来越细，然后入窑烧成砚砖，再雕凿成砚台。清代乾隆皇帝曾御制澄泥砚，自乾隆四十一年至五十一年（1776—1786）的十一年间，取绛州的澄泥，积泥若干，令江苏制作烧造，但所产澄泥砚，砚品平庸，无论质地、造型、雕饰与唐砚差别较大。

1. 澄泥砚质地优劣的鉴定

澄泥砚细腻坚实，形色俱丽，发墨而不损毫，滋润胜水，可与石质佳砚相比肩。澄泥砚的燥与润、粗与细在于泥材的结构。首先是分子的密度，分子的密度大时必细，密度小者必粗，这种密度是决定砚质坚实与否、发墨与否的主要条件。其次是泥中的金属成分等，也是发墨与否的重要条件。最后是烧制时的火候了，火候高，泥的密度大，也会导致澄泥砚不发墨，滑润多于滞涩。澄泥之所以呈现出不同的颜色，是因为烧制时不同温度所致。

例如，北宋张思净的一方澄泥砚，该砚长 18.2 厘米，宽 11.9 厘米，高 4 厘米，手抄式，砚面为斜坡状，色如绿豆砂。砚底刻画铭文："已巳元祐四祀姑洗月中旬一日，雕造是者，箩土澄泥，打摸割刻，张思净题。"下有花押印。可知此砚制作于北宋元祐四年（1089）三月。砚的形制为宋代的典型式样，做工严谨有法，边线挺直。铭文字体刻画随意，这在宋代砚中是颇为流行的。

无独有偶，在人工烧制澄泥砚之后，竟出现了一种与人工的澄泥砚相伯仲的天然石。至明代中期以后，苏州灵岩山一带又出现了上述的"澄泥砚"，色泽土黄而细腻，发墨也好，加上苏派砚雕艺术的精湛，素来讲究造型的美观，故典雅精致不减古人。唯山坑，益毫胜水皆有不及。该类砚清代以来均有生产，鉴赏、收藏时，当有别于人工澄泥砚。

2. 唐宋古砚的真伪辨别

唐宋时代的澄泥砚以虢州、绛县产品为最佳。摸之光滑细嫩，手触生晕，扣之金声，掂之如石，刀之不入。其雕工古朴简法，以实用为主，外形多为象生、杂形以及抄手式，色泽多朱砂、绿豆砂。除此之外，还要注意它的包浆和砚铭。

唐宋澄泥古砚的收藏价值是双重的，既有质地上的独一无二，又有久远的历史意义，不亚于古端、古歙。

目前，流传的唐宋澄泥砚很少，极为珍贵。因此，唐宋以后的明、清澄泥砚名品，如江苏宝山澄泥砚、长江澄泥砚等，亦属珍品之类。

第五章　中国书法绘画艺术鉴赏

中国书法与绘画在历史发展上具有紧密的关系，两者使用相同的工具，但随着历史的发展和演变，中国书法与绘画在技法和审美情趣上也出现了融合和发展，具有很高的审美价值。本章主要围绕书法艺术及其鉴赏、绘画艺术及其鉴赏、书法与绘画的关系辨析展开论述。

第一节　书法艺术及其鉴赏

一、书法艺术的概述

(一) 书法艺术的认知

1. 书法艺术中汉字的特点

(1) 汉字基本是方的，真草隶篆大致如此，字的宽度大体相等，这样既便于横式排列，也便于纵式排列。纵式排列时，从上往下书写，有利于书法的气韵贯通。

(2) 汉字笔画纵横交错、相互穿插，为字的造型美提供了不可或缺的条件。

(3) 汉字结构复杂、形态生动。首先，汉字有30多种不同的笔画，如横画、竖画、撇画等；又有多种组合形式，如有左右结构、左中右结构、上下结构、上中下结构、半包结构、全包结构、品字或倒品字结构等，这能使书法作品产生结构形式之美。其次，汉字笔画的多寡对比强烈，如“鑫”字有24画，“一”字只有1画，这就使得字的大小、长短变化强烈，从而产生疏密有别、错落有致、形态各异的美。最后，汉字有为数众多的异体字，如对于左右结构的“鹅”字，出于美感的考虑就可以将其写成上下结构，这为书法作品艺术的形成提供了便利条件。

(4) 汉字一字多体。汉字有真、草、隶、篆等多种字体，每种书体还可以细分成若干种，这为书法家选择艺术表现形式提供了方便的条件。表现古朴可以选择篆书；表现庄重可以选择楷书；表现厚重可以选择隶书；表现奔放可以选择草书；表现活泼可以选择行书。最值得一提的就是草书，由于它结构简单，笔画连绵，所以最有利于抒发书写者的情感。

2. 书法艺术中字体的分类

中国书法从字体类型上主要分为篆书、隶书、楷书、草书、行书五类。

(1) 篆书。篆书起源于西周末年，流行于战国时的秦国一带，至秦始皇时达到鼎盛，汉代开始衰退。篆书是甲骨文、大篆、小篆的统称。甲骨文是传世最早的可识文字，主要用于占卜。篆书直线较多，笔法瘦劲挺拔，起笔有方笔、圆笔，也有尖笔，手笔“悬针”较多。大篆指金文、籀文、六国文字，它们保存着古代象形文字的明显特点，该字体的代表作品为“石鼓文”。小篆也称“秦篆”，是大篆的简化字体，秦国的通用文字，其特点是形体均匀齐整、字体较籀文容易书写。相传，小篆是李斯创造的，该字体的代表作品有“琅琊台石刻”“泰山刻石”等。

(2) 隶书。隶书又称为八分。古文“八”与“分”两字同义，八分之名就是因其字体的点、画和结构像八字分别相背而得名的。隶书是一种庄重的字体，书写效果略微宽扁，横画长而直，呈长方形状，讲究“蚕头雁尾”“一波三折”。隶书是在篆书和秦隶的基础上演化而来的，它起源于秦朝，由程邈整理而成，在汉代得到了广泛的应用并得到了逐步完善，在东汉时期达到顶峰，对后世书法有着较大的影响。例如，《曹全碑》是汉代隶书的重要代表作品，它以风格秀逸多姿和结体匀整著称于世，历来为书家所重。

(3) 楷书。楷书又称为正书。由于“楷”与“正”都有标准的含义，因此人们称楷书为正楷。楷书起源于魏晋时代，南北朝时分流发展，到隋朝开始融合，唐朝时发展成熟，并作为正体字流行。与隶书相比，楷书的点、画形式更加丰富，且出现了新的笔画。

(4) 草书。从发展过程来看，草书的发展可分为早期草书、章草和今草三大阶段。早期草书是与隶书平行的书体，一般称为隶草，实际上夹杂了一些篆草的形体。章草是早期草书和汉隶相融而成的雅化草体，这种字体的笔画勾连呈“波”形，字字独立，字形偏方，笔带横势。汉末，章草进一步“草化”，脱去隶书笔画的行迹，上下字之间笔势牵连相通，偏旁部首也做了简化和互借，形成“今草”。今草书体自魏晋后盛行不衰，到了唐代，今草写的更加放纵，笔势连绵环绕，字形奇变百出，这种字体被称为“狂草”，亦名大草。

(5) 行书。行书大约出现于东汉末年。行书主要分为行楷和行草两种。它在楷书的基础上发展起源的，是介于楷书、草书之间的一种字体，是为了弥补楷书的书写速度太慢和草书的难于辨认而产生的。行书的用笔有以下几个特点：点画以露锋入纸的写法居多；以软侧代替平整；以简省的笔画代替繁复的点画；以勾、挑、牵丝来加强点与画的呼应；以圆转代替方折。

3. 书法艺术中书写的工具

毛笔是书法艺术的基本工具。毛笔有硬毫、软毫，有长锋、短锋，还有专门写大字的提笔、楂笔。毛笔书写的笔画具有粗细、轻重、方圆、枯湿、浓淡等变化，这些变化有利于字体韵律感、节奏感的形成。这是艺术表现所需要的，而硬笔是不具备这个功能的。

毛笔的功能必须通过墨来体现，只有用墨才能留下毛笔运行的痕迹。换言之，书法实际上是一门笔墨艺术。中国古代关于书法的文章常以“翰墨”代表书法艺术及其作品。“翰”本指坚硬的羽毛，古时候用来写字，引申为毛笔。“翰墨”即笔墨，亦即书法艺术。

中国古人发明的毛笔实是“天地之伟器”。它的特点决定了中国书画的特性。“尖、齐、圆、健”是一支好毛笔的四“德”。

(1) 尖——指笔锋尖。只有笔锋尖，才既能写细的笔画，又能写粗的笔画。若笔锋尖，则锋可藏可露；若笔锋不尖，就是秃笔。

(2) 齐——指笔锋铺开时笔毛是齐平的。笔锋齐能使笔画圆融。如果毛笔受损，毛笔就成了破锋。

(3) 圆——指毛笔的毛为圆锥形。正因为如此，毛笔又称“毛锥”。善于用毛笔者，能八面使转自如，使线条、点画均有厚重感，即使细如丝发亦圆，这就是圆的优越性。

(4) 健——指笔锋具有弹性。善于用毛笔者，能借笔锋运转之势，或顿挫，或乘势导之，表现节奏和张力，使点画、线条富有生命感与运动感。

(二) 书法艺术的发展

书法萌芽于殷商至汉末三国时期，这一时期，文字经历了甲骨文、古文(金文)、大篆(籀文)、小篆、隶书(八分)、草书、行书、楷书等阶段。

至两晋南北朝至隋唐时期，书法终于步入明朗阶段，在这一时期，书法的主流风格是由篆隶趋于简易的草行和楷书。

唐朝时期，欧阳询、颜真卿、柳公权等名家为中国传统书法文化作出重大贡献。唐朝对中国传统书法文化的贡献还表现为书法理论更加精密和完善，如孙过庭的《书谱》，张怀瓘的《书断》以及张彦远的《法书要录》，对后世书论的创作产生了深远影响。

五代、宋、辽、金、元的书法是对晋、唐时期书法的追述与继承，这一时期由于战乱和政局不稳，书法艺术呈现出另类的局面。书法家转向以书法抒发个人的情感和意趣，出现了北宋的“宋四家”、元代的赵孟頫等名家。同时，书法理论也获得了发展，出现了《书史》《宣和书谱》《翰墨志》《广川书跋》《法书考》《翰林要诀》等理论著作，这些著作给当时及后世书法家的艺术创作提供了参考文样和理论指导。

明清时期的书法是对中国书法的一个大总结，在这一时期，“帖学”和“碑学”大盛，书法理论比前代更有成就，《书筏》《艺舟双楫》《书概》《广艺舟双楫》等理论著作纷纷面世。

（三）中国书法艺术的特点

中国书法有三个特点：气势、意态和韵律。不论是篆书、隶书、楷书、行书还是草书，都贵在气势、意态和韵律。

1. 中国书法艺术的气势

中国书法的气势美由笔势、体势、行气、章法所构成。一般而言，篆书、隶书、楷书势从内出，盘纡于虚，为无形之使转；草书势从外出，盘纡于实，为有形之使转；而行书则介于两者之间，虚实并见，锋势时藏时露，体势时斜时正。

“势”在书法艺术中有三个重要作用：①能产生笔力，力以气为凭借，有气自然有力；②使点画妥帖，运笔随心；③使气韵贯通，意境活泼。有气势的作品能将全幅字贯串在一起，从而表现出一种精气凝结的意境。所以，“点如珠”“画如玉”“体如鹰”“势如龙”四者缺一不可。“点如珠”喻字体圆润；“画如玉”喻字体洁净；“体如鹰”喻字体沉雄；“势如龙”喻字体有气势。

纵横挥洒、磅礴酣畅的书法气势，是一个书写者圆熟的笔墨技巧和深厚的功力所产生的综合效果，体现出较高的艺术修养和才华。例如，唐朝有“草圣”之美誉的张旭，创造出了潇洒磊落、变幻莫测的狂草。其草书极富创造精神，纵逸飞动，穷天地事物之变，气势博大，激情充溢而不失矩度，具有强烈的盛唐气象，主要代表作品有《古诗四帖》《肚痛帖》《十五日帖》等。

2. 中国书法艺术的意态

所谓意态，包括体势和神态两部分，两者都可以在书法作品中得以体现。一幅好的书法作品，其结构的安排可折射出书写者的匠心——有的字体严谨、堪称佳妙；有的妙手偶得、自然天成。总而言之，结构安排得当的字都体势生动、神态动人。字的体势和神态都是其结构的表现。正如建筑空间由不同的构件组合而成一样，字由点、画组合而成，其结构中的线条和布白相互映衬、虚实相生、主次疏密对比、笔势呼应顾盼，构成了书法作品独特的意态美。

在书法历史上，篆书既有整齐停匀之美，又有婉转曼妙之姿；隶书既有雄健厚重之美，又有跌宕飞动之势；楷书既有精严庄重之美，又有神采焕发之姿；行草既有流畅飞动之美，又有遒劲有力之势。总之，书法无论是节奏还是结构，都能表现出独特的意态美。欣赏书法作品，必须懂得欣赏字的体势和神态所表现的独特韵味。

3. 中国书法艺术的韵律

古代许多骚人墨客从不同角度阐释了书法韵律的内涵，如喜则气和而字舒，怒则气粗而字险，哀则气郁而字敛，乐则气平而字丽。情有重轻，则字之舒敛险丽亦有浅深，变化无穷。书法的线条、结构、墨色等是构成书法艺术美的因素。一幅作品，从上到下、从左到右都传递出韵律的信息，线条的舞动、凝滞，结构的疏密，墨色的浓淡能形成不同的韵律美。

二、书法艺术的鉴赏

“艺术鉴赏，是我们从现实世界迈向艺术世界的一座桥梁，而书法鉴赏则是审美主体进行艺术鉴赏的一种认知、情感活动，因此其实质是一种价值活动过程。书法鉴赏对于我们来说有着独特的现实意义。”①

（一）书法艺术鉴赏的原则

实质上，书法艺术的鉴赏与书法创作的过程一样，即使每个人的审美角度以及方法不同，但也都是需要遵循一定原则的。具体而言，要遵循以下原则：

（1）客观与主观统一原则。由于审美角度不同，以在鉴赏书法艺术时常常会从自身的角度来欣赏，带有一定的主观意识。然而书法艺术实质上是客观存在的一种艺术形式，其记录了书法者的思想情感与精神追求。因此，这便要求人们在鉴赏书法艺术时，应当遵循主观与客观统一的原则，就是要客观地鉴赏书法艺术作品，并且在鉴赏过程中能够提出自身的看法和观点，实现主观与客观的有机统一，从而达到物我同化的境界。

（2）静止与运动相对原则。在书法艺术漫长发展的历史中，涌现出了许多书法家，给世人留下了许多优秀的书法作品，而且不同的书法家想要表达的思想内涵及文化情况也不同，这便要求人们在鉴赏书法艺术时，应当遵循静止与运动相对的原则，就是能够将静止的书法作品转化成创作运动的过程，体会书法家的创作过程，感受节奏及力度的变化，并从体验过程中感受作家想要表达的思想情感和创作意图，从而进一步了解书法艺术作品。

（3）整体与局部统一原则。具体而言，就是在鉴赏书法艺术作品时，既要从全局出发，对书法作品的艺术风格及表现手法有一个全面的认识，又要着重于局部，仔细观察细节部分，包括书法作品的用笔、结字、章法、墨法等，从而感知书法作

① 黎茂金．书法鉴赏探析 [J]. 成功（教育版），2011(7)：242.

品的笔墨之美。

(4) 循序渐进原则。在鉴赏书法艺术作品时，需要从形、美、道三个层次去鉴赏书法作品，也就是循序渐进的原则，先观书法之形，然后赏书法之美，最后悟书法之道，通过这样循序渐进的过程，全面地掌握人生和书法艺术，真正地感悟书法艺术的魅力。

(5)系统映照原则。书法艺术作品是客观存在的，因此要想真正地了解一幅书法作品，还需要遵循系统映照原则，也就是要从作品和作者两个方面去鉴赏，了解作者当时创作的背景，把握作者的创作意图，从而全面系统地理解书法作品的思想文化内涵。

(6)反复性原则。要想全面地了解和领悟一幅书法作品，需要反复地去体验、详察，具体就是要在鉴赏的过程中，充分调动自身的情绪和形象记忆，展开联想，深入地体会作品的内涵和底蕴，通过由此及彼发现作品内在蕴含的精神。

(二) 书法艺术鉴赏的方法

书法这一艺术门类，作品鉴赏自有其本身的内在规律，鉴赏方法也有别于其他艺术，具体可从以下几个方面展开：

(1)了解作品产生的背景，把握作者感情。书法作品均产生于特定的时空和作者的主观状态，是一定历史文化环境与作者创作情境的反映。在鉴赏作品时，鉴赏者需要详细了解作者是在怎样的社会历史环境中、怎样的文化背景下创作出来的作品，明白作品产生时的文化思潮，进而把握住那一时代的艺术风格和整幅作品的感情基调、美学意义。

(2)采用从整体到局部再到整体的鉴赏顺序。鉴赏书法作品时，鉴赏者先要做的是统观作品的整体面貌，总体把握书法作品的章法、艺术风格与表现手法，感受其中的气势、神采和布白等。在此基础上，再从局部观察作品在用笔、结字、墨韵等方面是否达到了笔法与意境的兼具融合，以及生动活泼的艺术效果。简而言之，一是注意察看线条的质量，体会作者在创作过程中如何用笔、用墨，采用什么笔法；二是要注意分析作品如何运用笔画所组成的结构关系，表现书法空间造型美，以及蕴含其中的情趣；三是要注意领会作品如何通过结字、行气、章法等元素综合表现艺术美。在完成局部鉴赏以后，再统观整幅书法作品，对第一次整体鉴赏时产生的大致印象进行修正与充实，品味作品的风韵格调和气质精神。书法不仅具有形式的艺术美，而且浓厚的意蕴美也同时包含其中，其所展现出来的民族传统美学内涵可谓是博大精深，是书法家气质与精神得以展现的载体，也是书法家美学追求的体现。另外，还要注意作品的表现手法和艺术创作风格是否达到协调统一，作品哪里最为精彩，哪里还存在瑕疵。综上所述，只有按照从整体到局部、再到整体的鉴赏顺序，才能全面地品鉴书法作品。

(3) 凭借知识经验，感受艺术形象。书法作品是书家艺术创作活动的结果，书家通过作品抒情、达志、遣兴。而艺术鉴赏活动则是鉴赏者对作品的再创造活动，是客观存在与主观意识、感性认识与理性认识的统一体。可见，书法鉴赏是鉴赏者凭借知识经验的再创造活动。虽然书法作品形象规定了作品的基本特征，但鉴赏者是运用自身的艺术经验去感受、体验和诠释作品形象的，具有较强的主观能动性。因为在鉴赏过程中，对作品线条之迟急、起伏、曲折，以及它们之间的呼应承接、气脉连贯、体现弹力，整个运笔过程如音乐般抑扬顿挫、连绵畅达的认识；对作品结构寓奇于正、疏密得当，章法宾主一体、穿插避让、虚实相生的理解；以及对作品艺术形象的领会，均来自鉴赏者本身。在鉴赏作品时，鉴赏者要把自身的书法美学素养、知识经验、生活阅历、情感思想，融入鉴赏之中，解读并进一步丰富作者蕴含于笔墨之间的艺术形象。

(4) 展开联想，丰富艺术形象，深化作品意境。在鉴赏中，鉴赏者总要纵横联系，与生活中相应的事物相类比，从而使之具象化，让静止的艺术线条成为鉴赏者内心鲜活的形象，并在此基础上，通过生活中类似事物所具有的美学特征，进一步联想书法作品所具有的美学价值，来阐释书法内涵，挖掘作品所蕴含的深刻意境。

(5) 鉴赏者应不断提高自身的书法艺术修养。

首先，鉴赏者要多看多思，全面了解书法的历史，了解典范书法作品艺术特征，积累书法美学常识，为艺术鉴赏打下必要的基础。书法具有悠久的历史，汉字书体在漫长的发展演变过程中，产生了甲骨文、金文、小篆、隶书、草书、楷书、行书。各种书体美学特征既一脉相承、相互统一，又各有差异。

其次，鉴赏者要熟悉书法风格流派，认识不同书体、书风的特点和规律。研读相关的学术书籍，通过学习、分析和比较，对书法规律有一个基本的把握，从而逐渐增强自己感受、分析书法美的能力。

最后，鉴赏者要提高自身的综合文化修为。不同素养的鉴赏者在鉴赏同一幅书法作品时，所获得的艺术感受和得出的评论是不一样的。书法是一种文化现象，形式高度概括，内涵丰富深刻。说其形式高度概括是因为只在黑白两种颜色之间进行线条变化与调度，创造艺术意境；说其内涵丰富深刻是因为其意蕴多维，容量巨大。因此，要达到能够对一件作品有深入的理解和共鸣，做出相应的判断，这就要求鉴赏者的文化知识结构必须是多方面的。鉴赏者应该凭借深厚的学识修养，从不同的角度和层次来理解、分析、评论书法作品。同时，与其他艺术形式相同，书法也是人类在社会生产和生活中的产物，而且所涉及的意识形态，也与作品所处时代的政治、经济和文化密切相关，彼此交融。因此，鉴赏书法能力的强弱在很大程度上取决于鉴赏者的阅历和知识。阅历和知识越丰富，就越能够深刻理解书法作品的艺术风格与内涵，进而对作品给出更为准确和深层次的评价。

第二节　绘画艺术及其鉴赏

一、绘画艺术的种类与造型法则

(一) 中国绘画艺术的种类

自魏晋南北朝以来，中国绘画名家辈出，绘画题材广泛，画作种类多样。其中，按题材划分而成的有人物画、山水画和花鸟画。

1. 中国的人物画

人物画是中国画成熟最早的画种。据有关文献记载，西周和春秋战国时期，宫廷中已有专职的画工负责绘画人物肖像。魏晋南北朝时期，佛像画随佛教进入中国，推动人物画的迅速发展，这一时期的著名画家如曹不兴、顾恺之、陆探微、张僧繇等几乎全是人物画家，其作品已能注重人物神情和性格特征。隋唐时期，人物画高度成熟，出现了阎立本的《步辇图》和《历代帝王图》、吴道子的《地狱变相图》、张萱的《虢国夫人游春图》等稀世珍品。隋唐以后，人物画继续发展，其表现主题有所变化，如北宋的李公麟等画家突破传统的佛道、帝王、圣贤、仕女题材，把笔触伸向渔民、樵夫等社会下层人物；张择端的《清明上河图》描绘了城市社会生活，画面展示了500多个姿势各异的人物。金元时期，人物画趋于衰微。明清时期，社会人物画虽有复兴，但总体成就不如唐宋。

2. 中国的山水画

山水画最初是在人物画中作为背景出现的。东晋时，山水与人物有所分离。隋唐时，山水画成为独立的画种，出现了以石青、石绿为主要色彩的“青绿山水”和以墨色为主要的“水墨山水”。其中青绿山水画家以隋朝展子虔及唐朝李思训、李昭道父子最为有名；水墨山水画家以唐朝王维最有名。王维的画水墨渲淡、笔意清润，画中有诗意，被称作“文人画”。唐朝以后山水画蓬勃发展，名家辈出。著名的有五代的荆浩、关仝、董源、巨然；北宋的李成、范宽、米芾；南宋的刘松年、李唐、马远、夏圭，即“南宋四大家”；元代的黄公望、王蒙、吴镇、倪瓒，即“元四家”；明代“浙派”的戴进、吴伟，“吴门派”的沈周、文徵明、唐寅、仇英，“华亭派”的董其昌；清代的石涛（原名“朱若极”）、朱耷（号“八大山人”），“四王”绘画流派的王时敏、王鉴、王翚、王原祁四人。这些名家的作品各具一格，垂范后世。山水画比人物画出现得较晚，但是成功超越人物画，逐渐成为中国画的主要形式。画家之所以普遍喜爱山水画，是因为能借山水画以表现内在情绪，挥洒性情，陶冶心性。特别是水墨山水画，因其能够借墨韵表达酣畅淋漓的生命态势，尤其受画家青睐，成为中国画中最有特色的品类。

3. 中国的花鸟画

花鸟画是出现最晚的中国画画种，中唐时才出现，宋代时趋于成熟，但其后发展十分迅速，出现不少名家名作。历朝著名的花鸟画家有唐代的薛稷、殷仲容、边鸾；五代的黄筌、徐熙；北宋的黄居寀、文同、苏轼；南宋的杨无咎；元代的温日观、柯九思、王冕；明代的陈淳、徐渭；清代的恽格、朱耷、石涛、金农、郑板桥等人。中国花鸟画的技法可分工笔与写意两种，其题材主要集中在被称作“岁寒三友”的松、竹、梅，以及被称作“四君子”的梅、兰、竹、菊。它们的形象高洁、俊清，常被赋予丰富的文化含义。例如，竹子常被赋予虚心自强、劲直向上的品性和坚贞高洁的寓意。清代郑板桥擅长画竹，他独创的“板桥竹”，造型删繁就简，竹枝干细挺有韧性，而叶肥如柳、桃之叶，达到了“不似之似”的艺术妙境。

（二）中国绘画艺术的造型法则

“以形写神、形神兼备”是传统国画艺术的基本造型法则，更是绘画理论与实践的基本追求。所谓“形”，是指客观事物可视之形态、形象、形状、形体。比如，一朵花、一只鸟、一座山。所谓“神”，就是事物的内涵、精神气质和气韵。能否把“形神”的关系处理好，做到形神兼备，是中国画，特别是人物画创作的关键。写形是为了传神，形可在“似与不似之间”，“以形写神”的终极目的是“达意”和“传神”。“以形写神，形神兼备”是中国画能成为人类艺术瑰宝的根本原因。

二、绘画艺术的鉴赏

艺术鉴赏不仅可以开阔视野，提高审美鉴赏和创造力，同时可以陶冶情操，培养独立健全的人格。传统绘画是中国文化的重要组成部分，其丰富多样的绘画语言与形式，展示了历代创作者的思想品格和道德情操，从而折射出中国绘画所蕴含的民族性格、审美倾向、艺术精神等独特的艺术魅力。

（一）中国传统绘画艺术鉴赏的目的与意义

艺术伴随着人类文明的发展而不断丰富，是历代社会政治、生产生活风貌的缩影。对传统绘画艺术的鉴赏，可以帮助我们认识了解古代社会政治、生产生活的样貌，并理解其中蕴含的民族性格及审美精神。对传统绘画语言形式及笔墨特征的鉴赏，可以使人们对绘画形式语言、技法风格有所了解，加深其对艺术内在精神和艺术审美的理解，提高审美品位，学会判断艺术品的价值和意义，甚至还会改变其看世界的方法和角度。通过了解和欣赏中国艺术的博大精深，让人们产生对中国文化的崇敬和自豪感，以更好地继承和弘扬中国文化。

(二)中国传统绘画鉴赏的角度与方式

1. 认识民族精神与审美意识

中国传统绘画承载着中华民族的文化记忆，是中国艺术精神的重要组成部分。其在很大程度上是由文化定义而生成的理念，这种理念来源于中华民族的哲学思想与宇宙生命观。中国是一个内陆国家，受地理和气候条件限制，河流季节性泛滥，决定迁徙途径，很少受外来文化的影响和侵入，因而形成独特的世界观，在中国古人心中，世界中心就是他们生活的那片土地。这种天地观对中庸的传统伦理观念的形成起到较大的作用，甚至对民族集体意识及一贯性格也产生深刻影响。

传统文化的核心是哲学。在中国哲学中占重要地位的儒学，把怎样教育人成为“圣人”，即具有理想人格的人作为最终目标。因此，教育功用并不在于增加知识，而在于达到超乎现世的道德价值。贯彻到艺术中，即是一种追求均衡的中庸美学，认为中正端庄才是大美，一切内部组成结构之间的变化都要符合整体的均衡，方能达到事物的和谐。

2. 理解视觉语言与形式

艺术史中对一件作品的解读是多维度的。我们可以通过题诗、款识、印章及所用纸、绢、笔、墨等材料来识别鉴赏传统文人画，还可通过文献了解相关的叙事内容。但无论哪个维度的解读，如果缺乏对视觉语言和形式的理解，那么就无法深入艺术本体从而产生领悟。中国艺术所蕴含的内在审美，是视觉表象所引起或暗示的，更多是心灵的。此外，没有一定审美及技术的修炼，是很难进入其审美意境中的。因此，想要了解中国绘画的丰富精神内涵，需先深入理解先人的思维方式、精神指向、形式语言及笔墨技巧，才能真正理解他们恒久的耐心和惊人的创造力。

传统绘画以自然景物为表现对象，历代画家在语言形式上的探索构成了绚烂多彩的中国绘画图景，可以从不同的鉴赏视角、绘画语言层面展示给学生。传统山水画历经数千年的发展，语言形式不断完善，达到从物质到精神，以及形而上的超越。这种超越在范宽的《雪景寒林图》中体现得非常充分，画面整体构图具有庄严肃穆的雄浑气势，语言技法极其单纯洗练，表现的内容和质感非常细腻丰富。

3. 挖掘与探讨传统文化意识

中国古代绘画特别注重对思想品格和道德情操的表现。画家多以梅、兰、竹、菊及莲花为题材，文人士大夫阶层以“四君子”及莲花品格自喻，体现高尚品质及人格境界。对于此类作品所蕴含的深意需加以解析。例如，南宋画家郑思肖的《墨兰图》，所画无根兰花，以表现亡国之痛及坚贞不渝的气节，是一幅抒情言志的作品。元代文人王冕以画梅垂名，笔下梅花清新脱俗，其在《墨梅图》上的题诗寄寓不慕名利、独善其身的思想感情，具有很强的道德感化作用。又如，清初八大山人，绘画中的禽鸟形象多是瞪着大大的眼睛向上看，被称为“白眼看清天”，以表明其对清朝统治的反抗和不满。

画家所遭遇的坎坷经历及坚强不屈的高尚品格和精神追求，会对观者的思想品格产生潜移默化的影响。对于传统文化意识的阐释，使人们在得到艺术享受的同时，精神得到滋养、灵魂受到洗礼，有助于形成向真、向善、向美的价值观，激发和鼓舞面对逆境和困境，积极迎接挑战的勇气。

第三节 书法与绘画的关系辨析

关于书法与绘画的关系，一直就有书画同源的说法，书法与绘画，在远古是没有截然区别的，因为远古人类还没有成熟的文字，只能靠状物写形来记录生活和事件，这些记录生活和事件的形象，随着人类智慧的发展逐步被简化，就形成了后来的文字，也就产生了所谓的书法。

中国的书法和绘画创作都是圆锥形的毛笔用墨在纸或绢上用线条画出。这就决定了它们在很多方面具有相似性。书法的用笔是中国画造型的语言，离开了书法的用笔，就很难言中国画，从而中国画本身带上了强烈的书法趣味，国画的线条、墨韵，处处都透露着抽象之美，流露出其独立的审美价值。

中国绘画和中国书法关系密切。在画史上，以先秦诸子的所谓“河图洛书”为书画同源的依据，唐代张彦远在《历代名画记》中说：“颉有四目，仰观垂象。因俪鸟龟之迹，遂定书字之形，造化不能藏其秘，故天雨粟；灵怪不能遁其形，故鬼夜哭。是时也，书画同体而未分，象制肇创而犹略。无以传其意，故有书；无以见其形，故有画。”① 此可谓关于书画表现形式同源的最早论述了。

① 岳山岳．“六书”与中国传统文化[M]. 上海：上海三联书店，2008：242.

从书法和绘画的起源来说，两者之间有一定的历史渊源，但二者在笔墨上是相通的，无论书法和绘画，皆以笔墨为“核心”。书法与绘画的笔墨关系主要体现在以下两个方面：

首先，中国画理论中最重要的一点是讲究“骨法用笔”。“骨法”指形体结构，就是以线条为主要表现形式。因为线条是书画艺术的生命力，任何一幅作品中每一根线条的强与弱会直接关系到此幅作品的成功与否，极其重要。而线条的产生就必须通过毛笔勾勒出来。书与画虽然都是笔墨的艺术，但书法更注重用笔，基本上是笔踪的艺术；而绘画则是笔墨兼具。正是在这种差异中显示出各自的优势，笔踪的运动使书法的律动感更加单纯和强烈，笔墨的变化又使书法难于达到绘画的丰富。故此，在书画的交往中，笔踪的意味给予绘画用笔以美学品格，使绘画在造型的过程中强调书意的内涵；反之，画之墨色的丰富性也启发了书法家们灵活施墨的自由，甚至于对于清墨、宿墨、涨墨的参用。

其次，中国书画基本上是黑的造型，但书法表现得较为纯粹，而绘画则以黑色的笔墨为骨干，可以大量施之于丹青，甚而没骨设色，甚而金碧青绿。书法只有坚持认为自己在色彩上的单纯性（无论是施墨，还是施金）是高品位的表现，运用色纸时也应保持这种类如黑白的纯化，既可造成一种新的文化氛围，又不致流于花乱，才不会有舍本逐末、舍长就短之弊。

第六章　古陶瓷修复技艺与艺术鉴赏

从20世纪80年代中国文物市场复苏以来，陶瓷器一直是投资和收藏的热门。古代陶瓷艺术以独有的方式提供了人们对美的需求。但是，由于古陶瓷器修复技艺人才较为缺乏，古陶瓷修复成为文物修复界首推难度最大，品质要求最高的一门技艺。本章主要围绕中国陶瓷文化认知、古陶瓷的修复技艺、古陶瓷的艺术鉴赏展开论述。

第一节　中国陶瓷文化认知

一、中国陶文化认知

陶即陶器，古时又称瓦器，是通过手工或机械加工的方式将普通的黏土制作成一定的形状，然后经过800～1100℃的温度焙烧而成的器物。因为陶的制作对坯料的要求不高，故其烧造范围十分宽广，世界上许多国家和地区都曾烧制出陶器。但是，由于陶的烧制温度较低，因此其器物具有坯体烧结程度差、机械强度低、断面粗糙、光泽度低、吸水率大等缺陷，尤其是作为生活用器，这一难以克服的缺陷直接导致它后来逐渐被更加“优良”的瓷器取代。

陶的种类较多，若按泥料分，可分为泥质陶、夹砂陶、夹炭陶、紫砂陶等；若按色泽装饰分，可分为红陶、黑陶、灰陶、白陶、彩陶、彩绘陶、磨光陶、釉陶、印纹陶等；若按硬度分，可分为硬陶和软陶；若按陶质质量分，可分为精陶和粗陶；若按用途分，可分为日用陶、建筑陶、卫生陶、随葬陶等，下面对其中比较重要的品种分别加以分析。

（一）泥质陶

泥质陶是用含沙量极少的黏土做原料烧制而成的一种陶器，其特点是质地细腻，可塑性强，成型稳定性好。泥质陶自新石器时代就有烧造，一直持续至今。由于泥料所含成分和烧成温度、气氛的差异，致使其呈色或红、或黑、或灰，即我们所说的泥质红陶、泥质黑陶、泥质灰陶。其器物多为盘、碗、罐、瓶、钵、杯之类的饮食器和贮藏器，一般不用于炊煮器。

(二) 夹砂陶

夹砂陶是用含沙量较大的黏土做原料，或在泥料中掺入细沙作为调和料烧制而成的一种陶器，其特点是耐热急变性能良好，不仅能在高温烧造时不变形，而且制成的陶器再次受热也不碎裂。夹砂陶自新石器时代就已烧造，一直持续至今。由于泥料所含成分和烧成温度、气氛的不同，致使其呈色或红或灰，夹砂红陶或夹砂灰陶等。其器物多为罐、鼎、鬲、甑等，一般用于炊煮器。

(三) 红陶

红陶是胎体色泽呈现土红色、砖红色、红褐色的一种陶器，是我国最早出现的陶器品种之一。据考古发现，距今一万多年前的许多新石器时代遗址出土有红陶，且占有较大比例，可见红陶在新石器时代就在人们的生活用器中占据主要地位。红陶按泥料分，可分为泥质红陶和夹砂红陶。其器物种类较多，既有饮食器和贮藏器，又有炊煮器。此外，红陶还多有彩绘装饰，即后来出现的彩陶和彩绘陶。

(四) 黑陶

黑陶是胎体色泽呈现黑色的一种陶器。黑陶出现于新石器时代仰韶文化时期，当时生产数量较少，胎体较厚，色泽也不太黑。比较有代表性的黑陶器物，主要有三种类型：一是浙江河姆渡文化时期制作的“夹炭黑陶”。这类陶器在泥料中掺入植物茎叶，以增加碳的含量，烧成后呈现黑色。但其烧成温度较低，胎质粗松，器壁较厚，造型多不规整。二是大汶口文化、大溪文化、良渚文化等时期制作的“黑皮陶”。这类陶器又称“黑衣陶”，器表呈黑色或灰黑色，胎体则或红或灰，烧成温度较低，胎质较软，黑色陶衣很容易脱落。三是龙山文化时期制作的“蛋壳黑陶”。这类陶器出现于新石器时代晚期，因器壁薄若蛋壳，故得名。其器型规整，器壁厚度仅有 0.3 ~ 1 毫米，烧成温度较高，致密度较强，显示了新石器时代高超的制陶水平。黑陶按泥料分，可分为泥质黑陶、夹炭黑陶和夹砂黑陶。其器物种类较多，既有饮食器和贮藏器，又有炊煮器。此外，黑陶与红陶一样，常有彩绘装饰，一般施红彩作为装饰，红黑相间，饶有趣味。

(五) 灰陶

灰陶是胎体色泽呈现灰色或灰褐色的一种陶器。其呈色的形成是由于泥料中含有氧化铁这一呈色元素，人们通过大量陶器烧造实践，了解到烧成火焰的温度和气氛能使陶器呈现出某种颜色。随着烧窑技术的不断改进，人们可在烧窑的后期使温度提高，并形成还原气氛，使三价铁大部分还原成二价铁，以使陶器胎体呈现出灰色或灰褐色，在烧造过程中，如果窑火温度和气氛控制得好，其胎体就烧得成熟，质地细密，坚固耐用，致密性强；如果控制不好，温度过高，容易胎裂，温度过低，则胎体不够成熟，灰陶颜色就不够纯正，质地粗松，致密性较差，严重影响使用。灰陶自新石器时代仰韶文化时期就已出现，以后逐渐增多，早期多用于实际的生产生活，种类多样，既有饮食器、贮藏器和炊煮器，也有建筑用的砖瓦；后来还出现了装饰物和随葬品。从整个陶器制作的历史来看，灰陶是日用陶器中生产数量最多的一个品种，也是历史最为悠久的一个品种，至今仍有不少生产。

（六）白陶

白陶是用瓷土或高岭土为原料，在低温条件下烧成的一种白色素胎陶器。因其坯料中含铁量极低，所以烧成后呈现白色。白陶出现于新石器时代，在仰韶文化、大汶口文化、龙山文化等遗址中均有出土，不过这一时期的白陶制作水平不高，胎质较粗、色泽不够纯正，多呈现白中泛红、泛黄的色泽。商代中后期，白陶得到了极大发展，工艺水平也达到了历史最高水平。商代的白陶与同时期的青铜器，无论是器型还是装饰上，都十分接近，其制作出来的效果也与当时极为贵重的青铜器一样庄重、华美、富丽。可惜的是，白陶到西周后期就很少见了，可谓是“盛极而衰”。整体来看，白陶器型丰富，多为大型物品，如壶、罐、鬶、斝、爵、豆、卣、罍等，装饰颇为精美。尽管白陶制作历史较短，但它采用瓷器制作的原料“瓷土”或“高岭土”，为后来瓷器的出现奠定了坚实的技术基础。

（七）彩陶

彩陶是用含有铜、铁、锰等呈色金属元素的矿物颜料在陶胎上绘制图案，经压磨后用火烧结的一种精美陶器。由于它是在陶器未烧之前将图案用颜料绘制上去的，因此经过1000℃左右的窑火烧成后，彩色图案就被固定在陶器的表面，长期不会脱落。目前中国发现最早的彩陶，出自河北磁山文化。到了新石器时代晚期，彩陶生产遍布南北各地，著名的有仰韶文化、龙山文化、马家窑文化、齐家文化、大溪文化、屈家岭文化、河姆渡文化、马家浜文化、良渚文化等。

彩陶器型多样，常见的有饮食器、盛储器、汲水器等，如盆、钵、盘、碗、杯、壶、罐、瓶、鼎、豆等，早期基本以实用器为主，后来渐渐出现了随葬器皿。彩陶不仅是古代先民们日常的实用器，还是艺术价值极高的工艺美术品，实现了生活实用与装饰美观的完美统一。彩陶上的图案以几何图案为主，如水波纹、平行条纹、弧线三角纹、方格纹、圆圈纹、锯齿纹等，图案结构优美，富有节奏感和韵律感；也有少量的写实绘画作品，如奔驰的野鹿、飞翔的小鸟、游动的鱼儿、长嘴啄鱼的猛禽、屈肢爬行的大龟、生动形象的人面等。这些图案“大都进行了高度的艺术提炼和概括，达到了图案的样式化”，是我国先民对于当时生活的真实反映，同时也显示了他们无穷的想象力和创造力，是中华民族珍贵的文化艺术瑰宝。

值得一提的是，在我国新石器时代晚期出现了一种“蛋壳彩陶”。它的器壁较薄，厚度仅有1毫米左右，有彩绘装饰，故得名。这种“蛋壳彩陶”体现了先民高超的制陶技艺，以湖北屈家岭文化时期的制作最具代表性。据中国硅酸盐学会编写的《中国陶瓷史》记载，屈家岭文化时期的蛋壳彩陶主要见于杯和碗，胎色橙黄，表面施加陶衣，有灰、黑、黑灰、红、橙红等色，然后绘以黑彩或橙黄色彩，花纹基本上有圆点、弧线、条纹、网纹、菱形格纹、方框中加卵点、方框套方框等几种，有的则用独特的晕染手法，以黑、灰、褐等浓淡不同的色彩构成犹如云彩般的花纹，并在其间附以横列的卵点，这是屈家岭文化彩陶的艺术特色。

(八) 彩绘陶

彩绘陶是用含有铜、铁、锰等呈色金属元素的矿物颜料在已经烧好的陶器上绘制图案的一种陶器。它在装饰图案、装饰手法和装饰效果方面，与彩陶相近，但在制作工序上，与彩陶略有不同：彩陶是在未烧的陶坯上装饰图案后再入窑烧制而成的，而彩绘陶是在已经烧好的陶器表面装饰图案，之后不再进行烧制，所以彩绘陶器物上的彩绘图案极易脱落，这也是它后来多用于随葬的明器的原因。彩绘陶始见于新石器时代晚期，较彩陶稍晚一些，黄河流域的大汶口文化、龙山文化，长江流域的屈家岭文化、马家浜文化、良渚文化等都有彩绘陶器的出土，但数量不多。直到战国、秦汉时期，彩绘陶才真正流行起来，全国多地都有大量出土，多属于陪葬品，这可能与这一时期流行厚葬之风有关。

彩绘陶的器型以壶、瓶、盆、罐、豆、盘、樽、鼎等器物较为常见，但也有大型人物、动物等陶塑类作品，如震惊世界的秦始皇兵马俑就是十分著名的彩绘陶塑。彩绘陶装饰多为黑地绘红白彩、红地绘黑白彩、白地绘红黑彩等，底色与绘彩相映成趣，相得益彰，五彩斑斓，华美炫丽，协调醒目，其装饰图案与彩陶相近，多是圆点、弧线、条纹、网纹、回纹等简单的几何纹样，当然也有一些比较繁杂的龙凤纹、动物纹和植物纹。彩绘陶到唐代以后，已十分少见，并且制作工艺粗糙，装饰花纹简单、草率，至明代后基本消失不见。

(九)釉陶

釉陶是一种器表施釉的陶器。中国多施低温铅釉，称“铅釉陶”；国外则有施锡釉的，称“锡釉陶”。中国釉陶出现于商代，至汉代开始流行，但以单色釉为主，随后开始出现双色釉、三彩釉等。尤其是唐代的三彩釉陶，即大家熟知的“唐三彩”，色彩绚丽、装饰华美，釉面呈现出深绿、浅绿、翠绿、黄、蓝、白、赭、褐、黑等多种颜色，但以黄、绿、白三彩为主，故名“三彩”。这类陶器的釉料中由于含有大量的铅，这不仅降低了釉料的熔融温度，而且可以在烧造过程中使各种着色元素溶于铅釉之中，并向四方扩散和流动，使各种颜色相互浸染，形成五彩斑斓、璀璨夺目的彩色釉面。但也正因为釉陶中含有大量的有毒金属——铅，故不适合当作实用之器，多用于随葬的明器。

釉陶器型丰富多样，有盘、碗、杯、瓶、罐、壶、钵、盆、盂、烛台、枕等，还有一些雕塑制品，如亭台楼阁、假山水榭等建筑模型，牛、羊、马、骆驼、狗、鸡、鸭、鹅等动物，文官、武士、贵妇、侍女、胡人、天王等人物形象，可以说是包罗万象。尤其是唐三彩雕塑以其高超的技法、完美的塑形、绚丽的色彩、自然的写实，成为中国陶瓷史上的杰出作品。

此外，琉璃也是一种低温铅釉陶。它是以铅为助熔剂，以铜、铁、钴、锰等金属的化合物为呈色剂，再配以石英制成的。琉璃器一般分两次烧成，先烧素坯，再施琉璃釉，然后再入窑低温烧成。琉璃制品出现于战国时期，隋至辽代较为流行，但主要用作建筑构件(如琉璃砖、琉璃瓦等)，如河南开封的宋代相国寺琉璃塔就是非常著名的琉璃建筑。元代以后，琉璃制品更加广泛地用作建筑构件，琉璃建筑也明显增多，如山西大同的明洪武九龙壁、南京的明永乐大报恩寺塔等都是当时十分宏大的建筑工程。此外，元代在琉璃器制作的基础上，还发展出了珐华釉这一新品种，用途也渐趋广泛，开始用来制作大缸、大罐、香炉等生活用器和祭祀供器。据中国硅酸盐学会编写的《中国陶瓷史》记载，珐华釉又称“法华釉”，是元代以后流行于山西一带的具有特殊装饰效果和独特地区风格的一类陶器，其“胎与琉璃器的完全一样，釉的配方也大体相同，但是助熔剂有差异：琉璃以铅做助熔剂，而珐华所用的助熔剂是牙硝”。

这里还须强调的是，釉的发明和使用是世界陶瓷史上的一件大事。釉是一种玻璃质，可施在陶、瓷器上，更是瓷器产生的必需条件。没有釉的发明，就没有瓷器的出现，可见它在陶瓷史上的价值及其重要性。从古至今，有关“釉”字的写法五花八门、名称各异，有“釉”“泑”“油”“釉水”“釉药”“釉果”等多种称谓。

(十) 印纹陶

印纹陶是一种印有几何图案的陶器，主要流行于我国南方。印纹陶始见于我国新石器时代后期，如江西修水山背文化遗址、福建闽侯昙石山遗址、广东曲江石峡文化遗址等均有发现。据中国硅酸盐学会编写的《中国陶瓷史》记载，这些文化遗址中印纹陶的发现，成为商周时期在华南地区广泛流行的先驱，不仅构成了独具特色的制陶工艺，并为原始瓷的发明开辟了道路，在我国陶瓷发展史上具有十分重要的历史意义。印纹陶至商周时期得到了很大发展，不仅品种数量增多，而且质量大幅提高。但到了战国两汉时期，印纹陶受到了品质更加优良的瓷器的严重影响，生产数量锐减，质量也开始下滑，逐渐走向衰退，汉代以后就基本消失不见了。

根据其质料、花纹和烧制温度的不同，可将印纹陶分为印纹硬陶和印纹软陶。印纹硬陶用含铁量比较高的黏土制作而成，因此其烧成温度较高，胎多呈灰色或灰褐色甚至黄褐色，少量烧结程度较高者叩之还能发出金石之声，基本可以达到瓷器叩之有声响的效果。印纹陶基本采用泥条盘筑法成型，器型多不规整，器壁厚薄不均，多为罐、樽、簋、豆、杯、盘等，尽管其坚固耐用，但由于其质地粗糙、光洁度不够，因此不适宜作为饮食器具，多用于充当容器。器壁上均有拍印而成的几何图案，即在做好的坯体上，用手抵住器物内壁，然后用刻有花纹的陶拍子拍打器物的外壁，既可使泥条盘筑成型时的泥条紧密黏结，又可在器物外壁形成花纹图案，常见的花纹图案有方格纹、圆圈纹、漩涡纹、回纹、云雷纹、菱形纹、编织纹等。值得注意的是，商周时期的印纹硬陶经常与原始瓷器同时存在，两者都“用泥条盘筑法成型，纹饰也是相同的，而绝大多数是贮盛器，是关系非常密切的两种姊妹产品”。印纹软陶则有泥质和细沙质两种，烧成温度较低，烧成后胎体多呈红褐色或灰褐色，成型方式、印纹方法基本与印纹硬陶相近，但花纹图案比较粗疏，且多为绳纹、方格纹、编织纹、圆圈纹等。

(十一) 紫砂陶

紫砂陶是用一种质地细腻、含铁量较高的特殊陶土紫砂泥制作而成的一种无釉细陶器，紫砂陶的制作主要集中在江苏地区，以宜兴丁蜀镇最有名，出产品多为茶壶，堪称“壶中神品”，特别适合用于饮茶。用紫砂壶泡茶有许多优点，如泡茶不失原味，盛茶隔夜不馊，使用不会烫手，冬天可沸水注入，也可文火炖烧，泥色多变，越用越亮，经久使用后即使不放茶叶也有茶香等。当然，紫砂陶也有茶杯、花盆、文具、塑像之类的器物。宜兴的紫砂陶始烧于宋代后期，至明代中期开始流行，出现了不少名人名品，如最早有载的无名艺人“金沙寺僧”，还有第一个录载姓名的早期艺人“供春”，另有时大彬、李仲芳、徐友泉、陈用卿、陈仲美、沈君用、陈鸣远、郑宁侯、陈鸿寿、杨彭年、杨凤年、许龙文等，尤其是“供春壶”“大彬壶”“鸣远壶”“曼生壶”等，举世闻名、享誉中外，至今仍有大量烧造。

紫砂陶胎质比较坚实细密，颜色多呈红褐、淡黄或紫黑等。器表通常不施釉，以充分体现紫砂泥的本色，彰显紫砂陶的质地美。器壁上多浅刻花纹，以刀代笔，线条自然流畅。但是，清代中期曾有一段时间，宜兴紫砂为仿景德镇瓷器，在紫砂泥胎上试做施釉加彩的器物，装饰精美，却不实用，尤其是施釉加彩后，紫砂壶只能供鉴赏之用，不再适用于饮茶，紫砂壶的诸多优点基本不见了。就此而言，这段紫砂陶上施釉加彩的“试验”结果是不理想的。试验了一段时间后，紫砂陶的制作又开始回归本源，体现紫砂陶本身的特色，不施釉、不加彩，追求淳朴天然的意趣。

（十二）画像砖

画像砖是一种带有浅浮雕图案的装饰画砖，又称“花砖”“造像砖”，主要用于装饰祠堂和墓室。画像砖在中国秦代就已出现，在东汉时期十分盛行，这与汉代厚葬之风盛行有关。用画像砖装饰的墓室华美绚丽，可以“炫耀”墓主尊贵的身份和地位。画像砖有空心砖和方砖两种。空心砖是一种大型的中空的长方形陶砖，主要流行于河南、陕西等中原地区。由于其中间空心，体量较轻，因此容易烧制，并可防潮。方砖是一种方形的砖，主要流行于四川地区。它往往表现出一定的装饰题材，就像一幅幅小品画，艺术价值颇高。画像砖除了模印花纹，还有施加彩绘的。

就画像砖的装饰题材而言，可以分为四类：一是反映当时农业、手工业和商业活动的画面，如采桑、收获、播种、射猎、市集买卖、舂米、酿酒等；二是反映人们学习生活的画面，如车马出行、讲经授道、尊老守孝等；三是反映墓主生前享乐生活的画面，如高楼大院、粮仓庖厨、宴饮歌舞等；四是反映神话传说故事的画面，如女娲补天、后羿射日、周公解梦等。

（十三）瓦当

瓦当是一种陶质建筑构件，特指筒瓦顶端下垂的部分，即瓦的堵头，位于众瓦之底。瓦当不仅可以方便屋顶排水，起到保护檐头的作用，而且还有装饰美化建筑的功能，是实用与美观兼具的建筑构件。它源于中国，随后传入朝鲜、日本以及东南亚、西亚地区。目前中国瓦当始见于西周时期，陕西扶风地区的西周时期建筑遗址中就发现了大量瓦当。至战国、秦汉时期，随着城市建设的日益发达，砖瓦制作工艺迅速发展，瓦当制作逐渐盛行。就形制而言，瓦当可分为半圆形瓦当和圆形瓦当。早期多是半圆形瓦当，其制作方法是先用泥条制成圆片形瓦头，然后在瓦头边缘盘筑成筒，再用细绳或木刀将圆筒剖成两半；战国以后多是圆形瓦当，其制作方法最初是先制出瓦当心，然后用泥条粘在筒瓦上；后期采用瓦当心与边轮一次范制而成，接于筒瓦上。由于瓦当兼具实用性与美观性，历代宫廷建筑和民间房屋上多有使用，并一直持续至今。瓦当上面常绘有图案和文字，具有一定的艺术价值和历史价值。其图案多为卷云纹、莲花纹、菊花纹、兽面纹、四神纹、凤鸟纹、鱼纹、鹿纹、燕纹等；其文字多为祝福吉祥语，如“长乐未央”“长生无极”“千秋万岁”“千秋长安”“延年益寿”“长乐富贵”“四夷尽服”等，还有描述宫殿名称的，如“上林”“兰池宫当”“卫”“关”等。

(十四) 陶俑

陶俑为古代陪葬用的陶质偶人。所谓俑者，偶人也，一般系木制或陶制，也有石雕的。商周时期，为了显示墓主人生前的身份、地位、财富和精神信仰，习惯用活人殉葬；到春秋战国时，战乱频仍，人口锐减，各国统治者为了保存实力，逐渐改变了这一残忍的做法，改用模拟活人的俑来代替。其中，用陶泥制作而成的俑，即是陶俑。被列为世界第八大奇迹的秦始皇兵马俑，就是陶俑制作的代表。秦汉以来，陶俑制作精细、形体硕大、注重写实，基本按照与实际大小等同的比例进行制作，显示了先民高超的制陶技艺。早期的陶俑题材多为声势浩大的军阵场面，如陶人陶马、文官武士、杂技舞乐等，后来渐渐出现高楼深宅、庖厨圈舍、鸡鸭猪羊等与生活息息相关的模型，还有天禄、辟邪、天王等镇墓兽。到了唐代，陶俑制作达到鼎盛，其艺术价值也达到历史最高，不仅有彩绘陶俑，还有华美绚丽的三彩陶俑；不仅有中国的文官武将、贵妇侍女、乐队仪仗、说唱杂耍等，还有外国的遣唐使臣、僧侣、商人、丝绸之路上载运货物的骏马骆驼等，再现了当时人们的生产生活和中外交流盛况。宋代以后，陶俑逐渐被纸糊的各种明器取代，制作开始减少，并趋于简单。元明以后，陶俑制作数量更少，但仍有生产，一直持续到清末。陶俑是社会发展的一个产物，是当时人们生产生活、审美习俗、意识形态、经济活动的真实反映，是今人了解和认识古人的重要资料，同时也是考察陶塑艺术发展历史的重要资料。

二、中国瓷文化认知

瓷即瓷器，是以瓷石或高岭土为原料，通过手工或机械加工的方式进行配料、成型、施釉、干燥等工艺，然后入窑以1200℃以上的高温焙烧而成的器物。由于瓷的烧成温度高，其胎体烧结后多呈现白色或灰白色，釉面玻化程度高，胎、釉结合牢固，器表致密光洁，不渗水，易清洁，是古今十分理想的生活用器；叩之还能发出清脆的铿锵之声，是用来制作乐器的重要材料。

瓷的品类繁多、类型多样，若按成熟程度分，瓷可分为原始瓷器和成熟瓷器。若按烧成温度分，瓷可分为高温釉瓷、中温釉瓷和低温釉瓷。其中，高温釉瓷的烧成温度一般在1250～1350℃，多为生坯挂釉后入窑一次烧成，其特点是胎体烧结程度较高，胎、釉结合牢固，釉色深沉，化学稳定性强，无铅毒，但釉面厚薄不均、有层次变化；中温釉瓷的烧成温度一般在950～1250℃，种类较少，但有些产品（如孔雀绿釉瓷）只能在中温条件才能烧成纯正的釉色，高温和低温均无法很好地实现；低温釉瓷的烧成温度一般在700～950℃，多是在已烧好的白瓷或涩胎上挂釉，然后入彩炉第二次焙烧而成，其特点是釉色均匀稳定，釉面光泽感强，表面平整光滑，釉层清澈透明，但胎釉结合不牢，常有剥釉、脱釉的现象，化学稳定性差，多有铅毒。若按釉彩分，瓷可分为色釉瓷和彩绘瓷，色釉瓷又可分为单色釉瓷、双色釉瓷、绞胎绞釉瓷、蜜变花釉瓷、结晶釉瓷等，色釉瓷又可细分为青釉瓷、白釉瓷、青白釉瓷、黑釉瓷、黄釉瓷、红釉瓷、蓝釉瓷、绿釉瓷、酱釉瓷、紫釉瓷、炉钧釉瓷、仿古玉釉瓷、仿古铜釉瓷、仿金釉瓷、仿银釉瓷、仿木釉瓷、仿石釉瓷、仿漆釉瓷等，而红釉瓷又可细分为祭红釉瓷、郎窑红釉瓷、豇豆红釉瓷、矾红釉瓷、珊瑚红釉瓷、金红釉瓷，蓝釉瓷又可细分为祭蓝釉瓷、洒蓝釉瓷、天蓝釉瓷、孔雀蓝釉瓷等，品类十分丰富；彩绘瓷又可分为釉上彩瓷、釉中彩瓷、釉下彩瓷、斗彩瓷等，釉上彩瓷又可细分为五彩瓷、粉彩瓷、珐琅彩瓷，釉下彩瓷又可细分为青花瓷、釉里红瓷、青花釉里红瓷、釉下三彩瓷、釉下五彩瓷等。若按釉的呈色元素来分，瓷可分为铁釉瓷、铜釉瓷、钴石釉瓷、锰釉瓷、金釉瓷、结晶釉瓷等。若按用途分，瓷可分为日用瓷、陈设瓷、建筑瓷、卫生瓷、祭祀瓷、随葬瓷等。下面对其中比较重要的品种分别加以介绍。

(一) 原始瓷器

顾名思义，这是原始阶段的瓷器，是陶器向瓷器过渡过程中的产物。因为这类瓷器早期皆为青瓷，故又称“原始青瓷”，是以瓷石或高岭土作胎，器表施石灰釉，入窑以1200℃以上的高温烧制而成的。石灰釉用石灰石加适量的黏土配制而成，是以氧化铁为主要呈色剂、以氧化钙为主要助熔剂的一种釉料。根据其含量配比和烧成窑温气氛的不同，将其附着在瓷胎的表面，就能烧制出不同程度的青色。

经过周代和春秋战国近千年的发展，原始瓷器生产范围不断扩大，由较为集中的江南地区扩散到南北多地，制作水平不断提高，成型方式更加多样，施釉技艺更加娴熟，烧造温度不断提升，到了东汉后期，终于成功烧制出今天标准意义上的成熟瓷器。

原始瓷器早期多使用泥条盘筑法成型，器形不太规整，胎体厚薄不均，部分器物表面还有拍打的纹饰图案，有些纹饰图案与同时期的印纹硬陶相同，加上前面提到的原始瓷器和印纹硬陶经常在同一窑里烧成，由此可反映出原始瓷器和印纹硬陶在制作方面的密切关系。早期的原始瓷器釉面不太光润，釉层厚薄不均，胎、釉结合不紧密，经常出现剥釉和流釉的现象，后来随着成型方式的改变，即由泥条盘筑法改为拉坯成型法，施釉技艺和烧窑技术的改进，原始瓷器的制作质量大为提高，渐渐出现了器型规整、釉面光润、釉层均匀，胎、釉结合紧密的高质量的原始瓷器，并逐步演变为成熟瓷器。

(二) 成熟瓷器

成熟阶段的瓷器，是在原始瓷器的烧制基础上发展演变而来的。最迟在东汉后期，中国就已经发明了成熟瓷器。早期的成熟瓷器在成型方式、造型釉色、装饰技法、纹饰图案等方面，多与原始瓷器相近。但是，从原始瓷器发展到成熟瓷器，在中国陶瓷史上不是量的变化，而是质的飞跃，具有划时代的重要意义。由于瓷器比陶器坚固耐用、洁净美观，价格又比金银器、铜器、漆器等低廉，加上原料分布广泛，蕴藏丰富，可以持久开采使用，全国各地都可以因地制宜，广为烧造，因此一出现，就受到人们的喜爱，成为十分普遍的日常生活器具。汉末以后，成熟瓷器历朝历代都有烧制，且生产数量和质量不断提高。直到今天，仍是人们生活用器的主流品种。

瓷器被誉为中国的第五大发明。成熟瓷器的出现，是中国古代劳动人民长期生产实践的结果和聪明才智的结晶，是中国对世界物质文明和精神文明的一大贡献，对世界的饮食方式、生活习俗、祭祀崇拜、文化信仰、艺术风格等产生了重要影响。瓷器（china）和中国（China）同词，瓷器代表着中国，瓷器文化就代表着中国文化，中国瓷器的世界影响力就体现了中国文化的世界影响力。由此可见，瓷器的发明和使用，不仅对中国陶瓷的生产发展具有里程碑式的意义，而且对世界陶瓷的生产发展也有着重大贡献，甚至对世界物质文明和精神文明的发展也有着重大影响。瓷器的发明、使用和普及，是中国人民对整个人类文明的重大贡献。

(三) 青釉瓷

青釉瓷是釉面呈现青色的色釉瓷，是中国最早出现的色釉瓷，其烧造时间最长、历史最为悠久、规模范围最大、生产数量最多，是中国瓷器中最主要的品种之一。它是一种以氧化铁为主要呈色剂、以氧化钙为主要助熔剂的一种高温色釉瓷，始烧于商代中期，此后历代都有烧造。南、北方均曾大量烧制过青釉瓷，釉色多样，深浅不一，质量上乘者有“秘色”“千峰翠色”“嫩荷涵露”等美妙诗词的描绘。在青釉瓷器制作的历史中，名窑名品迭出，如越窑青釉瓷、汝窑青釉瓷、官窑青釉瓷、龙泉窑粉青釉瓷、龙泉窑梅子青釉瓷、耀州窑刻花青釉瓷等，这些名品也是后世竞相模仿烧制的重要品类。

(四) 白釉瓷

白釉瓷是胎和釉均呈现白色的色釉瓷，脱胎于青釉瓷，是将釉料的铁含量大幅降低，以至釉料的铁元素不影响釉面的呈色，从而出现了白釉瓷。目前白釉瓷最早见烧于北齐时期，随后出现了唐代邢窑、宋代定窑、元代景德镇窑、明代德化窖等制作白釉瓷的名窑。据文献记载，唐代白釉瓷已达到了“类银似雪”的程度，而邢窑白瓷又是唐代白瓷制作的佼佼者，可与当时的越窑青瓷并驾齐驱，进而形成“南青北白”的局面。宋代定窑白瓷在唐代邢窑白瓷制作的基础上，又有所发展。定窑曾是北宋早期官窑所在地，为宫廷烧造皇家用瓷，可见其烧制水平是相当高的，曾被宋代太平老人的《袖中锦》列为“天下第一”。后来由于定窑采用“覆烧”工艺，虽提高了产量，却出现器口无釉的缺陷，严重影响美观，因此皇室开始改用汝窑青瓷作为宫廷用瓷。

到了元代，白釉瓷制作技术进一步提高，南方的景德镇窑就在原有白釉瓷制作的基础上，成功研制出了卵白釉瓷。因为其色泽白中微微泛青，釉面呈失透状，恰似鹅蛋壳之色，故名“卵白”。因此，卵白釉瓷又被称为“枢府釉瓷”。卵白釉瓷含钙量低，含钾、钠成分增多，黏度大，烧成范围广，易于烧成，且多做印花装饰。元代卵白釉瓷的制作，为明初景德镇御窑厂甜白釉的创烧成功奠定了坚实的基础。甜白釉瓷，又作“填白釉瓷”，是明代永乐年间景德镇御窑厂创烧的一个名品。其色泽温润如玉，似白砂糖之色，给人以甜甜的感觉，故名“甜白”。用这种釉料装饰的瓷器，质地细腻，变形率小，品种多为半脱胎的精细盘、碗、杯、碟等。甜白釉瓷的烧制成功，为后来景德镇彩绘瓷的制作和发展奠定了基础。永乐之后，各朝都有不少制作，直到今天仍有大量烧制。

值得一提的是，德化白釉瓷也是中国的白釉瓷名品。它始烧于宋代，至明代开始盛行，享誉世界，至今仍有大量烧造。德化白釉瓷胎质细密、透亮度好，为其他窑口制作的白釉瓷所不及；釉色洁白光润、匀净雅致，色泽如凝脂，有“鹅绒白”“葱根白”之称谓，若在光线之下，釉面隐现粉红色或乳白色，故又有“猪油白”“象牙白”等称谓。

(五) 青白釉瓷

青白釉瓷是釉面呈现青中泛白色泽的色釉瓷，又称影青釉、隐青釉、映青釉、罩青釉等，创烧于北宋时期，以景德镇窑的制作最为有名。北宋时期，景德镇在仿烧越窑青瓷和邢窑白瓷的基础上，成功烧制出青白釉瓷。其特点是釉色白中泛青，青中闪白，釉质温润如玉，加上胎骨洁白，胎体较薄，器上暗刻的花纹内外都可映见，在花纹边上显出一点淡青色的暗影，妙不可言。至南宋时期，生产青白釉瓷的窑口逐渐增多，南、北方均有大量烧制，形成了以景德镇为中心的青白瓷窑系。到了元代，青白釉瓷继续生产，但呈色较宋代略深，不似宋代青白釉那么光润透亮，具有鲜明的时代特色。到了明代，尤其是永乐时期的青白釉瓷，与宋、元时期又有明显差异，此时的青白釉瓷釉质肥润，并有较大的气泡分布于釉中，加上永乐器物胎体较薄，透影性强，在器物上暗刻的花纹轮廓线内外形成积釉现象，使花纹显得格外秀美、清新。景德镇的青白釉瓷自北宋开始，历朝历代都有生产，至今仍有大量烧制，且制作技术越来越完善、越来越得心应手。

(六) 红釉瓷

红釉瓷是釉面呈现红色的色釉瓷。由于其烧成温度有高有低，因此红釉瓷又有高温红釉瓷、低温红釉瓷之分。根据其色泽深浅的差异，高温红釉瓷又可分为郎窑红釉瓷、豇豆红釉瓷和祭红釉瓷三种，低温红釉瓷又可分为矾红釉瓷和胭脂红釉瓷两种。

(1) 郎窑红釉瓷。郎窑红釉瓷又称“郎红釉瓷”“红郎窑瓷”，是清初景德镇御窑厂在仿烧宣德祭红釉瓷的基础上创制的新品种，因当时由江西巡抚郎廷极督造完成，故得名。又因其色泽极似初凝牛血或鸡血之红，故又称“牛血红”或“鸡血红”，它是以氧化铜为主要呈色剂，生坯挂釉后入窑高温一次烧成的色釉瓷。由于它对烧窑温度和气氛要求极高，因此成功烧出一件作品十分困难，常常是百里挑一、千里挑一，当时民间就流传着“若要穷，烧郎红”的谚语。郎窑红釉瓷器型多是瓶、樽之类的陈设瓷，还有少量的盘、碗、洗、盒、钵、花觚、渣斗等。

釉层有厚薄之分，厚者釉面肥凝匀净，有较深开片，少见垂流现象，呈色深浅、浓淡不一，深者红色鲜艳，浅者呈粉红色，浓者红中泛黑，淡者暗而混浊，有一种迷雾似的朦胧感；薄者釉面浅淡透亮，有细小开片，高温熔融时有明显的垂流现象，器物从上到下釉色由浅渐深，口沿处露出白色胎骨，俗称“灯草口”或“灯草边”，上半部往往呈浅红色或淡青色，下半部色泽浓艳，积釉处红中泛黑，但釉面垂流不过底足，即所谓的“脱口垂足郎不流”，但“郎不流”之说并不是绝对的，也有少数垂流过足后经人工打磨修整的。外底多施米汤色釉或浅绿色釉，俗称“米汤底”或“苹果底”，还有少量白釉底和红釉底的。器物多无款识，外底偶有青花篆“福”“寿”字样或花形印记的，极个别暗刻有“宣德年制”款识。装饰方法多是内白釉外郎窑红釉，亦有通体施郎窑红釉的，还有个别在郎窑红釉上饰描金和绿彩的。

郎窑红釉瓷的烧制成功，使明代中后期一度失传的高温铜红釉瓷制作再度复兴，意义重大。需要说明的是，郎窑红釉瓷是清初景德镇御窑厂创烧的独特品种，主要烧造于康熙后期，之后便很少生产。直到清末，为了迎合欧美市场的需要，才有大量仿制。

(2) 豇豆红釉瓷。其以氧化铜为主要呈色剂的高温色釉瓷，同郎窑红釉瓷一样，也是驰名中外的色釉瓷名品。其制作可追溯到明代宣德时期，起初可能是在烧造高温铜红釉瓷时偶然出现的，当时可能被视为“釉色不正”而遭淘汰。到了清代康熙时期，这种偶然出现的釉色引起了陶工们的注意和兴趣，随后便刻意追求，最终获得成功。豇豆红釉瓷因其色泽颇似豇豆皮之色而得名，但从传世品来看，釉色深浅不一，质量有所差异。上乘者，通体一色，鲜艳亮丽，名为“大红袍”“正红”。略次者，釉色略浅，酷豇豆皮之色，有深浅不一的紫红色斑点，常被称为“美人霁”“美人醉”“贵妃色”“娃娃面”“桃花片”等。豇豆红釉瓷在烧制时常受氧化作用的影响，釉面上出现绿色斑点，即坊间常说的“苔点绿”，绿色连成一片者称“苹果绿”，绿色稍浅者称“苹果青”。淡雅柔和的豇豆红釉中闪烁点点绿色，十分雅致得体，妙不可言。釉色或极其浅淡，或色调灰暗，常被戏称为“乳鼠皮”或“榆树皮”。最次者，釉面呈色灰黑不均，积釉处呈现黑釉焦泡，甚是粗俗。整体而言，与浓艳鲜亮的郎窑红釉瓷相比，豇豆红釉瓷则显得幽情淡雅，意境深远。

目前豇豆红釉瓷传世品极少，大多流散海外，器型多是莱菔尊、苹果尊、太白尊、菊瓣瓶、柳叶瓶、糖锣洗、印泥盒等文房器具，可能这种小巧精致的器物更能衬托豇豆红釉瓷釉色之娇美。装饰方法有内白釉外豇豆红釉者，亦有通体施豇豆红釉者，多素面无纹，也有暗画团螭纹的，多署官窑年款。由于豇豆红釉瓷的烧造难度比郎窑红釉瓷还要大，因此产量十分稀少，主要盛行于康熙后期，之后可能由于技术失传或原料断绝等原因，豇豆红釉瓷的生产基本停滞。

(3) 祭红釉瓷。红釉瓷是以氧化铜为主要呈色剂的高温色釉瓷，而祭红又有霁红、鲜红、宝石红、宣烧、宣德宝烧、积红、鸡红、济红、牛血红等诸多名称，是著名的红釉品种。红釉烧制技术发明于唐代长沙窑，宋代的钧窑完善了这一工艺，创烧于元代景德镇窑。其实，景德镇早在北宋大观年间就有烧造高温铜红釉瓷的记载，只是目前未见实物。到了元代，景德镇陶工已经能熟练地掌握高温铜红釉的烧制技术，并且有意识地烧制出通体一色的高温铜红釉瓷。由于高温铜红釉瓷的制作难度极大，元代景德镇又刚刚开始烧造，因此产量低、器型少，釉色虽稳定均匀，但大都不够鲜亮、纯正，多为暗红色，尚未达到鲜红的程度。入明以后，尤其是永乐、宣德两朝，是祭红釉瓷制作的黄金时期，其技艺已渐趋成熟，其特点主要表现为胎、釉较薄，釉面不流不裂，呈色均匀，釉色光鲜亮丽，近似初凝鸡血，备受后世推崇。两朝祭红釉瓷器型主要有盘、碗、高足碗、梨形壶、桃形壶、莲瓣壶、僧帽壶、凤首注、梅瓶、坠瓶、盖盒等，装饰方法有通体施红釉者、内白釉外红釉者、红釉白花者、红釉描金者、内红釉外釉里红者等。由于明初朝廷十分重视祭红釉瓷的制作，因此产量较多。但因当时祭红釉瓷烧造难度极大，纯正者尤难，往往是“百不得一”，有时甚至一窑也烧不出一件合格品，成品率极低，加上民间不得私自烧造祭红釉瓷，所以遗存至今的永乐、宣德祭红釉瓷整体数量不多，十分珍贵。到了成化、弘治时期，祭红釉瓷的烧制锐减，成功佳品极难觅见。正德以后，朝廷虽有试图重振祭红釉瓷制作的命令，但烧制水平已无法与永乐、宣德时期的制品相比，直到后来祭红釉瓷技艺失传，朝廷不得不下令用低温的矾红釉瓷替代祭红釉瓷的制作。正是由于祭红釉瓷极难烧制，传世品少，因此自问世以来，它就受到人们的推崇，至今仍视若拱璧，其价格可与宋代名窑瓷器相匹敌。

受各种利益的驱使，明末以来仿造永乐、宣德祭红釉瓷盛行，但较为成功的当属清代康熙、雍正、乾隆三朝。但需要指出的是，清代仿造的祭红釉瓷虽然技艺高超，几可乱真，但其釉料配方与永乐、宣德时有所不同，烧制后的呈色效果也略有差异。康熙时期，景德镇陶工仿烧宣德祭红釉瓷成功，因其色泽似雨过天晴之霞霁，霁、祭同音，故清人改用富有诗意的“霁红”来命名祭红釉瓷。其特点是釉而均匀凝厚，不流不裂，常泛有橘皮纹，釉色多趋暗红，给人深沉稳重之感。康熙祭红釉瓷传世不多，器型主要有盘、碗、钵、梅瓶、笔筒、僧帽壶等。釉面均匀凝厚，泛有橘皮纹，呈色偏暗，红中泛黑，但也有浅淡鲜亮的，多署官窑年款。到了雍正、乾隆时期，祭红釉瓷的产量大幅增加，其器型主要有盘、碗、杯、盆、瓶、洗、水盂、僧帽壶、牺耳罐等。釉色深浅浓淡不一，但较康熙时细润亮丽，釉面均匀细净，偶泛有橘皮纹，少见纹片现象，多署官窑年款。此时祭红釉瓷多素面无纹，偶有做红釉白花装饰的。清代景德镇除御窑厂生产祭红釉瓷外，一些技艺较高的民窑也有烧造，但是烧造难度极大。乾隆以后，祭红釉瓷仍有一定的生产，但釉色多不纯正，红中泛灰或发黑，质量大不如前。现今景德镇制瓷艺人们经过潜心研究和反复试验，终于成功烧制出纯正的祭红釉瓷，并总结出祭红釉料的最佳配方：铜花 0.41%、寒水石 2.35%、花乳石 2.35%、海浮石 1.23%、陀星石 1.23%、云母石 0.82%、铅晶料 1.64%、珊瑚 0.41%、石英 0.41%、釉果 73.85%、二灰 14.40%、锡灰 0.90%。

（4）矾红釉瓷。矾红釉瓷又称“铁红釉瓷”，是一种以氧化铁为主要呈色剂的低温色釉。因明代使用刷釉法将釉料涂抹于瓷器上，故又称“抹红釉瓷”。因其釉色似红枣色或天然红珊瑚色，故又称“枣红釉瓷”或“珊瑚红釉瓷”。矾红作为彩料绘于瓷器上，始于宋金时期；而作为釉料施于瓷器上，则始见于明代宣德时期，是明代景德镇的创烧品种。明代矾红釉的整体特点是釉层较薄、釉面多不均匀，常见有施釉时留下的刷痕，色泽不如祭红釉那样鲜艳亮丽、富有润泽，但呈色稳定，易于烧造。明代矾红釉瓷以嘉靖时所制为最多，品种丰富，这与当时高温祭红釉瓷已极难烧造，不得不改用低温矾红釉瓷来替代的情况有关。其器型主要有盘、碗、高足碗、梨式执壶、爵杯等，装饰方法主要是在莹润的白瓷上通体施矾红釉，偶有在矾红釉瓷上做描金装饰的。隆庆、万历以后，基本上延续嘉靖时矾红釉瓷的生产，数量略有减少。到了清代康熙、雍正、乾隆时期，矾红釉瓷的生产有了很大发展，在原来烧制的基础上有所创新。

根据其呈色效果和施釉工艺的差异，矾红釉瓷又可分为抹红釉瓷和珊瑚红釉瓷两类。其中，抹红釉瓷主要盛行于明代，清初也有一些生产，因使用刷釉法将釉料涂抹于瓷器之上，故得名。其特点是施釉不均，釉层较薄，常见有刷丝痕，但色泽凝重温润、清雅亮丽。珊瑚红釉瓷则始创于清代康熙年间，雍正、乾隆时较为盛行，生产数量颇多。它是使用吹釉法将釉料吹在烧好的白瓷上，再入窑低温烧成。其特点是釉质细腻光润，釉层薄而均匀，色调含蓄艳美，红中闪黄，颇似天然红珊瑚之色。乾隆以后，珊瑚红釉瓷仍有大量生产，传统品种中以珊瑚红釉描金瓷为多，还出现了内豆青釉外珊瑚红釉描金、内珊瑚红釉描金外粉彩等装饰的新品种，但制作质量不如清初。现今景德镇仍在生产矾红釉瓷，其制作方法是矾红 40%、西赤 32%、薄黄 9%、白熔剂 19%，将釉料按此配方称量后研磨极细，取乳香油适量调匀搓透，再用棉球蘸取釉料拍在白瓷上，注意保持各部分匀净一致，避免过厚或过薄，以 0.15 毫米左右为宜，入烤花炉以 900℃焙烧而成。

（5）胭脂红釉瓷。胭脂红釉瓷又称“金红釉瓷”，是一种以微量黄金为主要呈色剂的低温色釉瓷。因其色泽颇似胭脂之色，故得名。其呈色有深浅之分，略深者称胭脂紫，浅淡者称胭脂水，更淡者称淡粉红，又因这种工艺源自西方，故又称“西洋红”“洋金红”，而西方多依其色泽称为“玫瑰红”“蔷薇红”。又因其使用吹釉法将釉料吹于白瓷之上，故又称“吹洋红”。胭脂红最先是作为釉上彩料，出现在康熙后期发明的珐琅彩瓷上，而后景德镇御窑厂就开始将其作为釉料，单独装饰在白釉瓷器物上。康熙时的胭脂红釉瓷器型主要有瓶、盘、碗、杯等，胎体薄如蝉翼，釉面泛有波浪纹，表现出试制阶段的原始性特征，足内多署“又辛丑年制”青花楷书款。到了雍正时期，胭脂红釉瓷制作的数量和质量都有所提升，胎体变得轻薄，小巧玲珑。

乾隆早期，胭脂红釉瓷的制作基本上保持了雍正时的水平，后来胎体渐趋厚重，器型有所增多，主要有盘、碗、碟、杯、瓶、灯笼尊等。装饰方法除沿袭前朝制品外，还出现了胭脂红釉上绘粉彩、珐琅彩装饰，尤其是在胭脂红釉地上用尖细的工具划出较浅的锦地卷草纹，然后在其上绘以粉彩图案的新工艺，称为“粉彩轧道”，景德镇方言称为“扒花”，寓意锦上添花、好上加好，制作复杂、难度较高。乾隆以后，胭脂红釉瓷生产数量骤减。现今景德镇仍在生产胭脂红釉瓷，其制作方法是晶料92.17%、玻璃粉7.68%、紫金溶液0.15%，将釉料按此配方称量后，磨细过筛调成适当浓度，用吹釉法吹在已预热的白瓷上，注意整个吹釉过程中要不停加热瓷胎，以便所上釉层不流淌，待釉层达到0.15～0.2毫米时，入烤花炉以800～850℃焙烧而成。

（七）蓝釉瓷

蓝釉瓷是釉面呈现蓝色的色釉瓷，是以氧化钴为主要呈色剂的高温色釉瓷，其品种主要有祭蓝釉瓷、洒蓝釉瓷、回青釉瓷和天蓝釉瓷四种。

（1）祭蓝釉瓷。祭蓝，又有“霁蓝”“宝石蓝”“积蓝”“祭青”“霁青”“济青”等称谓。它创烧于元代的景德镇窑，其呈色深沉，给人以静谧平和之感。由于它比高温红釉瓷烧制起来要容易得多，因此产量较大，传世品多。但就元代景德镇烧制的高温钴蓝釉瓷而言，由于它不是元代瓷器烧造的主流，烧造数量有限，且多是宫廷祭祀器和陈设器，民间很难见到，更难有藏，加上年代久远，因此流传至今的仍然十分稀少。元代高温钴蓝釉瓷器型主要有梅瓶、罐、盘、碗、匜、爵杯等，装饰方法主要有蓝釉内花和蓝釉描金两种。进入明代后，祭蓝釉瓷的生产有了明显发展，烧制技艺臻于成熟。尤其是宣德时期，祭蓝釉瓷的制作进入了大发展时期，不仅烧造数量较多，而且质量高，烧制技术趋于完善，被后人推崇为宣德官窑的“三大上品”之一，是后世蓝釉瓷制作者竞相追逐的典范。其特点是釉面不流不裂，釉质肥腴莹润，釉色深沉浓重，艳若蓝宝石，故有“宝石蓝”之美誉。釉层在高温熔融时自然雄流，在器物口沿处形成一道圆润白边，俗称“灯草口”或“灯草边”。器型以盘、碗、高足碗为主，亦有少量的莲瓣卤壶、僧帽壶、梅瓶、缸、罐等，装饰方法有通体施蓝釉者、内白釉外蓝釉者、蓝釉白花者、蓝釉描金者。宣德以后，祭蓝釉瓷制作有所减少，且多沿袭宣德时所制，没有什么创新之作。

到了清代康熙、雍正、乾隆三朝，祭蓝釉瓷的产量和质量都有了较大提高，器型更加丰富，主要有盘、碗、瓶、罐、壶、樽、洗、簠、簋、豆等，以祭祀用器为主，还有一些日用器和陈设器。装饰方法多样，除承续明代制作的装饰风格外，又出现了霁蓝釉黄彩、霁蓝釉粉彩等新的装饰品种。乾隆以后，祭蓝釉瓷仍有大量生产，尽管质量大不如前，但由于其呈色稳定，烧制相对容易，不像祭红釉瓷退步那么大，因此至少没有到工艺失传的窘境。

(2) 洒蓝釉瓷。洒蓝，又有“雪花蓝”“盖雪蓝”“青金蓝”“鱼子蓝”等称谓。其制作方法是在高温烧成的素瓷或白瓷上，用竹管一端蘸取蓝釉料汁，另一端蒙上细纱，用嘴吹干器物表面，入窑高温烧成后呈现深浅不一、厚薄不均的斑片，所余白色被蓝斑遮掩得若隐若现，如同漫天雪花飘舞在蓝色苍穹中，相映成趣，美不胜收。洒蓝釉瓷始烧于明代宣德时期的景德镇，器型主要是盘、碗、高足碗、碟、罐、水仙盆、梅瓶等，多有暗刻的云龙纹。宣德以后，弘治、嘉靖时期亦有生产，但数量极少，器型多是盘、碗、马蹄小杯之类。到了清代康熙时期，洒蓝釉瓷的生产迅速发展，产量和质量都较以往有了明显提高，成为后世洒蓝釉瓷制作的典范。康熙洒蓝釉瓷器型主要有盘、碗、瓶、罐、壶、盆、樽、花觚、笔筒等，除盘、碗外，胎体较多厚重，坚致细密；釉面光洁莹润，色泽清新淡雅；多无款识，偶在足内白釉下写“大清康熙年制”六字双行青花双圈楷书款或图记款。除素面无纹外，还有暗花、留白和描金装饰的，尤其是洒蓝釉描金器，在康熙朝十分盛行，传世品较多，但金彩多已脱落。其制作方法在淡雅的洒蓝釉上用金彩描绘图案或书写文字，虽使器物显得富丽堂皇，但同时也失去了天然之趣。此外，康熙时还出现了洒蓝釉开光装饰，开光内多绘五彩或青花釉里红图案。雍正时期的洒蓝釉瓷根据色泽的差异，可以分为两种：一种是呈色浅淡的“雪花蓝”，釉面匀净光润，色泽淡雅亮丽；另一种是呈色略深的“青金蓝”，极似天然青金石的色泽，有较浓深的青褐色，整个器物布满青、蓝、白错落有致的斑点，并杂有点点金星，虽分布不均，却十分自然，格外耀眼醒目，还有人将之称为“鬼脸青”。器型主要有菊瓣盘、菊瓣瓶、蒜头瓶、石榴樽、花盆、洗、钵缸等，胎体较多轻薄，造型精巧秀丽，多署雍正官窑款识。雍正以后，洒蓝釉瓷仍有生产，但品种无甚创新，而且数量稀少，至今依然如此。

(3) 回青釉瓷。明代嘉靖时期景德镇御窑厂的创烧品种，其呈色淡雅，不像祭蓝釉那样浓艳，多是蓝中泛紫或闪灰。嘉靖回青釉瓷品种丰富，传世数量较多，器型主要有盘、碗、洗、罐、爵杯、马蹄小杯、渣斗等。装饰方法多样，既有通体施回青釉者，又有内东青釉外回青釉或内回青釉外东青釉“双色釉”者，因回青釉层较薄、透明度较好，故多有暗刻花纹。器底多署“大明嘉靖官窑”六字年款，也有无款的。嘉靖以后，回青釉瓷生产锐减，传世品种稀少，且多承袭嘉靖时所作，无甚创新。

(4) 天蓝釉瓷。以氧化钴为主要呈色剂的高温色釉，因其氧化钴在釉料中的含量较祭蓝釉低得多，故其呈色浅淡洁雅，极似晴朗天空之蓝色，令人心旷神怡。它发源于宋代汝窑天青釉，呈色有深、浅之分，略深者称天蓝，浅淡者称天青，更淡者称月白。明代宣德年间景德镇御窑厂成功仿造出这一品种，其制作方法是将微量的氧化钴掺入青釉中，使青釉呈色变得浅淡，如同澄澈的天空，令人赏心悦目。清代康熙时则依照仿汝窑天青釉瓷的思路，成功创烧出天蓝釉瓷。其特点是釉面匀净、色调淡雅，给人以幽深致远的意境，深受宫廷的喜爱，可与康熙时著名的豇豆红釉瓷相媲美。但由于天蓝釉呈色稳定，烧造相对容易，因此产量要比豇豆红釉瓷多。康熙年间天蓝釉瓷器型比较丰富，多是陈设器和文房用具，釉面匀净，呈色浅淡，有通体施天蓝釉的，也有内白釉外天蓝釉的，部分器物口沿涂一层深蓝釉或酱釉，甚是新颖醒目。足内多施白釉，多署康熙官窑年款。多数素面无纹，但也有少量暗花和贴塑装饰的。雍正时的天蓝釉瓷，在康熙朝生产的基础上，产量和质量都有了进一步提高。传世器物较多，品种丰富，造型达60余种之多，主要有瓶、樽、洗、缸、烟壶、盖罐、花觚、水丞、花盆等，釉面莹润匀净，无纹片。釉色有深、浅之分，深者呈碧蓝色，犹如雨后天晴的蓝天；浅者同康熙制品相近，呈月白色，但多数较康熙时略深。装饰方法通常是通体施天蓝釉，也有少量内白釉外天蓝釉的，还有少量在天蓝釉上饰红彩或釉下饰釉里红纹饰的，足内亦多天蓝釉，多署雍正官窑年款。乾隆时的天蓝釉瓷，多承袭雍正时所作，但质量有所下滑，釉面肥润，光泽感强，积釉处泛淡淡的黄绿色，足内多施与器身一致的天蓝釉，釉下署乾隆官窑年款。乾隆以后，天蓝釉瓷仍有生产，但品种和数量锐减，质量亦大不如前，清末、民国时出现了不少仿品，但釉色多不纯正，光泽感强，胎体非厚即薄、非重即轻，且仿款字体与真品也有差距。现今景德镇仍在生产天蓝釉瓷，其釉料配方是氧化钴0.4%、长石釉99.6%。

(八) 绿釉瓷

根据烧造温度和釉面呈色的不同，绿釉瓷可分为郎窑绿釉瓷、孔雀绿釉瓷、瓜皮绿釉瓷、秋葵绿釉瓷和松石绿釉瓷等。

(1) 郎窑绿釉瓷。郎窑绿釉瓷又称“绿郎窑瓷”，是郎窑红釉瓷的窑变品种，即在高温烧制郎窑红釉瓷的过程中，由于还原气氛不够充分，形成氧化焰，使本该烧成的红色变成了青绿色，故又将其称为“苹果青”，因其由康熙时的“郎窑”烧制，故得名。其特点是釉面凝厚，莹润光亮，玻璃质感强，呈色略深，有类似宋代哥窑瓷器的细小纹片，故又称“绿哥窑”或“绿哥瓷”。有的郎窑绿釉对光斜视，能映出五彩光泽，俗称“苍蝇翅”，是其中的佼佼者。装饰方法多是通体呈现青绿色，但也有一些内红色外青绿色的，这是器物内外处在不同的烧成气氛中所致，人们将其称为“反郎窑”，常见器物主要有渣斗、水丞等文房小器，数量稀少，极其珍贵。此外，还有一些郎窑绿釉上加彩绘装饰的，多是色彩不够鲜亮的墨绿彩，使靠釉色取胜的天然韵趣大为减少。郎窑绿釉瓷同郎窑红釉瓷一样，以别致异趣的釉色，深受世人喜爱，但因其数量更为稀少，历史上价格曾高于郎窑红釉瓷十倍之多。到了清末、民国时期，欧洲人特别关注和喜爱郎窑绿釉瓷，特别是法国人，不惜重金购买，致使其价格高涨，如此诱惑的市场需求，使得仿品大量出现，现今郎窑绿釉瓷在景德镇少有制作。

（2）孔雀绿釉瓷。孔雀绿釉，又有“法绿”“法翠”“吉翠”“翡翠”等称谓，是一种以氧化铜为主要呈色剂的中温色釉。因其色泽鲜艳葱翠、绮丽雅洁，似孔雀羽毛上的绿色，故得名。其制作方法是在已烧好的素胎或白瓷上施孔雀绿釉，入窑在1100℃左右的中温氧化气氛中烧成。素胎施釉者，胎、釉结合不甚牢固，釉接容易脱落，常见开片现象；白瓷施釉者，胎、釉结合紧密，釉色葱翠雅倩，偶见开片现象。孔雀绿釉瓷创烧于宋金时期的磁州窑，景德镇则始烧于元代，至明代仍有生产，技术渐趋成熟。明代景德镇孔雀绿釉的制作以永乐时期为最早，但传世品少见，呈色淡雅、釉面匀净，制作水平较元代有了较大提高。其装饰技法除了素面无纹，还有釉下暗刻花纹的，有暗刻花纹填白釉的，有暗刻花纹填紫彩的，宣德时期出现了孔雀绿釉青这一装饰新风格。成化时期的孔雀绿釉瓷，虽多是承续宣德时所作，但质量更胜一筹。弘治、正德时期的孔雀绿釉瓷，基本上是沿袭宣德、成化时制品，但正德时产品较多，质量最精，在明代同类制品中最负盛名。嘉靖以后的孔雀绿釉瓷，虽然官窑、民窑都有生产，数量较多，但制作十分粗糙，釉色不够纯正，釉层厚薄不均，釉厚处泛黑，釉薄处显白，釉面处滋润，且多有开片。

明代孔雀绿釉瓷作为时代名品，因其色泽青翠、清新亮丽，深受世人喜爱，到了清代，仍有大量烧制。清初康熙时期，孔雀绿釉瓷的生产得到了迅速发展，其产量和质量均达到了历史上的最高峰，器型十分丰富，但釉面厚薄不均，常有细小纹片，垂流积釉处呈现透明的玻璃体。釉色浓淡不一，浓者深沉葱翠，淡者鲜艳亮丽。由于孔雀绿釉多将釉料直接施于烧好的素胎上，因此胎、釉结合不牢，釉面常见有剥釉现象。除素面无纹，常有刻划和模印装饰，纹饰亦多仿古铜礼器上的花纹。雍正、乾隆时的孔雀绿釉瓷，基本上承袭康熙时所作，只是器型略有改变，但生产数减少。乾隆时釉层变薄，近足处还略有垂流，胎体亦不及康熙、雍正时细腻凝重，制作质量明显下降。现今景德镇的艺人们仍在生产孔雀绿釉瓷，且技术更加完善，质量有所提高，通过科学检测分析其组成成分，成功研制出孔雀绿釉料配方：铜花6.5%、石末44.5%、牙硝49%。

（3）瓜皮绿釉瓷、秋葵绿釉瓷、松石绿釉瓷，这三种色釉瓷都是明清景德镇御窑厂创烧的品种，均是以氧化铜为主要呈色剂的低温绿釉瓷，但因其色泽差异而有别。其中，瓜皮绿釉瓷因采用浇釉法将釉料施于素胎或白瓷之上，故又称“浇绿釉瓷”，它始烧于明代宣德时期的景德镇御窑厂，成化、嘉靖诸朝都有生产，且以嘉靖制品最多、质量最佳。嘉靖瓜皮绿釉瓷器型主要有盘、碗、渣斗等，胎体轻薄，瓷质细密，多素胎施釉，釉色绿中闪黑。装饰方法有通体施瓜皮绿釉者、内白釉外瓜皮绿釉者、瓜皮绿釉描金者，足内施白釉，釉下多有“大明嘉靖年制”或“富贵佳器”青花楷书款。明代瓜皮绿釉瓷因其色泽青翠亮丽、匀净素雅的格调，受到后人推崇。清代康熙、雍正、乾隆时的瓜皮绿釉瓷釉面莹润光亮、玻璃质感强，少有开片现象。釉色有深、浅之分，深者浓绿，宛如嫩玉瓜之色；浅者黄绿，颇似嫩黄瓜之色。装饰技法有光素和暗花两种，多署本朝六字官窑年款。现今景德镇仍有生产瓜皮绿釉瓷，其釉料配方是铅粉 70.6%、石末 23.5%、铜花 5.9%。

秋葵绿釉瓷创烧和盛行均在雍正朝。器型多是盘、碗之类的精巧小件，晶莹剔透，玲珑隽秀，在秋葵绿釉的装饰下，格外赏心悦目。釉面匀净洁雅，釉色青翠欲滴，绿中闪黄。秋葵绿釉素而无纹，多有暗花装饰，多署本朝官窑年款。

松石绿釉瓷始见于雍正朝，盛行于乾隆朝。器型主要有折腰碗、穿带瓶、锥把瓶、镂空花篮、冠架、灯笼尊等。装饰方法多样，有通体施松石绿釉者、内白釉外松石绿者、松石绿釉内花描金者、松石绿釉粉彩者、内松石绿釉外葱绿釉者、内松石绿釉外霁蓝釉者等，多署本朝官窑年款。

(九) 黄釉瓷

根据烧造温度和釉面呈色的不同，黄釉瓷可分为浇黄釉瓷、淡黄釉瓷和米黄釉瓷三种。

(1) 浇黄釉瓷。浇黄釉瓷又称“铁黄釉瓷”，是一种以氧化铁为主要呈色剂的低温色釉瓷。因采用浇釉法将釉料浇于已烧成的素胎或白瓷上，故得名。又因其色泽淡雅娇嫩，故又称“娇黄釉瓷”。它导源于汉代铅褐釉，唐三彩上常使用深浅不同的黄褐色釉，但明代以前的低温黄釉都是施在陶胎上的，明代景德镇陶工将其移用到瓷胎上，从传世品及出土物来看，明代自洪武时就开始烧造浇黄釉瓷，作为宫廷专用品种，以后各朝均有烧造。明代浇黄釉瓷以弘治时期景德镇御窑厂所制为最佳。弘治浇黄釉瓷器型规整，釉面润净平整，釉色均匀纯正、深浅适中、晶莹明亮、淡雅娇嫩，似鸡油一般，故有“娇黄”“鸡油黄”之称，达到了明代黄釉瓷制作的最高水平，备受后世赞誉和推崇。到了清代，浇黄釉瓷的生产依然繁盛，但以康熙、雍正、乾隆三朝所制最为精良，不仅器型十分丰富，而且釉色多呈现蜜蜡色，或姜黄色，或鸡油黄色，装饰方法亦有不少创新，出现了黄釉青花釉里红、黄釉墨彩、黄釉粉彩等装饰新风格。颇值得一提的是，嘉庆、道光时流行用黄釉瓷仿竹雕器，惟妙惟肖，颇为布趣，造型主要是笔筒。

黄色是中华民族崇尚的颜色，因“黄”“皇”谐音，被明清两代皇家视为至尊之色和皇室专用色。明清两代，景德镇烧制的浇黄釉瓷主要用于日用和祭祀，其生产受到朝廷的严格控制，一直被御窑厂垄断。由于明代弘治浇黄釉瓷久负盛名，清初御窑厂多有仿制，唐英《陶成纪事碑记》中就有“仿浇黄锥绿花器皿”和“仿浇黄器皿（有素地、锥花二种）”的描述。嘉庆以后，随着工艺技术水平的下降，极少有成功之作。现今景德镇艺人们通过科学检测分析其组成成分，成功研制出弘治浇黄釉料的配方：铅粉79%、石末15%、赭石6%。

（2）淡黄釉瓷。淡黄釉瓷又称“锑黄釉瓷”，是一种以氧化锑为主要呈色剂的低温色釉瓷，是清代黄釉瓷中的名贵品种。因釉色较浇黄釉更娇嫩淡雅、宁静柔和，故得名。又因色泽极似蛋黄或柠檬之色，故又称“蛋黄釉瓷”或“柠檬黄釉瓷”。又因这种锑黄原料是从国外引进的，故又称“西洋黄釉瓷”“洋黄釉瓷”。从传世品来看，通体一色的淡黄釉瓷始见于雍正朝，乾隆、道光诸朝亦有生产，器型主要是盘、碗、碟、杯、瓶等小件制品。由于淡黄釉中掺入了玻璃白，因此釉面呈乳浊状，有粉质感，且不透明。多数器物素面无纹，偶有暗花装饰，纹饰通过釉层清晰可辨，诸朝中，以雍正朝制品质量最佳。现今景德镇仍在生产淡黄釉瓷，其釉料配方是雪白65.19%、老黄19.56%、锡黄13.03%、薄黄1.96%、赭石0.26%。

（3）米黄釉瓷。米黄釉瓷又称“米色釉瓷”，是一种以氧化铁为主要呈色剂的高温色釉瓷，因色泽淡雅，黄中闪白，极似小米之色，故得名。高温黄釉瓷始烧于唐代，南、北方都有生产，以安徽寿州窑最为著名。景德镇从宋代开始烧制米黄釉瓷，但尚未见到实物遗存。清代景德镇御窑厂烧制米黄釉瓷，则始于康熙时，以后各朝都有生产，以雍正朝制品最多且佳。器型以盘、碗为主，釉面匀净温润，釉色淡雅柔和，装饰方法有通体施米黄釉者、内白釉外米黄釉者、米黄釉白花者、米黄釉描金者、米黄釉五彩者、米黄釉三彩者、米黄釉珐琅彩者等。

黄釉瓷作为明清两代的皇家专用器，其生产受到朝廷的严格控制，一直被景德镇御窑厂垄断。为了防止烧制技术外泄，连御窑厂生产的黄釉瓷次品甚至废品，都不得变价买卖，必须运往京城处理。清宫档案中就有许多这方面的记载，如乾隆二十一年七月初七，唐英曾将次品色黄釉瓷11079件开造清册，呈交广储司按册查收，这种情况直到道光以后，才有所改变，民间渐渐也烧制黄釉瓷，但整体数量稀少。

（十）酱釉瓷

酱釉瓷又称“芝麻酱釉瓷”“柿色釉瓷”等，是一种以氧化铁为主要呈色剂的高温色釉瓷。因釉料中含有紫金土，故又称“紫金釉瓷”。它导源于汉代以来的褐釉，宋金时期北方窑口普遍烧造，南方窑口烧制者较少。元明时期，景德镇开始大量烧造，以明代宣德、嘉靖两朝制品最多且精。宣德时期的酱釉瓷器型主要有盘、碗、水仙盆、桃形壶等，釉面光洁莹润，釉层肥厚，有橘皮纹，多署“大明宣德官窑”六字楷书款。装饰方法多素面无纹，偶有刻花、印花的，并创烧了白釉酱花器，即在白釉上留出纹饰轮廓填以酱釉。嘉靖时期的酱釉瓷，生产数量明显增多，器型以盘、碗为主，另有少量的高足碗、梅瓶、执壶、香炉等。釉面匀净，色泽浅淡，多数素面无纹，偶有暗刻花纹的，还有酱釉描金装饰的。嘉靖时期，酱釉白花装饰开始盛行，它是白釉酱花的变异品种，以色调浅淡的酱釉为底，堆起松竹梅、双龙戏珠、折枝花鸟等纹饰，立体感极强。这种装饰直到万历时期仍十分流行，传世品较多。但是整体而言，明代酱釉瓷的生产数量较少，品种不够丰富，始终没能成为明代瓷器生产的主流品种。到了清代，自顺治朝开始烧制酱釉瓷，以后诸朝均存生产，以康熙、雍正、乾隆三朝制品质量最佳。清代酱釉瓷的制作基本承袭明代，釉色有红、黄两种，红酱釉是指呈色较深泛红者，黄酱釉是指呈色较浅泛黄者，多署本朝官窑年款。装饰方法多样，主要有通体施紫金釉者、内白釉外酱釉者、酱釉暗花者、酱釉描金者、内青花外酱釉者、酱釉开光青花红彩者，但不见有万历时流行的酱釉白花装饰。现今景德镇仍在生产酱釉瓷，釉色酱中泛黄，古雅庄重，其釉料配方是紫金土 50%、釉果 40%、二灰 10%。

（十一）紫釉瓷

紫釉瓷又称“浇紫釉瓷”，是一种以氧化锰为主要呈色剂、以氧化铁和氧化钴为调色剂的低温色釉瓷，因其色泽极似茄皮之色，故又称“茄皮紫釉瓷”。根据颜色的深浅，紫釉瓷又有深茄紫和淡茄紫之分。它始见于明代宣德时期，是景德镇御窑厂创制的新品种，以后诸朝多有生产，但整体产量不高，传世品极少。宣德时期的紫釉瓷，传世品极为罕见，目前仅见一件紫釉弦纹三足炉，现藏于台北故宫博物院。到了嘉靖时期，紫釉瓷的生产数量有所增加，器型主要是盘、碗、碟之类的生活用器和祭祀用器。釉色有深、浅两种，深者紫中泛黑，多施于大盘、大碗等祭祀供器上；浅者呈淡紫色，多施于比较精细的盘、碗制品上。到了万历时期，紫釉瓷的制作堪称明代紫釉瓷的楷模，釉色多呈淡茄紫色，釉层较薄，色泽浅淡，质量颇佳，但数量稀少。直到清代康熙、雍正、乾隆时期，紫釉瓷的制作才真正流行，产量和质量都有明显提高。清代紫釉瓷器型主要有盘、碗、碟、瓶、罐等，装饰技法有光素和暗花两种。康熙时的茄皮紫釉主要是深茄紫釉，雍正、乾隆时的茄皮紫釉则有深、浅两种，深者浓艳，浅者淡雅，其中以雍正淡茄紫釉暗花盘最为常见、最具特色、最有代表性。现今景德镇艺人们已成功研制出紫釉制作的釉料配方：铅粉

77.8%、石末16.7%、珠明料5.5%。

(十二)窑变花釉瓷

窑变花釉瓷又称“花釉瓷”“窑变釉瓷”，是一种含有铜、铁、钴、锰等多种呈色剂的高温色釉瓷，这些呈色元素在高温熔融时会自然融合，出窑后釉面流淌出意想不到的艺术效果，它本出于偶然，加上色彩奇特，变幻莫测，人们不知其制作原理，只知是经高温窑火所得，故名之“窑变”。早在唐代以前生产的青瓷上就偶见窑变现象，唐代以河南鲁山窑为代表的北方窑口开始生产黑釉花斑瓷，光彩绚丽，耀眼夺目。宋代钧窑烧制的铜红花釉瓷则更胜一筹，可谓鬼斧神工、变幻莫测。雍正以后，各朝均有生产窑变釉瓷，以雍正、乾隆时最盛，制作水平亦最高。因为清代窑变釉瓷是景德镇御窑厂在仿烧宋代钧花釉瓷的基础上衍变出的新品种，故又有“宋钧花釉瓷”之名。其釉色变幻莫测、神奇瑰丽，有的如拂动的杨柳，有的如翻滚的波浪，有的如绽放的礼花，有的如升腾的火焰，绚丽斑斓，令人叹为观止。其中最为人称道的是一种纹理像火焰闪动的釉面，色彩主要是交织在一起的红色和蓝色，闪红者称“火焰红”，闪蓝者称“火焰青”。

现今景德镇仍在生产窑变花釉瓷，不仅能仿制出传统的宋钧花釉、钧红花釉和窑变花釉，还创烧出了乌金花釉、钛花釉、羽毛花釉、虎斑花釉、三阳开泰等品种。其中，窑变花釉的配方是底釉(钧红釉)：氧化铜0.5%、长石13.39%、陈湾27.97%、寒水石2.4%、玻璃粉35.56%、烧石英4.39%、釉灰13.39%、氯化亚锡2.4%，外加食盐0.5%用作悬浮剂；面釉：铅晶料28.9%、烧料5.78%、窑渣65.05%、食盐0.27%。

(十三)结晶釉瓷

结晶釉瓷是一种高温铁、镁质结晶釉瓷。因系清代景德镇御窑厂仿明代厂官窑制品而作，故又称“厂官釉瓷”。由于结晶釉的形成与釉料配方、研磨细度、烧成温度、窑内气氛、冷却速度等多种因素有关，其中任何一道工序发生变化，结晶釉的结晶程度和色泽都会有所不同，因此派生出“茶叶末”“鳝鱼青”“鳝鱼黄”“蟹甲青”“黄斑点”“新橘”“鳖裙”“鼻烟”“菜尾”“老僧衣”等众多别称。清末以来统以“茶叶末”称之，既通俗易懂，又生动形象，一直沿用至今。茶叶末釉瓷原本是烧制黑瓷或青瓷时偶然出现的变种，最早见于唐代北方窑口，随后的宋、金、元、明都有制作。

到了清代雍正、乾隆时期，景德镇御窑厂才真正将茶叶末釉瓷的制作视为一项绝技，进行大规模的生产。茶叶末釉因釉面平和温润，色泽沉着古朴、庄严肃穆，与端庄朴拙的器型搭配在一起，相得益彰，令人回味无穷，深受宫廷珍爱，曾被当作宫廷“秘釉”看待，名噪一时。雍正、乾隆时的茶叶末釉瓷器型丰富，以陈设器和文房用具为主，还有少量盘、碗制品。雍正茶叶末釉瓷釉面平整细润，釉色复杂多变，以色泽偏黄者为多，一般是通体及足内均施茶叶末釉，足内多阴刻“雍正年制”四字双行篆书款。乾隆茶叶末釉瓷釉面则平整匀净，偶有棕眼和丝纹，不及雍正时滋润。釉色有深、浅之分，深者呈黑褐色，浅者米黄色，釉面上小黑点密集较多而呈黄色，还有一些黄中偏绿者，一般亦是通体及足内均施茶叶末釉，足内多阴刻乾隆官窑款识。乾隆时制作的一些仿古铜彩瓷器，就是在与古铜色调相近的茶叶末釉上凸印花纹和涂饰彩绘做成的。乾隆以后，各朝均有烧制茶叶末釉瓷，但质量大不如前，佳品少见。清末、民国时出现了一些仿品，胎质粗松、釉色姜黄，与真品相差悬殊。现今景德镇在生产茶叶末釉瓷，其釉料配方是寒水石 7.5%、赭石 5.8%、白土 7.5%、滑石子 7.5%、二灰 11.32%、釉果 37.74%、紫金土 22.64%。

（十四）仿其他材质瓷

用釉色模仿陶瓷之外的其他材质的一类瓷器。所仿材质主要有金、银、玉、石、木、漆等。

（1）仿金釉瓷、仿银釉瓷。清代康熙时期景德镇御窑厂创烧的色釉瓷品种，其制作方法是在已烧好的白瓷上涂施调配好的金粉或银粉，经低温烘烤后，呈现出纯金或纯银般光辉灿烂、富丽堂皇的效果。因为金釉、银釉瓷消耗金、银的量比较大，故产量不多。康熙金釉瓷器型主要是盘、碗、碟、杯等小件制品，装饰方法一般是外壁施金釉，内壁施釉，多数素面无纹，偶有内壁白釉下暗刻捧“寿”龙纹的，足内多施白釉，署康熙官窑款识。康熙以后，各朝偶有烧制，以雍正、乾隆时期为多，且装饰风格略有创新。如雍正时出现了内外均施金釉的瓷器；乾隆时出现了内施金釉、外施仿木釉或仿雕漆釉或松石绿釉的装饰，器型主要是仿西藏地区特有的扎木亚碗，其中有些内仿金釉外仿雕漆釉瓷碗，在仿雕漆釉下暗刻多种花纹，并作锦地开光，开光内用金彩描绘团“寿”字纹，鲜艳夺目，华丽异常。康熙银釉瓷器型主要有花觚、三足炉等，装饰方法有通体施银釉者、内白釉外银釉者、内镶银里外银釉者，多数素面无纹，偶有暗刻花纹的足内多施白釉，凸刻康熙官窑篆书款识。康熙以后，各朝偶有烧制，但产量极少。颇值得一提的是，乾隆时出现了在银釉下凸刻的花纹上涂施金彩的装饰，器型主要是碗。

（2）仿古玉釉瓷。清代雍正时期景德镇御窑厂创烧的色釉瓷品种，因其釉色或褐赭色中间杂黄白色斑点，或灰色中泛露青绿色斑点，极似古玉色泽，故得名。仿古玉釉瓷制作工艺较为复杂，尤其是模仿出土玉器中的“浸斑”时，必须事先设计好，然后通过合理的釉料配方，采用吹釉法将釉料施于瓷胎上，入窑高温烧成。因为仿古玉釉瓷烧成难度极大，成品率低，故传世品稀少，弥足珍贵。雍正仿古玉釉瓷器型主要有盘、碗、瓶、洗、缸等，一般是通体及足内均施仿古玉釉，多数素面无纹，偶有暗花装饰的，足内多署雍正官窑款识。乾隆时，官窑仍在生产仿古玉釉瓷，所见器物有橄榄瓶、扳指等，乾隆以后就比较少见了。

（3）仿石釉瓷。清代乾隆时期景德镇御窑厂创烧的色釉瓷品种，其制作方法是在已烧好的素胎上用多样釉彩勾勒和涂绘石头的纹理和色质，经低温烧成后，呈现出极似天然石块的色泽效果。目前所见仿石釉主要有仿大理石釉、仿斑花石釉、仿虎皮斑釉等。器型主要有盘、碗、瓶、炉、盖盒、笔筒、水丞、印章等，一般是通体施仿石釉，并常与粉彩、墨彩搭配装饰，即在仿石釉面上留一块白，在地上用粉彩绘画或墨彩写书，犹如石壁上镶嵌一块精美的画片或一幅高雅的书法，颇有风趣。足内多署乾隆官窑年款。民国时出现了乾隆仿石釉瓷的仿品，但这些仿品在勾涂风格、色彩搭配、釉面润泽程度、款识特征等方面，都与真品相差悬殊。

（4）仿木纹釉瓷。仿木纹这类瓷器最早可追溯到唐代北方窑口生产的绞胎釉，当时只是模仿木纹圈绕的年轮，不够形象逼真。到了清代雍正时期，景德镇御窑厂成功创烧出仿木纹釉瓷，技艺高超、惟妙惟肖，其制作方法是在已烧成的素胎上用红赭、黄褐、紫黑等多种颜色釉料勾勒出木材的年轮纹理、枝杈节疤及色泽质感，经低温烧成后，呈现出酷似天然木纹的艺术效果。所仿木纹往往纹理清晰、惟妙惟肖，一眼望去，瓷、木难辨。乾隆时继续生产仿木釉瓷，并将其烧制技术推向了顶峰，不仅品种增多，而且装饰更为丰富。除了承袭雍正时所制作的内白釉外仿木釉、通体仿木釉，还出现了内金釉外仿木釉、仿木釉与粉彩、墨彩相结合的新装饰。传世器物主要有花盆、笔筒、浅碗、臂搁等。

（5）仿漆釉瓷。清代乾隆时期景德镇御窑厂创烧的色釉瓷品种，可分为仿朱漆、仿红雕漆、仿竹编漆、仿黑漆描金、仿螺钿镶嵌漆等。其中，以仿朱漆和仿红雕漆最为常见，制作精美，惟妙惟肖，深受宫廷喜爱。仿朱漆釉又称“仿福建皮胎漆釉”，其制作方法是在已烧好的素胎上涂施极似朱漆色质的釉料，入窑低温烧成造型和釉色，都与乾隆时的朱漆器相同，常能以假乱真。最常见的器物是菊瓣式盘和菊瓣式盖碗，一般是通体施仿朱漆釉，内底饰金彩御题诗。仿红雕漆釉，又称“仿剔红雕漆釉”“仿剔红釉”，其制作方法是先在成型的半干坯胎上剔刻或模印各种花纹，入窑高温。素烧后涂施仿红雕漆釉，再经低温烘烤后，呈现出与传统剔红漆器一样的艺术效果。仿红雕漆釉的传统器型较多，常见的有盘、碗、洗、茶托、盖盒、烟壶、花薰、笔筒、花觚等。装饰方法除通体施仿红雕漆釉者外，还有内松石绿釉外仿红雕漆釉者，足内多施深红釉或黑釉，凸印或金彩篆书“大清乾隆年制”六字款。

(十五)青花瓷

青花瓷是高温釉下彩瓷品种之一。它是用氧化钴的矿物原料在瓷坯上描绘纹饰,然后罩以透明釉,入窑高温一次烧成,呈现出白地蓝花效果的一种瓷器。青花瓷始烧于中国唐代,但数量稀少,传世品罕见。到了元代,青花瓷的制作渐渐普及,不少窑口都能成功烧制,其中尤以景德镇的生产质量最精、最具代表性。元代青花料有进口料和国产料两种,进口料即我们常说的“苏麻离青”,主要来自西亚国家,属于“高铁低锰”型青花料,即钴料中含铁量高、含锰量低,用其描绘纹饰,呈色浓艳,但多有铁锈斑点。国产料则属于“高锰低铁”型青花料,即含锰量高、含铁量低,用其描绘纹饰,呈色浅淡,没有铁锈斑点。元代青花瓷器型多是比较大件的盘、碗、壶、罐、瓶、坛等,其装饰特点是画面满、层次多,无丝毫拥挤之感。其纹饰一般有主题纹饰和辅助纹饰之分,主题纹饰一般位于罐腹、瓶腹、盘心、碗壁等器物比较突出的位置,常见的有松竹梅、牡丹、荷莲、灵芝、芭蕉、菊花、葡萄等植物,还有龙、凤、鱼、马、麒麟、海狮、鸳鸯、孔雀、青蛙、兔、昆虫等动物;而辅助纹饰分布于器物各处,起到美化和陪衬的作用,常见的有波浪纹、卷草纹、回纹、钱币纹、菱形纹、如意云头纹、蕉叶纹、漩涡纹、变体莲瓣纹、缠枝花卉纹等。整体而言,青花瓷的制作在整个元代瓷器制作中还是比较少量的,始终没能成为元代瓷器生产的主流。

到了明代,青花瓷数量迅增,成为瓷器制作的主流品种。尤其是永乐、宣德时期,被誉为中国青花瓷的黄金时代,青花瓷制作不仅数量多,而且质量佳,这一时期的青花料多是郑和下西洋从西亚带回来的“苏麻离青”料,其呈色浓艳、色泽亮丽,成为后世青花制作者竞相追求和模仿的典范。到了成化、弘治时期,进口的“苏麻离青”料用竭,开始改用国产的“平等青”,其特点是呈色蓝中泛灰,给人以清新淡雅之感,深受当时皇室宫廷喜爱,所以得到了大力提倡,生产数量较多,质量颇精。到了正德、嘉靖时期,青花料又改用“回青”,其特点是呈色蓝中微泛红紫,给人以浓重、艳丽之感,契合了当时青花五彩瓷的制作。到了明末,青花料开始使用国产的浙料和云南珠明料,尤以清代康熙时期最为典型,其呈色鲜艳、层次分明,同一种青花料可分出浓淡不同的层次,形成多层的色阶,可以达到中国传统水墨画“墨分五色”的艺术效果。青花瓷的制作一直延续至今,且生产规模和数量较大。

青花瓷是景德镇传统的“四大名瓷”之一,它的烧制成功,在中国陶瓷史上具有划时代的意义。由于它具有原料丰富、着色力强、呈色稳定、容易烧成、实用美观、洁净无毒、永不褪色、明净素雅等其他瓷器品种难以匹敌的优点,因此青花瓷一经出现,就深受国内外人们的喜爱,并以旺盛的生命力迅速发展起来,使景德镇的瓷器制作迎来了空前的繁荣，也使景德镇成为天下闻名的世界瓷都和世界瓷器加工工厂。

(十六) 釉里红瓷

釉里红瓷是高温釉下彩瓷品种之一。其制作工序基本与青花瓷相同，不过是将制作青花瓷的钴蓝料改成铜红料，即用铜红料在瓷坯上描绘纹饰，然后罩以透明釉，入窑高温一次烧成，呈现出白地红花效果的一种瓷器。据考古发现，元代景德镇窑已经开始烧造釉里红瓷，不过由于釉里红瓷对烧窑温度和气氛要求十分严格，不像青花瓷烧成温度范围那样广，因此烧成难度极大、成品率极低，且质量多不佳。元代釉里红呈色多不纯正，红中往往泛灰黑色，纹饰晕散现象明显，经常模糊不清。直到明代宣德时期，釉里红瓷的制作才有所突破，质量开始提升，烧出来的“红色”效果颇佳、鲜艳亮丽，被清代督陶官唐英称作“宝烧”。宣德以后，釉里红瓷生产数量锐减，制作佳者甚少。到了清代雍正、乾隆时期，釉里红瓷的制作达到了历史最高水平，其烧制技艺和规律基本被景德镇御窑厂掌握，呈色鲜艳稳定，尤其是将青花和釉里红结合在一器上烧造，成功创制出“青花釉里红瓷”这一瓷器新品种。由于青花和釉里红的烧成温度和烧成气氛并不一致，能将二者完美地烧出鲜艳的呈色，达到预期的理想效果，即使在今天，也是十分不易的，因此可见当时景德镇御窑厂制瓷技艺之高。釉里红瓷至今在景德镇仍有不少烧制，且出现了一些创新品种。

(十七) 五彩瓷

五彩瓷俗称“古彩瓷”“硬彩瓷”，釉上彩瓷器品种之一。它是明代景德镇窑在继承宋元时期釉上彩瓷制作的基础上创烧出来的新品种，目前传世器物始见于宣德年间，之后历朝都有烧制。中国传统五彩瓷的制作分为两种方式：一种称为“釉上五彩”，其制作方式是在已烧成的白瓷上直接用红、黄、绿、蓝、紫、黑、金等彩料描绘纹饰图案，然后入烤花炉低温烘烤而成；另一种称为“青花五彩”，其制作方式是先在已成型的胎体上用青花料描绘需要用蓝色表现纹饰图案的地方，然后罩以透明釉入窑高温烧制，之后再在釉上用红、黄、绿、紫等彩料将剩下的图案纹饰描绘完整，然后再入烤花炉低温烘烤而成。由于明时还没有发明釉上蓝彩，因此五彩瓷多属于“青花五彩”。明代自宣德朝开始生产五彩瓷，不过产量稀少，这种状况一直持续到正德时期。直到嘉靖年间，受商品经济发展和当时奢靡之风的影响，社会各阶层上至皇室贵族、下至平民百姓，均以追奇猎艳为尚，此时华美艳丽的五彩瓷器正好迎合了这种社会风尚，深受各界人士的欢迎，从此五彩瓷器的制作进入了繁盛期，这一直持续到明末。这段繁盛期的五彩瓷仍然以青花五彩瓷为主，尤其是万历时期的青花五彩瓷十分重视使用鲜艳的红色，故其装饰整体显得十分浓艳华丽、光彩夺目，人们通常把万历五彩瓷又称作“大明彩瓷”。它将明代五彩瓷富丽堂皇的装饰风格推向了极致。

到了清代，尤其是康熙时期，五彩瓷的制作再次攀上高峰。康熙五彩瓷不仅继承了明代五彩瓷的品种，而且在制作工艺上有重大突破，其中最突出的表现就是发明了釉上蓝彩和釉上黑彩，并能巧妙地运用釉上金彩。釉上蓝彩、黑彩、金彩的广泛应用，不仅丰富了五彩瓷装饰的色彩，使图案纹饰的表现力进一步增强，而且使制作工序更加简便，绘画和烧造都变得更加便利，促使康熙时期五彩瓷大量涌现。由于釉上蓝彩、黑彩、金彩的发明和广泛使用，清代五彩瓷大多属于“釉上五彩瓷”。

康熙五彩瓷器型繁多，以古朴庄重、坚致挺拔见长，常见的有梅瓶、棒槌瓶、橄榄瓶、琵琶尊、观音尊、凤尾尊、将军罐、笔筒等。其装饰题材十分丰富，除了常见的各种花鸟纹、花果纹、缠枝花、折枝花、云龙纹、鱼藻纹等，还有当时流行的山水纹、耕织图、人物故事、神话传说等；所绘人物深受明末清初画家陈洪绶人物画的影响，笔法简练、设色清雅、生动传神，备受后世推崇。康熙以后，随着珐琅彩瓷和粉彩瓷的盛行，五彩瓷的生产逐渐衰落，但一直都有烧造，多是作为仿古瓷的一种，持续传统的制作，无甚创新。现今，五彩瓷在景德镇仍有不少烧制，但多偏向传统，延续传统品种的制作，缺乏创新，时代感不强。值得一提的是，清末民国时期湖南醴陵地区成功创制釉下五彩瓷品种，与以往的釉上五彩瓷相比，在制作技法、烧成方式和装饰风格上均有不同。釉下五彩瓷，顾名思义，属于高温釉下彩瓷品种之一，是用红、黄、绿、蓝、紫等材料在成型的素坯上直接描绘纹饰图案，施釉后高温一次烧成的瓷器。其呈色不像釉上五彩瓷那样浓艳热烈，而是比较淡雅柔和，给人以沉静恬谧之感，意境幽远。目前湖南醴陵地区仍在大量生产釉下五彩瓷，并将之传播到中国多地，如江西景德镇、山东淄博、河北唐山、贵州贵阳等地均有烧制，釉下五彩瓷遂成为醴陵地区的特色产品和名牌产品。

(十八) 斗彩瓷

斗彩瓷是釉下青花和釉上彩绘结合装饰的一类瓷器。斗彩，古时称“逗彩”，取釉下青花和釉上彩绘争奇斗艳之意，另有“青花填彩”“青花点彩”“青花加彩”等诸多称谓。其制作工序是先用青花料勾勒出完整图案纹饰的轮廓，然后罩以透明釉，入窑高温烧成后，再在釉上青花轮廓内通过点、填、涂、画等方式，将红、黄、绿、紫等各种彩料填涂到适当的位置，以完成彩色图案纹饰，再入烤花炉低温烘烤而成。今人对斗彩和青花五彩已做了明显区分，这主要体现在釉下青花装饰的作用上：斗彩的釉下青花装饰起到的是一个主导或者一个骨架的作用，青花装饰本身已构成整个图案纹饰的架构，或者说是白描的样稿，其本身就已经是一件图案纹饰完整的淡描青花器；而青花五彩的釉下青花装饰则不同，它只是整个图案纹饰的一部分，只是将图案纹饰的蓝色部分先用青花的形式表现出来，同时为釉上彩绘起到一个定位的作用。

斗彩瓷萌发于明代宣德时期，发展于正统时期，成熟于成化时期。尤其是成化斗彩瓷瓷质洁内细腻，釉色乳内莹润，釉质匀净如脂，彩料优良，画技高超，用国产的平等青料绘制的釉下青花呈色淡雅、沁人心脾，釉上彩绘则是艳而不俗、柔和悦目，二者结合相得益彰，深受皇室宫廷成员的喜爱。斗彩瓷其器型多是小巧玲珑、典雅隽秀的盘、碗、碟、杯、盒、罐之类的精巧之器，轻盈秀丽、恬淡雅致，观赏性大于实用性。其中，尤以鸡缸杯、葡萄杯、高士杯、天字罐等最为有名，特别是鸡缸杯名噪一时。

到了清代，尤其是康熙、雍正、乾隆三朝，斗彩瓷的制作有所发展，不仅仿烧成化斗彩瓷成功，而且生产出具有本朝时代特征的创新器，这不仅表现在斗彩瓷器型的创新上，还表现在斗彩瓷装饰的创新上。康熙斗彩瓷以仿烧成化斗彩瓷最为有名，不仅数量多，而且质量精，常能以假乱真。到了雍正朝后，斗彩瓷的制作无论是在器型设计、图案布局，还是色彩搭配、填彩工艺上，都进入一个新的更高阶段。此时不仅仿烧成化斗彩瓷更加成功，而且将当时流行的粉彩装饰引入斗彩瓷制作中，将釉下青花和釉上粉彩相结合，改变了以前釉下青花和釉上五彩结合的单调局面，使整个纹饰画面的呈现既不像前朝斗彩瓷那样鲜艳亮丽，也不似单一粉彩装饰那样温润柔和，而是形成了一种新的艺术风格，于鲜亮中显柔润、于艳丽中显清逸。进入乾隆朝以后，乾隆皇帝仍然十分推崇成化斗彩瓷，曾咏诗多首以赞美之。因此，乾隆斗彩瓷在雍正朝制作的基础上仍有一定的发展，并呈现出自身的时代特点，其中最突出的表现就是纹饰更加图案化、繁缛化，并大量引入金彩装饰，使整个画面显得雍容华贵、富丽堂皇，这是乾隆朝彩绘瓷的共同特征，斗彩瓷自然也不例外。乾隆以后，斗彩瓷的制作仍然十分流行，只是多沿袭前朝所制，没有特别创新之处。

（十九）珐琅彩瓷

珐琅彩瓷又称“瓷胎画珐琅”“古月轩瓷”，是釉上彩瓷器品种之一。它是将铜胎画珐琅的技法移植到瓷胎之上的一个工艺品种，其技艺主要源于西方，是清代宫廷的专用器物。其制作工序是先由景德镇御窑厂用最好的原料制成素胎或白瓷，然后运到清宫内务府造办处珐琅作施彩绘制，再经低温烘烤而成。珐琅彩瓷与中国传统的釉上彩瓷品种有所不同，其彩料中含有大量的硼和砷元素，这是以往釉上彩中所没有的。并且，珐琅彩中的黄彩是以氧化锑作为呈色剂，而中国传统釉上彩中的黄色均是以氧化铁作为呈色剂；珐琅彩中的胭脂红是以金元素作为呈色剂，属于低温金红彩，是釉上彩中的创新品种。从传世品和文献记载来看，珐琅彩瓷始烧于清代康熙后期，兴盛于雍正朝和乾隆早期，衰落于乾隆中后期。

康熙时期的珐琅彩瓷器型多是盘、碗、杯、盒、壶、瓶等小件器物，主要作为宫廷把玩欣赏和祭祀供器之用。其装饰主要以黄、蓝、红、绿、紫等彩料作底，彩绘各种花卉图案，还有一些在花朵中填写“万”“寿”“长”“春”等吉祥祝福语，风格严谨而华丽。所用珐琅彩料均是西洋进口料，所绘纹饰图案均是如意馆画家提供的画稿，珐琅工匠“比葫芦画瓢”，依照底稿而画，不得随意更改。康熙珐琅彩料一般涂施较厚，有堆料凸起的感觉，色彩图案立体感强，但烧制过后，常会出现细小冰裂纹。康熙珐琅彩瓷器底多署红色或蓝色的“康熙御制”四字堆料款，显示了康熙皇帝对珐琅彩瓷制作的珍视和钟爱。

雍正以后，尤其是雍正六年（1728）以后，清宫内务府造办处研制珐琅彩料成功，不仅使珐琅彩料不再依赖西洋进口，而且创制出月白、浅绿、亮青、秋香、藕荷、松黄、青铜等新的色彩，使珐琅彩瓷的装饰更加丰富多样、华美艳丽。雍正珐琅彩瓷器型多沿袭前朝，但在装饰上有较大改变，除了沿袭康熙时的各种色彩绘，更多是在精致白瓷上作画，出现了大量“留白”的作品；在装饰画面上，改变了康熙时只绘花枝、有花无鸟的单调画面，增加了花鸟、山水、竹石等各种不同的图案，并配有书法极精的各种题诗，诗的首尾还多配有闲章，使珐琅彩瓷成为制瓷工艺和诗、书、画、印完美结合的艺术珍品。乾隆早期，珐琅彩瓷基本还能延续雍正时的制作技艺和水平，在装饰题材上还出现了西洋人物和受西方洛可可风格影响的画面。但乾隆中期以后，受各方面条件的限制，珐琅彩瓷的制作数量锐减，技艺也趋于衰落，直至后期停产不烧。

珐琅彩瓷专供清代皇室使用，制作极为考究，要求十分苛刻，所以成本高、产量低。加上它藏于深宫，百姓难得一见，传世品极少，目前主要见藏于北京故宫博物院和台北故宫博物院。今天景德镇已能成功复烧珐琅彩瓷，但规模和数量依然有限。

（二十）粉彩瓷

粉彩瓷是釉上彩瓷器品种之一。它是清代康熙后期在传统五彩瓷制作的基础上，受西洋珐琅彩原料和技艺的影响而创烧出来的新品种。因为其烧造温度比传统的五彩瓷略低，烧成后给人以娇艳秀丽、淡雅柔和之感，故又称“软彩瓷”，与传统五彩瓷的“硬彩瓷”相对应。其制作工序是先在已烧成的白瓷上用墨线起稿，然后在纹饰图案内涂上一层玻璃白打底，再用填、画、吹、点、洗等技法将彩料施于其上，并根据需要将颜色晕散开来，从而使纹饰图案产生浓淡、深浅、明暗的层次，使整个画面显得更加生动自然、立体真实。需要说明的是，粉彩瓷的制作虽脱胎于珐琅彩工艺，但两者在化学组成上又有区别。珐琅彩用硼、铅作主要熔剂；而粉彩则用铅、钾作主要熔剂。粉彩瓷始烧于康熙后期，兴盛于雍正、乾隆两朝，嘉庆以后工艺趋于衰落，但历朝均有大量烧制，一直延续至今。

康熙粉彩瓷制作数量较少，多与五彩结合装饰，显示了初创时期的原始性特征。到了雍正、乾隆时期，无论是造型、胎釉，还是彩绘装饰，都有了明显发展。尤其是雍正一朝，其粉彩瓷胎质细密、洁白无瑕，色彩搭配协调，纹饰图案栩栩如生。乾隆粉彩瓷尽管在艺术追求上不如雍正时，但仍有不少精致的艺术品，在装饰技艺上还有一些新发展。乾隆粉彩瓷装饰主要有两种：一种是洁净素雅的白地粉彩，另一种是华美亮丽的色地粉彩，如松石绿地粉彩、黄地粉彩、祭蓝地粉彩、祭红地粉彩等。粉彩装饰还常与印花、划花、雕镂、贴塑、描金、开光等装饰技法结合使用，这丰富了粉彩装饰的品种，也使它成为景德镇持续烧造、经久不衰的主流品种，至今仍是景德镇“四大名瓷”之一。乾隆时还特别流行制作“轧道粉彩瓷”，文献中称为“锦上添花瓷”，景德镇方言称“扒花瓷”，它是在紫红色或祭蓝色地上用铁锥划出忍冬草状的规矩图案，然后在其上涂施粉彩的一类瓷器。这种装饰可能是受当时西方洛可可风格的影响而出现的，其工艺比较复杂、制作难度大，主要见于转心瓶、转颈瓶、花口觚等器物装饰上，今天景德镇仍有一定烧制。嘉庆以后，粉彩瓷虽然仍是当时瓷器制作的主流品种，但是多承袭前朝所作，且工艺水平每况愈下，佳品少见。清末、民国时期，为了节省原料，粉彩制作甚至不再使用玻璃白打底，通过各项工艺的不断改进，逐渐出现了一种“新”的粉彩风格，古玩界将之称为“糙粉彩”，香港收藏界将之称为“浅绛彩”，还有将之称为“新派粉彩”“落地粉彩”的。这种粉彩呈色浅淡，尽管当时有珠山八友的名家名作，但是整体而言，其制作还是比较粗糙的，精品并不多见，这种情况直到新中国成立后，才有较大改观。今天的景德镇仍在大量烧制粉彩瓷，且出现了许多新的装饰风格，有人将之称为“现代粉彩瓷”。

第二节　古陶瓷的制作工艺

一、古陶瓷的原料制备工艺

原料制备工艺是陶瓷制作工序的第一步，也是陶瓷制作十分关键的一步。它的好坏，直接影响着陶瓷成品质量的优劣。陶瓷原料主要包括坯料、釉料和彩料三种，下面就其制备工艺分别论述。

(一) 坯料的制备

选择原料是陶瓷原料制备工艺的第一步，也是该工艺中比较关键的一步，它直接影响着陶瓷质量的优劣。陶瓷的坯料主要是黏土，它是一种含水的铝硅酸盐矿物，由长石类岩石经过长期风化和地质作用而生成，其化学成分主要有氧化硅、氧化铝和结晶水，还有少量的碱金属和呈色氧化物等。黏土具有较强的可塑性和结合性，加水后可以揉练成泥团，塑成各种造型，经过烧炼后便变得坚硬致密。这一特性，也是它成为陶瓷基础原料的主要原因。黏土在自然界中分布十分广泛，许多地方都有蕴藏，并且品种繁多，是一种宝贵的天然资源。

仅就景德镇而言，制瓷原料主要有瓷石和瓷土两种。其中，瓷石一般由绢云母、石英、长石、方解石组成。景德镇所用的瓷石既有本地所产，也有外地所产。本地瓷石主要产于三宝蓬和寿溪坞两处，前者质纯而有润泽、耐火度高，除了用于制作大件坯体，还广泛用于配制纹片釉。

瓷土即高岭土，其矿物组成主要是高岭石，据《景德镇陶录》卷四记载，景德镇所用瓷土，来自于麻仓。麻仓，俗呼“麻村”“梅村”，是景德镇瓷工最早发现和使用的瓷土矿料产地，位于今景德镇市东埠地区以东、高岭山东北的麻仓山。麻仓土自元代开始采挖，至明代万历年间枯竭，因其质料精细，富有润泽，基本上被官方垄断。在这期间，景德镇瓷工又在高岭山找到了新的瓷土资源，即高岭土。

瓷石和瓷土矿料中除了含有主要的有用矿物成分，还含有一定量的影响瓷质的夹杂物或杂质成分，需要进行加工处理。制瓷所需在泥土，而泥土之细在淘澄，淘练工艺就是其中一个比较重要的环节。但瓷石和瓷土的淘练工艺有所不同。若在淘练过程中，最重要的工具是水碓。它是一种以自然水流落差为动力，可将瓷石粉碎的机械装置，由水轮、碓体、碓坑三部分组成，结构设计十分巧妙。经水碓加工后的瓷石不子，因其成形性能好、饱水率高、生坯干燥强度大等优点，备受制瓷者的青睐。水碓舂碓的效率和质量，受雨水丰枯的季节性影响较大。

此外，景德镇至迟在元代就开始在瓷石中掺入高岭土，使制瓷原料由单一的瓷石原料配方，转变成瓷石与高岭土配合调制的“二元配方”。这不仅扩大了瓷石矿料的适用范围，丰富了制瓷原料的开采量，而且增加了坯体中 Al_2O_3 含量，提高了瓷坯的耐火度，改善了瓷器的物理性能，减少了瓷器在烧造过程中的变形率，提高了成品率，降低了制瓷成本。到了明代，“二元配方”的使用渐广，并出现在相关史料记载中。例如，明末宋应星《天工开物·陶埏》，清代蓝浦《景德镇陶录》等。

(二)釉料的制备

釉料，又称“釉浆”，主要是由釉石和釉灰配制而成。釉石是一种风化较浅的瓷石，景德镇称“釉果”，其主要成分是石英和绢云母，还常含有少量的长石、方解石、高岭石等杂质。釉石中的氧化铝含量较低，氧化钾、氧化钠的含量较高。配釉用的釉石与制坯用的瓷石一样，都要先粉碎制成坯子，然后存放备用。釉灰也是釉料制备的必需原料，起到助熔的作用。灰出乐平县（今江西乐平市），在景德镇南百四十里，以青白石与凤尾草叠垒烧炼，用水淘细，即成釉灰。唐英还提及釉灰的配制工艺，即将石灰石与凤尾草（或狼萁草）配制烧炼而成，具体方法是将石灰石与凤尾草相间排列叠放起来，一般先铺一层凤尾草，在其上铺洒熟石灰，如此循环操作至1米高左右，一般间隔层数为3×3个自然层，精细点的亦可铺到4×4个自然层，但高度均在人工筛粉方便的高度，为1米左右。待自然层铺好后，开始点火煅烧，一般在底脚四周点燃，约经6小时煨烧后，即扒开煨烧堆，翻动搅拌，使煨烧均匀。待余火熄灭后，可再如前法堆叠煨烧，如此连续三次煨烧，约需两个昼夜，再陈放均化数日，即成釉灰成品，稍加水润湿以免吹扬，即可挑运至市区瓷厂使用。三次煨烧所耗用的凤尾草重量，与生石灰用量基本相等。釉灰使用时，先要加水淘洗，去掉浮游的未烧尽的梗屑和沉淀的粗渣，其细浆部分称为“头灰”，一般用作配制粗瓷和圆器用釉；其粗渣部分经过一段时间的陈腐，再进行粉碎和淘洗，所得釉灰称为“二灰”，主要用作配制细瓷和琢器用釉。

按照上述方式配制的釉料，我们一般称之为“石灰釉”，它是国内外最常见也最常使用的一种釉料，其主要特征是碱土成分含量较高，釉料在高温熔融状态下黏度较小，流动性好，透明度、光泽度、弹性都比较强。其实，还有其他方式配制的釉料品种，如以长石为主要助熔剂的长石釉、以锌的化合物为主要助熔剂的锌釉、以铅为主要助熔剂的铅釉，以及以硼和铅的化合物为主要助熔剂的硼铅釉等。其中，长石釉也是我国比较常见的一种釉料，其氧化硅含量较高，是一种难熔釉料，主要特征是釉料在高温熔融状态下黏度较大，不易流动，透明度较差，并有一定的乳浊性，釉面硬度大，光泽感较强；而锌釉、铅釉等由于熔融温度较低，光泽感强，弹性较好，因此一般只用于低温色釉的烧制。

釉料制备工艺是陶瓷制作工艺中的重要环节，必须严格认真操作，稍有不慎，便会造成损失。因此，在釉料配制之前，必须对釉用原料和呈色原料的性能、质量逐一进行检查，符合要求后，才可称量配比调和；然后将调配好的釉料装入底心无釉的研钵中混磨，当混磨到一定细度后，加入适量的水，调配成釉浆，过筛后即可备用。需要注意的是，为了保证釉色的质量，使用釉浆前须先试用，俗称“试照子”，古称“试照”。

（三）彩料的制备

陶瓷上用于装饰的彩料品类繁多，釉上彩、釉下彩、釉中彩均有不少种类。以釉上彩为例，它有五彩、粉彩、珐琅彩之分，其彩料主要有广翠、翡翠、锡黄、大绿、淡绿、苦绿、墨绿、矾红、生红、顶红等，制备方法各异：广翠主要是由晶料、牙硝、铅白、氧化钴等配制而成；翡翠主要是由牙硝、铅末、信石、氧化铜配制而成；锡黄主要是由石英、硝酸钾、铅丹、氧化锡配制而成；大绿主要是由石英、牙硝、青铅、氧化铜、玻璃粉等配制而成；墨绿主要是由粉大绿、珠明料、雪白配制而成；矾红主要是由青矾和铅粉配制而成等。这里主要以釉下彩中的青花料为例，叙述其制备工艺，并比较古今之异同。

青花料，又称“钴蓝料”，是以氧化钴为主要呈色元素、专门绘制青花瓷纹饰的彩料。中国古代使用的青花料，均属于钴土矿物原料，其来源主要有二：

(1) 我国国产的青花料，如江西乐平、上饶、上高、丰城、赣州，浙江的江山，云南的宜良、会泽、榕峰、嵩明以及福建、广东、广西等地均有不少钴土矿藏，蕴藏十分丰富，其品种主要有平等青、石子青、浙料、珠明料等。平等青，又称“陂塘青”，主要产于江西省乐平市。明代成化、弘治、正德诸朝的青花瓷装饰多用此料，其主要特点是含铁量少，烧成后色泽清丽明澈，给人以淡雅柔和之感。石子青，又称“无名子”，产于江西省高安市多地，明末清初的青花瓷装饰多用此料，其特点是呈色蓝中泛灰，比较清雅，但也有亮丽浓艳的，常和进口的回青料配合使用。浙料主要出自浙江省江山市，明代后期至清代多用此料，并一直沿用至今，其特点是呈色蓝中泛灰，清丽幽雅，个别有青翠艳丽的珠明料主要产自云南省多地，云南将其所产的上等青花料称作“金片”或“珠密”，“珠明”即是“珠密”的谐音，明清云南地区制作的青花瓷装饰和清代景德镇烧制的青花瓷装饰多用此料，并一直沿用至今，其特点是色泽蓝中泛灰或泛黑，也有葱翠鲜艳的。

(2) 从国外进口的青花料，其品种主要有苏麻离青和回青。苏麻离青，又作“苏勃泥青”“苏泥勃青”等，主要产自西亚地区，元代、明代景德镇烧制的青花瓷装饰多用此料，其特点是含铁量较高、含锰量较低，呈色鲜艳亮丽，但多有铁锈斑点。回青，主要产自东南亚地区，上等者称“佛头青”，明代后期景德镇烧制的青花瓷装饰多用此料，并常与我国产的石子青配合使用。

如今我国多地使用的青花料既有天然的钴土矿物原料，又有人工合成的化工原料氧化钴。由于天然的钴土矿物原料属于不可再生资源，十分宝贵，并且矿源不太稳定，供应比较困难，因此目前青花瓷装饰采用的多是化工原料氧化钴或将化工原料氧化钴和天然钴土矿物原料配合起来使用。

二、古陶瓷的成型工艺

所谓成型工艺，是指将可塑性的黏土在外力作用下，变成人们所需要的特定器物形状的操作技艺。根据其制作者的不同，可分为人工成型和机器成型两种。而根据其制作方式的不同，可分为捏塑成型、泥条筑成型、拉坯成型、拍片成型、模制成型、3D 打印成型六种。下面就对这六种成型方式进行简要分析。

（一）古陶瓷的捏塑成型方式

捏塑成型，这是最早使用的陶瓷成型方式，出现于新石器时代早期，是将可塑性的黏土用手捏塑成一定的器物形状。捏塑成型早期主要用于捏制一些小件器物，如杯子、小碗、珠子等，还有一些小型雕塑，如猫、犬、猪舍、羊圈、灶台等，后来逐渐发展为捏制大型的陶瓷雕塑作品，如牛羊犬马、狮虎骆驼、佛道人物、花鸟盆景、镂雕龙舟、堆塑花瓶等，一直沿用至今。这种成型方式由于纯属手制，器壁上往往留有指纹，器型也不太规整，因此多适用于制作比较小、工艺要求不高的器物，像后来比较大型的陶瓷雕塑作品，多要借助于模制成型的方式，才能做得规整、精致。

（二）古陶瓷的泥条筑成型方式

泥条筑成型，这是较早使用的陶瓷成型方式之一，出现于新石器时代早期，是新石器时代最常使用的陶瓷成型方式，具体包括泥条盘筑法和泥条圈筑法两种。所谓泥条盘筑法，即用一根较长的泥条从下至上螺旋式地盘筑成一定的器物形状，然后用人手或机械工具将里外抹平，使泥条之间没有空隙，进而制成器形的方法。所谓泥条圈筑法，即根据器形的特定需要，先制作出许多根等长或不等长的泥条，然后把这些泥条从下至上一层一层地相叠成一定的器物形状，然后用人手或机械工具将里外抹平，使泥条之间没有空隙，进而制成器形的方法。这两种成型方法原理基本一致，只是过程略有差异。在轮制成型工艺出现之前，许多陶瓷器物都是用这两种方法成型的，尤其是一些大件的盘、碗、瓶、罐、壶、釜、甑、甗、鬲等，即使到今天，我国仍有许多地区，如云南傣族、台湾高山族等生活的地区，仍在使用这两种方法成型陶瓷器物。不过用这两种方法成型陶瓷器物，其内壁往往会留下泥条盘筑或圈筑的痕迹，这种痕迹在以前常被视作器物的“瑕疵”甚至“缺陷”，如今却被当作一种独特的装饰方式，用来专门制作一些别致的陶瓷制品。今天的瓷都景德镇就有不少艺人用这两种方法成型陶瓷器物，这里面不仅有小件的盘、碗制品，还有比较大件的瓶、罐、缸、雕塑等制品，所制器物都显得十分古拙、质朴，给人以独特的视觉享受。

（三）古陶瓷的拉坯成型方式

拉坯成型是我国较早使用的陶瓷成型方式之一，是随着轮制工艺的出现而出现的，目前最早见于新石器时代仰韶文化时期。轮制工艺的早期基本属于慢轮成型，尚不能单独成型陶瓷器物，而只能辅助修整用其他工艺（如泥条盘筑法）成型的陶瓷器物。新石器时代晚期，才逐渐出现了单独成型陶瓷器物的快轮成型工艺，其操作方法是先将陶瓷泥料放置在陶车旋轮上的中间位置，然后用力拨动旋轮，使之快速旋转，再用人手提拉的方式制成所需要的陶瓷器形。这种方法后来成为陶瓷成型工艺的主流，一直沿用至今。

拉坯成型必须借助一定的拉坯工具，即前面提到的“陶车”。陶车，古称“陶钧”，今又称“陶轮”“轱辘车”等，主要由旋轮、轴顶帽、轴、复杆、荡箍五部分构件组成。其中，旋轮通常是圆形木质结构；轴顶帽嵌于旋轮背面的中心处，覆置在插埋于土中的轴部顶端；复杆置于轴两侧，起到定位和平衡的作用；荡箍套在轴的下半部。陶车是拉坯成型最主要的工具，以前都是手工带动陶车拉坯，后来逐渐出现了机械带动陶车拉坯，今天则大量使用电动拉坯机拉坯。不管用哪种方式作为拉坯机的动力，其操作工序和要领方法是基本一致的。需要注意的是，仅用拉坯成型的陶瓷器物，其器形粗厚可能并不规整，往往需要借助一道“旋坯”工艺来做精细修整。旋坯，又称“利坯”，它是修整陶瓷器形的一种工艺，使其更加平整光滑、厚薄适当。拉坯、旋坯，可视作一道工艺的两个步骤，两者配合使用，才能制作出器形规整、厚薄均匀的陶瓷器物。

采用拉坯成型工艺，不仅可以制作出器壁很薄、平整均匀的器物，如我国古代制作的“蛋壳黑陶”“蛋壳彩陶”“卵幕杯”“脱胎碗”等器壁均不到1毫米，而且器壁上会留下拉坯成型时的一道道弦纹，具有强烈的层次感和节奏感，韵味十足，可当作陶瓷器物上的一种装饰，令人回味无穷、意蕴悠长。这一装饰是其他成型工艺难以达到的艺术效果，目前许多地方仍在大量采用这种成型方式，可能原因就在于此。当然，拉坯成型工艺操作有优有劣，这完全依靠工匠的勤奋苦练。唯有如此，工匠才能对其操作工序和动作要领有深切体会，才能真正熟练掌握它，从而做到技法娴熟、游刃有余，仅凭一双勤劳之手就能拉出各种各样规整的陶瓷器形。景德镇陶瓷工匠在这方面成就颇高，常被世人赞誉。

（四）古陶瓷的拍片成型方式

拍片成型是陶瓷器物成型方式之一，主要是针对方形或多角的器物。由于这类器物无法拉坯成型，因此只能通过模制或拍片的方式成型。这里先重点说下拍片成型的方法，它先是将炼制好的泥料制成坯板，然后切割、裁剪成合适的小块，再用泥浆将其黏结成所需要的坯体形状，最后打磨成平整光滑的陶瓷器形。

方形或多角的器物十分难做，尤其是在烧制阶段，极易发生变形、开裂等现象。其解决方法是尖角处要倒成工艺圆角，厚薄转折过渡处要缓慢过渡，不要急剧由厚变薄或由薄变厚，粘接处要细致黏合，刮平不留接缝。内外利坯，务求壁厚均匀一致。拍片成型工艺出现稍晚，但持续使用时间较长，至今仍是方器、多角器以及以造型取胜的紫砂器等器物的主要成型方法。

(五) 古陶瓷的模制成型方式

模制成型是我国较早使用的陶瓷成型方式之一，出现于新石器时代，是一种利用模具制作陶瓷器形的方法。新石器时代多用于制作陶瓷器形的局部构件，如龙山文化遗址中出土的圆锥形陶模，是作为器物袋状足的内模，与当时出土的鬲足相吻合。我国台湾高山族生活的区域，至今仍保留着这种做法，即利用较大的圆形砾石作为内模，以制作圆腹圆底类的陶瓷器物。新石器时代之后，逐渐出现了制作完整陶瓷器形的模具，即用模具作外范，将炼制好的泥料涂敷或拍打成泥片置于模具之内，用人手或机械工具压制成型，待稍干后取出，即为器坯。

模具有单模和合模之分，单模多用于制作比较容易成型的小件器物，而合模多用于制作比较复杂的大件器物。古代模具多用生土素烧制成，即我们常说的“陶范”，其制作工艺并不复杂，但要做好，也不是件容易的事。如今，模制成型多采用机器印坯成型或石膏模具成型。

(六) 古陶瓷的 3D 打印成型方式

3D 打印成型是一种快速成型技术，它以数字模型文件为基础，运用粉末状泥料、金属或塑料等可黏合材料，通过逐层打印的方式来构造物体。3D 打印通常采用数字技术材料实现打印，在陶瓷、珠宝、建筑、汽车、医疗、教育、航空航天等领域，具有十分广泛的应用。就陶瓷 3D 打印成型而言，其操作流程和方法是先建模，这是陶瓷 3D 打印成型的第一步，也是最关键的一步，建模的好坏直接决定着器物制作的优劣。建模完成后，就要进入“切片”程序，即把 3D 模型转化为 3D 打印机本身可以识别和执行的代码（如 G 代码、M 代码等），然后把切片完成的文件通过 U 盘或其他方式导入机器中，机器就会自动识别文件，通过点击按钮控制机器的启动、关闭、打印速度、打印精度等。不过在正式打印之前，我们先要打印两圈作为试验，查看打印的效果。如果最后打印出来的坯体上带瑕疵，那就需要经过人工后期修整。

如此就基本完成了陶瓷3D打印成型的所有步骤和工序，之后就进入上釉施彩烧制的阶段了。

陶瓷3D打印成型在陶瓷成型方面具有许多优势，如它可以节省泥料，用3D打印技术进行陶瓷成型，不再需要剔除边角料，使泥料得以充分利用；它可以制作出传统陶瓷成型工艺难以制作出来的、十分复杂的器型；它可以快速、自动、精确地将计算机形成的三维设计转化为实物模型，甚至可以直接完成器物制作，缩短了产品的研发周期；它使陶瓷成型工艺得到了简化，其成型不再需要传统的刀具、夹具、机床或任何模具，直接通过建模制作各类产品，也不再需要集中或固定某一制作车间，其生产方式更加灵活多变。当然，这种技术毕竟是一种新兴的科学技术，在实际应用过程中还是存在不少问题，如泥料的柔软性导致机器打出来的陶瓷器物倾斜度较大，容易出现变形甚至塌陷的现象；由于打印机的出泥针管细小，泥料容易堵塞针头，需要经常清洗，这样就增加了工人的劳动量；3D打印机价格一般比较贵，致使陶瓷器物成型成本大幅提高等。尽管如此，陶瓷3D打印技术作为一种新兴的科学技术，为当代陶瓷制作注入了新的活力，也为陶瓷科技的进步开辟了广阔前景，并在很大程度上解放了人类的思维方式，使人类的创造力进一步得到拓展和发挥。这种技术的出现和广泛应用，不仅改变了人们的造物观和思想认识，也改变了人们的生活方式，方便了人们的生产生活，促进了社会的进步和发展，是应该予以肯定和赞赏的。

三、古陶瓷的施釉工艺

施釉工艺是陶瓷制作过程中的一项重要工艺。它是瓷器制作过程中一道必备的工艺，需要特别慎重地对待，处理稍有不当，可能就会影响釉料的呈色效果和产品质量。不同的胎体和不同的釉料，需要采用不同浓度的釉浆和不同的施釉方法，以求达到适当的釉层厚度，实现预期的呈色效果。具体而言，单色釉、无光釉和纹片釉制品的釉层应做到厚薄均匀一致。对于其中流动性较大的单色釉（如铜红釉），其制品的上部釉层应厚一些，以免在高温熔融时上部釉往下流淌，出现“上部颜色浅淡，下部颜色深浓”等呈色不均的现象。窑变花釉则比较特殊，古代工匠很难掌控其制作过程，烧制时往往“百不得一”“千不得一”，但如今它已成为一种常规产品，有严格的工艺流程：一般是在胎体上先施好底釉，再在底釉上施以不同颜色的面釉（施釉方法根据制品的造型、釉料性质和装饰需求而定），使釉面呈现出流釉、色斑等富有变化的装饰效果。

施釉胎体主要有陶胎、生瓷胎、素烧瓷胎和白瓷胎数种，施釉方法有蘸釉法、吹釉法、浇釉法、拓釉法和荡釉法数种，这里只重点介绍瓷胎的施釉方法，但在必要时会偶尔论及陶胎的施釉方法，不过不再单独列述。生瓷胎的施釉方法应视胎体的造型、大小和强度而定，除薄胎和特大型制品外，一般均可采用蘸釉法，但施釉前胎体的含水率应控制在3%～4%。素烧瓷胎是生瓷胎在800～900℃素烧后的瓷胎，强度增加，更方便施釉，适合各种施釉方法的操作。瓷胎因吸水率极低，几乎接近于零，故施釉时应适当增加釉浆的浓度。无论采用哪种胎体施釉，在施釉前都必须将胎体表面的灰尘、油垢等杂质清除干净，以保证釉的质量。施釉工艺中，施釉方法最为紧要。下面就对这几种重要的施釉方法逐一进行介绍。

（1）蘸釉法。蘸釉法又称“浸釉法”，其操作方法是将胎体浸入釉浆中，片刻后取出，借助胎体的吸水性，使釉浆均匀地吸附于胎体表面。使用此法时，我们应根据色釉釉层厚度的要求，灵活掌握釉浆的浓度和浸渍的时间。此法一般多适用于厚胎及盘、碗、杯、碟等小型圆器制品。

（2）吹釉法。吹釉法的传统操作方法是先截取一小段竹筒，将竹筒的一端蒙上细纱，蘸取釉浆，对准胎体要施釉的部位，用嘴吹竹筒的另一端，釉浆通过细纱孔便黏附于胎体表面，如此反复进行，即可达到厚度适宜的釉层。根据制品的大小和釉质的不同，吹的遍数亦有不同，少则三四遍，多则十七八遍。吹釉法的特点是施釉均匀，但比较费力耗气，一般适用于薄胎及大型制品，目前仍在使用。民国初年，广东瓷商李子衡从香港带来了裁缝熨衣服用的吹水壶，在白铁店仿制成功后得到推广，使用这种壶吹釉，可以节省体力、提高效率。后来我国窑匠对吹釉工具又做了改进，开始使用机器喷釉法，即利用压缩空气将釉浆喷成雾状黏附于胎体表面，与喷雾器使用原理相同。

（3）浇釉法。传统操作方法是在盆中架一木板，将胎体放在木板上，用碗或勺舀取釉浆浇于胎体表面。此法一般多适用于较大型的制品，亦适用于一面施釉的制品。若胎体过大，可两人共同操作完成，但两人手法必须一致，否则很难做到施釉均匀。从传世品来看，浇釉制品的釉面多不均匀，多有棕眼。现代浇釉工具有所改进，用机器带动的旋转轱辘盘替代了“盆中架一木板”作胎体的“座子”，施釉技术和质量也有了一定提高，不过浇釉带来的“微瘢”缺陷仍难以消除。

（4）拓釉法。拓釉法又称“涂釉法”“刷釉法”，其操作方法是用刷子或毛笔蘸取釉浆，均匀地拓在胎体表面。此法一般多适用于长方有棱角或局部上釉、补釉的制品，亦适合在同一胎体上施多种不同色釉的制品。

（5）荡釉法。荡釉法即荡内釉法，其操作方法是先把釉浆灌注于胎体内部，再将胎体上下左右振荡，使釉浆布满整个胎体内部，然后倒出多余釉浆。此时将胎体继续回转，使胎体口部不留残釉。根据不同的需求，有荡两次釉的，但最多不能超过两次，否则很容易产生气泡。此法一般多适用于瓶、罐、壶之类的小口大腹制品。

当然，为了满足瓷器的不同需求，这些施釉方法有单独使用的，也有结合使用的，有蘸釉与吹釉结合使用的、有浇釉与荡釉结合使用的、有拓釉与荡釉结合使用的等。如对大型方瓶胎体的施釉，一般是内部荡釉，外部拓釉或吹釉。此外，施釉工艺完成的效果，还与釉料的性质、工匠的操作水平有关。

四、古陶瓷的装饰工艺

所谓装饰，是指在物体表面加些能使之美观的修饰物，如大门口摆放两头石狮子，在客厅里陈设几件花瓶、悬挂几幅字画，衣服上染涂各种各样的颜色，陶瓷上绘制各种各样的花纹等，都属于装饰。仅就陶瓷装饰而言，它是指利用适合的装饰材料，凭借相应的工艺技术，对不同的陶瓷制品的表面进行相宜的艺术处理的方式、技法。装饰材料、工艺技术、艺术处理、审美功能是构成陶瓷装饰的基本要素；经济、实用、美观是陶瓷装饰的基本原则；生产性、商品性、艺术性、时代性是陶瓷装饰的基本要求。

(一) 胎装饰的工艺技法

胎装饰主要是指在半干或施釉之前的陶瓷胎体上所做的各种装饰，如施陶衣、施化妆土、刻花、划花、印花、剔花、贴花、镂空等，起到美化和装饰陶瓷器物的作用。下面就对这些胎装饰的工艺技法作以简要描述：

(1) 陶衣。陶衣是指陶器表面涂施的一层薄薄的物质，属于比较精细的陶泥浆或瓷泥浆。其制作方法：先选取质量较好的陶泥土或瓷泥土，经过淘练加工处理后，用水将其调和成精细的陶泥浆或瓷泥浆，然后涂施在陶器胎体表面，入窑烧成后即成陶衣。陶衣，顾名思义，是陶器的“衣服”，它不仅可以遮蔽陶器本身胎质的“粗糙”和颜色的“丑陋”，扩大陶器原料的使用范围，使陶器表面显得光洁润滑，还可以将陶器上的色泽花纹衬托得更加鲜明亮丽，起到良好的装饰和美化效果。陶衣多有颜色，主要有红、白、赭等色，故又称“色衣”，最早见于新石器时代仰韶文化的彩陶上，后来的龙山文化、大汶口文化、大溪文化等陶器上也常见有陶衣。

(2) 化妆土。化妆土是指瓷胎表面涂施的一层物质，属于比较精细的瓷泥浆。其制作方法：先选取质量上好的瓷泥土，经过淘练加工处理后，用水调和成精细的瓷泥浆，然后涂施在瓷胎表面，入窑烧成后即成化妆土。化妆土，顾名思义，是作为“化妆”用的精细泥土，起到装饰作用。化妆土不仅可以遮蔽瓷胎本身的“粗糙”和颜色的“丑陋”，扩大瓷器原料的使用范围，使瓷胎表面显得光洁润滑，还可以使釉面在外观上显得更加饱满柔和，提高瓷器制作的质量。因此，婺州窑试用成功后，就大量采用当地普遍存在的红色黏土作为瓷胎原料，较好地解决了当地瓷土原料不足的问题。到了东晋时期，其周边地区如浙江越州、德清等地也逐渐开始使用化妆土，后来又扩散到湖南、湖北、江西、四川、河北等地，应用十分广泛。瓷胎上使用化妆土，可能是受到陶器上使用陶衣的启示和影响，不过两者在制作方面又有明显不同，瓷胎上涂施化妆土要求比较高，它要求瓷胎、化妆土和釉料三者的膨胀系数和烧成温度大致匹配，否则难以结合紧密，很容易导致化妆土或釉面翘皮、开裂甚至剥落等现象出现，制作工艺要比陶衣复杂许多。

(3) 刻花。刻花最早见于新石器时代，一直沿用至今。其制作方法：用骨、竹或金属刀具在半干的陶瓷胎体表面刻出花纹，然后施釉或直接入窑焙烧。由于刻花多是用工具直接在胎体上刻制，因此立体感较强，装饰效果颇佳。刻花常和划花、剔花等装饰技法结合使用，这样做出的花纹图案会更显细腻、真实。此外，还有一种刻填花（又称“刻花填色”）的装饰技法，它是在陶瓷胎体表面或施釉胎体釉面用刻制工具刻出花纹图案，然后将色泥或白彩浓汁填涂到花纹凹线内，然后入窑焙烧。这种装饰可以增强胎体色面和花纹图案的对比度，使胎体表面的花纹图案更加凸显，一般置于陶瓷器物的显著位置。

(4) 划花。划花最早出现于新石器时代，一直沿用至今。其制作方法：用针状、梳状或篦状工具在半干的陶瓷胎体表面划出花纹，然后施釉或直接入窑焙烧。划花在不同时期有着不同的特点，如新石器时代半坡遗址出土的陶器上的划花纹饰比较简单，多为一些几何图案；而宋代瓷器上的划花纹饰则相对比较复杂，像定窑瓷器上的划花纹饰多为水纹和鱼纹。不过整体而言，划花技法灵活、操作简便，所划线条纤巧流畅，讲究一气呵成，整体感强。尤其是在划花装饰后再施釉烧成，其划花纹饰在釉面之下若隐若现，韵味十足。

(5) 印花。印花是陶瓷器上常见的胎装饰技法之一，有拍印和压印之分。所谓拍印，是用带有花纹的木制或陶瓷质料的印具，在半干的陶瓷器坯上拍打出花纹，然后施釉或直接入窑焙烧。这种拍印方法始见于新石器时代，并一直沿用至今。整体而言，印花技法简单，操作简便，节工省时；印制花纹规格统一，可以批量成套生产，提高了生产效率。

(6) 剔花。剔花是瓷器上常见的胎装饰技法之一，陶器上比较少见。所谓剔花，简单而言，就是用刀具将花纹以外的地子剔去，使纹样凸显出来，具有浅浮雕的艺术效果。就陶瓷器上的剔花工艺而言，则是先在陶瓷胎体表而施一层化妆土或釉料，并刻划出花纹，然后将花纹部分或花纹以外的化妆土或釉层剔去，露出胎体，形成装饰。施化妆土者，须先施透明白釉，然后入窑高温烧成；施釉者，则无须再上釉，直接入窑高温烧成。烧成之后，釉色、化妆土色和胎色形成强烈的对比，纹饰凸显，色彩鲜明，具有浅浮雕的艺术效果。这种剔花工艺始见于北宋磁州窑，其中的白釉剔花是在黄褐色的胎体上凸显白色的主题纹饰，黑釉剔花则是在黄褐色的胎体上烘托出乌黑发亮的主题纹饰。同时期的河南当阳峪窑的剔花工艺则别具一格，它是先在灰褐色瓷胎上施一层洁白的化妆土，然后在化妆土上刻划出纹饰，再将纹饰以外的化妆土剔掉，露出灰褐色胎体，然后再施透明白釉，入窑高温烧成。烧成后的剔花装饰，灰白相间，在灰褐色的胎体上衬以洁白的纹饰，色彩对比鲜明，很有地方特色。后来这些剔花工艺逐渐被其他窑口借鉴和采用，形成了黑釉剔花、白釉剔花、绿釉剔花、黄釉剔花等诸多剔花品种，并一直沿用至今。

(7)贴花。贴花是瓷器上常见的胎装饰技法之一，陶器上比较少见。贴花工艺的古今理解有所不同。古代的“贴花”，又称“模印贴花”“塑贴花”，是将捏塑或模印的各种人物、动物、器物、花卉等图样的泥片或泥条，堆贴在已成型的陶瓷胎体表面，然后施釉入窑烧成。贴花工艺最早可追溯到新石器时代陶器上的附加堆纹。到了东汉时期，贴花工艺在成熟瓷器上开始采用，三国至唐代十分流行，尤其是三国两晋时期盛行的青釉谷仓(又称“魂瓶”)，上面堆贴着各种立体人物、动物、亭台、楼阁等，是这类贴花工艺的代表性作品。宋代以后，贴花工艺的应用逐渐减少，不过一直有制作，并被延传至今。贴花纹样生动、形象逼真、立体感强，颇受世人喜爱。

尤值得一提的是，在宋代吉州窑瓷器上流行着一种别样的贴花装饰，即“剪纸贴花”装饰，它是将当地的民间剪纸艺术和瓷器装饰艺术结合起来的一种特殊技艺，一般装饰在碗、盏的内壁。其工艺方法：先在瓷胎上施一层含铁量较高的釉，然后贴上各种花纹或文字的剪纸，再在其上施一层含铁量较低的釉，入窑高温烧成，即在色彩斑斓的浅褐色窑变釉面上呈现出酱黑色的剪纸图样，十分朴实典雅，具有浓厚的民间气息。此外，宋代吉州窑瓷器上还有一种“木叶贴花”装饰，它是通过特殊的制作工艺，在釉上烧出树叶纹饰，一般也装饰在碗、盏的内壁，让人感觉宛如树叶落入了碗中，十分巧妙别致。这两种独特的贴花工艺，均是宋代吉州窑瓷工的创新，具有浓厚的地方特色和民间风格，今天的吉安市永和镇仍有不少应用和烧制。

随着时代的发展和科技的进步，当今的贴花工艺除了传统应用的贴花工艺，还注入了新的内容，即“贴花纸”装饰工艺。它是机器大工业时代为了实现陶瓷批量装饰而发明的一种装饰技法，也是当今应用得最广泛的一种陶瓷装饰技法，其操作方法是用粘贴的方式将已做好的带彩色图案的花纸移植到陶瓷胎体的表面或釉面，待入窑烧成后，花纸挥发不见，而花纸的彩色图案遗留在陶瓷胎体或釉面上。它能根据陶瓷装饰的不同要求，采用多种印刷方式将陶瓷颜料印制在花纸或薄膜上，然后把这种带有陶瓷颜料组成彩色图案的花纸或薄膜贴于陶瓷胎体或釉面之上，以达到各种装饰的目的。贴花纸根据其装饰工艺技法的不同，可分为釉上贴花纸、釉中贴花纸和釉下贴花纸；根据其使用材料的不同，可分为釉上新彩颜料贴花纸、釉中高温快烧颜料贴花纸、釉中或釉下多彩颜料贴花纸和釉下青花颜料贴花纸；根据其印版和印刷方式的不同，可分为平版印刷贴花纸、凹版印刷贴花纸、丝网印刷贴花纸和平丝结合印刷贴花纸等。

(8) 镂空。镂空又称“镂孔”“镂雕”“透雕”等，陶瓷器上常见的胎装饰技法之一。其工艺方法：用比较锋利的尖状工具，在未干的已成型的陶瓷胎体上透雕花纹，然后施釉或直接入窑焙烧。这种镂空技法，新石器时代就已出现，并一直沿用至今。新石器时代的镂空花纹一般比较简单，早期多为编织纹，后期多为成排的细孔或圆孔，基本是几何形图案。后来一直被沿用，并有所发展，工艺渐趋复杂，如元代时出现了双层结构的镂空高足杯，清代时又出现了外层镂空、内层绘画的转心瓶等，尽管数量稀少，但都是镂空技法应用的创新之作。

(二) 釉装饰的工艺技法

所谓釉装饰，就是用各种釉料装点，修饰陶瓷器物表面的一类装饰。釉料按烧成温度，可分为高温釉、中温釉和低温釉不同温度的釉料，其装饰工艺有所不同：高温釉主要用于瓷胎装饰，烧成温度一般在1250～1350℃，多为生坯挂釉，入窑一次烧成。其特点是胎体烧结程度较高，胎、釉结合牢固，釉色深沉，化学稳定性强，无铅毒，但釉面厚薄不均，有层次变化。中温釉也多用于瓷胎装饰，烧成温度一般在950～1250℃，种类偏少，但有些产品如孔雀绿釉瓷只能在中温条件才能烧成纯正的釉色。低温釉则在陶胎、瓷胎上均有大量应用，烧成温度一般在700～950℃，多在陶胎、素瓷胎或瓷胎上挂釉，然后入彩炉焙烧而成。其特点是釉色均匀稳定、釉面光泽感强、表面平整光滑、釉层清澈透明，但胎、釉结合不牢，常有剥釉、脱釉现象，化学稳定性差，多有铅毒。

釉料若按色泽分，则可分为单色釉、双色釉、三彩釉、窑变花釉、结晶釉等，单色釉又可细分为青釉、白釉、青白釉、黑釉、黄釉、红釉、蓝釉、绿釉、酱釉、紫釉、炉钧釉、仿古玉釉、仿古铜釉、仿金釉、仿银釉、仿木釉、仿石釉、仿漆釉等，而红釉又可细分为祭红釉、郎窑红釉、豇豆红釉、矾红釉、珊瑚红釉、金红釉，蓝釉又可细分为祭蓝釉、洒蓝釉、天蓝釉、孔雀蓝釉等，结晶釉也可细分为兔毫釉、油滴釉、玳瑁釉、鹤鸪斑等，品类十分丰富。这些五颜六色的釉料装饰的陶瓷器物，可以让人们融入一个多姿多彩、绚丽璀璨的陶瓷世界，感受土与火交织而成的神奇艺术，领略科技、工艺和艺术完美结合带来的震撼力。

(三) 彩装饰的工艺技法

所谓彩装饰，就是用各种彩料在陶瓷器物表面绘制图案纹样的一类装饰。其品种颇为丰富，出现时间较早，新石器时代仰韶文化的彩陶就是用彩料装饰陶瓷器物的开端。后来这种彩料逐渐被运用到瓷器装饰上，拓展了瓷器装饰的品种，也将彩料的运用发挥到了极致。瓷胎彩装饰出现后，陶胎彩装饰就大幅减少，尤其是在宋代以后，彩装饰基本以瓷胎彩装饰为主，仅就瓷胎彩装饰而言，它可分为釉上彩装饰、釉下彩装饰、釉中彩装饰、斗彩装饰等，而釉上彩装饰又可细分为五彩装饰、粉彩装饰、珐琅彩装饰等，釉下彩装饰也可细分为青花装饰、釉里红装饰、青花釉里红装饰、釉下三彩装饰、釉下五彩装饰等，品种也相当丰富。

(四)款装饰的工艺技法

所谓款装饰，就是通过刻、划、印、写等方式在陶瓷器物上留下文字、图案标识的一类装饰。款装饰出现较早，目前始见于新石器时代，如新石器时代陶器上刻划的各种象形文字符号，很可能是我国象形文字的雏形。到了战国时期，由于私营作坊的出现，带有工匠名、产地名等铭文装饰的陶器大量出现，如河北武安午汲古城战国制陶作坊遗址中，就出土了大量带有铭文装饰的陶器陶片，像“文牛陶”“粟疾已”“韩”“孙”之类。款装饰虽然只是陶瓷装饰的一小部分，上面多标明了制作时间、地点、工匠名、作坊名、堂名等重要的文字信息，因此成为陶瓷器物断代和真伪鉴定的重要依据参考，受到鉴赏家的关注和重视。

款装饰发展应用至今，品类十分丰富，按照不同的划分方法有不同的类别款装饰。如按题款工艺分，可分为刻款、划款、印款、写款等，其中写款按书写彩料分，又可分为青花款、红彩款、堆料款等；按排列方式分，可分为横款、竖款、十字款、方形款、环形款等；按题款内容分，可分为文字款、花样款、数字款等，其中文字款如按语种分，可分为汉文款、藏文款、八思巴文款、阿拉伯文款、英文款、法文款、德文款等；按文体分，可分为楷书款、篆书款、行书款、隶书款等；按内容分，可分为纪年款、堂名款、吉语款、供养款、陶人款、公司款、厂名款、商标款等。款装饰还有一些其他特殊的文字款，如“天”字款、“官”字款、“珍藏”“珍玉”款等。

五、古陶瓷的烧成工艺

烧成工艺是陶瓷制作的最后一道工艺。从某种意义上而言，陶瓷的烧成是一门“火的艺术”，它直接决定着陶瓷制作的成败，同时又是最难控制的一个环节。

(一)古陶瓷的装窑

装窑古时又称“障窑”“满窑”，即将陶瓷胎体装入匣钵后，根据不同的烧成要求，放在不同的窑位，这是烧成工艺的第一步。无论是何种窑形，将胎体置于不同的窑位，其烧成温度和气氛都会有差异，因此那些对温度气氛比较敏感的釉彩制品，需要根据实际情况，放在合适的窨位装烧，否则难以达到预期的呈色效果。一般而言，窑的上、中部位温度较高，适合置放铜红釉、纹片釉和窑变花釉等。

需要注意的是：

（1）装窑之前，陶瓷胎体的含水率不宜过高，最好控制在3%以下。胎体如果过湿，烧造时就容易开裂，成为废品。

（2）装胎体的匣体底部宜撒一层石英粉或粗糠灰，对于流动性较大的色釉制品，除使用渣饼垫衬外，还要用耐火泥制成的“三角垫”支撑，而现代工艺中还会在胎体底角与三角垫之间使用由50%高岭土和50%工业氧化铝粉组成的料浆黏合，以便烧成后容易敲脱。

（3）不同性质的色釉制品不能混装在同一匣钵内，如铜红釉与钛黄釉、铜绿釉与乳白釉等均不宜混装，这是由于铜釉极易挥发，容易污染其他制品的釉面呈色。

（二）古陶瓷的烧窑

烧窑主要包括烧成温度、烧成速度和烧成气氛三个方面，这是烧成工艺中最关键的一步。烧窑的关键在于控制火候。火有前、中、后之分，有紧火、溜火、沟火之别。在掌握了火候的特点后，烧窑工匠对火候的操控在使用柴窑烧制的古代，显得尤为重要。烧窑工匠，古时又称“风火窑匠”，是专门掌烧窑火的一类工匠。他们依靠这门祖传绝技生活，全凭一双慧眼来控制窑火。

另外，烧窑还与釉的成分及呈色要求有关。即使是同一釉料，在不同的烧成温度和烧成气氛中也会出现不同的釉色。对于不同的釉料，想要达到理想的呈色效果，除了严格控制烧成气氛，还要恰当地控制烧成温度和升温冷却的速度，尤其是不宜操控的高温色釉制品，对烧成温度和升温冷却的速度要求较高。例如，挥发性较强的铜红釉的烧制，其温度就不宜过高，且宜快烧快冷；铁青釉、钴蓝釉、纹片釉等的烧制，亦宜快烧快冷；天目釉和无光釉的烧制，则宜缓慢冷却；结晶釉烧制完成后，需要保温一段时间，以便晶体从中析出。对于呈色稳定的低温色釉制品，其烧成温度多由色釉本身的性质决定，如铅釉的烧成温度是700～900℃，硼铅釉的烧成温度是1000～1050℃，若烧成温度过高，釉的呈色会变淡，过低则釉色不够鲜亮。而对于特大型的色釉制品，无论是高温釉还是低温釉，烧成时温度都不宜快升快降，否则容易发生惊裂。

（三）古陶瓷的开窑

开窑又称“出窑”，是烧成工艺的最后一步。需要注意的是，在瓷器出窑之前，一般先验其是否成熟，古时通常用“试火照”之法，此法至今仍在使用。此外，对于出窑后欠烧或过烧的制品，若无惊裂或变形等缺陷，尚可视情况进行适当加工复烧。如果欠烧制品出现生爽缺陷时，可再施上一层薄薄的原釉浆，重新入窑烧造，以达到合格的釉色；过烧制品可施上一层底釉，再涂上一层相适应的面釉，复烧成花釉制品；而过烧的高温釉制品，还可施上相适应的低温釉，复烧成高低温釉相结合的别具一格的色釉制品。

（四）窑炉结构的演变

（1）平地堆烧。先民们在烧制陶器时，并没有出现专门的“窑”，而是在平地上堆放一堆干柴，将陶器置于其上，直接点火燃烧，即“平地堆烧”，这是最原始的陶器烧制方法。这种方法烧制温度不高，且难以控制，因此烧出来的陶器比较粗糙，致密度较低。

（2）横穴窑。“平地堆烧”应用一段时间后，其弊端越发凸显，首先就是火的大量流失，燃料不能被充分利用，人们为了控制这种流失，开始采用封泥堆烧，用泥堆成一个封闭的燃烧室，其实就是最原始的“窑”，横穴窑就是早期陶窑的形制之一，出现于新石器时代的裴李岗文化时期，流行于仰韶文化时期，之后逐渐被更加先进的竖穴窑代替，商代、西周时已基本不见。横穴窑在平面的土层中掏挖修建而成，由火膛（燃烧室）、火道、火眼、窑室等部分组成。火膛较狭长，略呈甬道状，后部设火道。窑室位于火膛的前方或斜前方，平面略呈圆形，直径1米左右，室壁上部逐渐收缩，封顶时留出排烟孔。窑室底部，即窑床上设置火眼，均匀分布于周围。烧窑时，火焰从火膛进入火道，然后经火眼进入窑室，上升流经坯件，最后烟从窑室顶部的排烟孔排出窑外。这种窑升温较快，但是不容易控制温度和气氛，燃料利用率较低。

（3）竖穴窑。竖穴窨是一种较横穴窑先进的窑制，出现于新石器时代仰韶文化时期，曾与横穴窑共存并用了很长一段时间，商代、西周时期仍在使用，直到被后来的龙窑和馒头窑替代。竖穴窑同横穴窑一样，都是在平面的土层中掏挖修建而成，由火膛、火道、火眼、窑室等部分组成，但各部分的形制有较大变化。火膛呈圆形袋坑状或圆形、椭圆形竖坑状，上面设有垂直或沟道状火道。窑室位于火膛的上方或斜上方，平面呈圆形或近圆形，宽1～1.5米，上部逐渐收缩，封顶时留出排烟孔。窑室底部，即窑床上设有均匀分布的火眼。烧窑时，火焰从火膛进入火道，然后经火眼进入窑室，上升流经坯件，最后烟从窑室顶部的排烟孔排出窑外。这种窑升温较快，且燃烧温度较高，但是仍不易控制窑室内的温度和气氛，燃料的利用率仍然比较低。

(4) 龙窑。龙窑是古代流行于南方地区的一种窑炉形制，是以黏土、砖坯或砖为材料，依倾斜的山坡建筑而成，因形似龙身而得名。龙窑最早出现于商代，开始时既烧陶器，又烧瓷器，后来只烧瓷器。它是由窑门、火膛、苗室孔等部分组成，拱形顶，整体平面呈很窄的长方形，与地面有一定的倾斜角度，火焰由下部的窑头上升至上部的窑尾，与窑身平行流动。开始时，龙窑与地面的倾斜角度较小，建筑简陋，结构简单，窑身较短。到了晋代发明分段烧造技术以后，窑身与地面的倾斜度和内部结构渐趋合理，唐代达到成熟，长度一般在 20 ~ 30 米。之后，窑身越来越长，有的竟长达百米。此时为了收到良好的燃烧效果，窑工在窑炉结构上做了较大改变，有的将窑床砌成阶梯状，有的将窑身砌成弯曲状，有的则在窑室内砌筑多道挡火墙，将其分成若干个小窑室，挡火墙下部设有烟火孔，使室与室之间相通，即所谓的“分室龙窑”。这种窑由于建筑方便，装烧量大，产量高，升温快，降温也快，容易控制烧成温度和气氛，特别适合烧制瓷器，因此自它出现以来，一直被多山的南方地区广泛采用，至今仍有个别地区还在使用。

(5) 馒头窑。馒头窑是古代流行于北方地区的一种窑炉形制，是在平地土层掏挖或以坯、砖等材料砌筑而成，由窑门、火膛、窑室、排烟孔等部分组成。因火膛和窑室合为一个馒头形的空间，故称“馒头窑”；一说是因外形近似馒头而得名。馒头窑最早出现于周朝，早期既烧陶器，又烧瓷器。烧制陶器的馒头窑一般是在平面土层掏挖而成，拱形顶，火膛呈半圆形，窑室左右两壁外弧或较直，后壁齐直或略呈弧形，一般在后部设置 1 个竖直的烟道，也有的等距离设置 3 个，烟道较小，平面呈圆形、长方形或方形。烧制瓷器的馒头窑以坯或砖砌筑而成，平面形制主要有三种：第一种是火膛呈半圆形，窑室左、右、后壁齐直，后部一般设有 2 个平面呈方形的较大烟囱；第二种是火膛呈半圆形或扇形，窑室前窄后渐宽，左右壁外弧或略外弧，后壁齐直，外设 2 个平面呈方形或半圆形的较大烟囱，后壁下部设有排烟孔与烟道相通；第三种是火膛、窑室平面合起来为圆形，后部设有 1 个平面为横长方形的较大烟囱，由排烟孔或平置的排烟道与它相通。烧造瓷器的馒头窑立面为券顶或穹隆式顶，火膛一般低于窑床。北宋中期以后，北方地区开始使用煤作为烧瓷燃料，火膛内增设了炉栅，炉栅下有落灰坑，并加强了通风设施，馒头窑容易控制升温和降温的速度，保温性能好，适合烧制胎体较厚、高温下釉料黏度较大的瓷器，一直流行于地处平原的北方地区，至今仍有使用。但是，馒头窑也有其缺陷，如它升温较慢，降温也慢，烧成时间相对较长，而且窑内温度前后、上下分布不够均匀，很容易烧出次品。

(6) 马蹄窑。马蹄窑是古代窑炉形制之一，因其平面形似马蹄状，故得名。有人曾把马蹄窑看作馒头窑的形制之一，其火膛呈半圆形或圆形，窑室从前至后渐宽，左右两壁外弧或略外弧，后壁齐直，一般后部左右各设1个平面呈方形或半圆形的较大烟囱，后壁下部左右设排烟孔与烟道相通，属于馒头窑的第二种形制。马蹄窑流行于北方地区，如陕西耀州窑、河南汝窑、河北磁州窑等，盛行于唐至元代，但南方个别地区也曾采用过这种窑制，如四川彭县（今彭州市）窑、江西景德镇窑、广东惠阳窑等。

（7）阶级窑。阶级窑是古代窑炉形制之一，出现于明代福建德化窑，由宋元时期的分室龙窑演变而来。它以坯或砖为材料、依倾斜的山坡建筑而成，倾斜度一般在20°左右，由窑门、火膛、若干个窑室和烟囱等部分组成。各窖室依次相连，从下至上底部一室高于一室，形成层层阶级，故称“阶级窑”。每个窑室高3米、宽7米左右，券顶。各室下部都设有烟火孔，以使之相通，各室前部均设有火膛。烧窑时，先从最低处的第一室开始，第一室烧造完成后，再烧第二室，如此依次烧造。从第二室起，燃料由设在各室前部顶端两侧的投柴孔投入火膛。各室烧造时，火焰由火膛斜直喷向室顶，由于隔墙下部烟火孔的吸引，又倒向室后部，从烟火孔进入下一室，并途经其后各室，烟通过烟囱排出窑外。其实整体而言，阶级窑就是一个具有较大倾斜度的龙窑，但就每个窑室而言，又是一个半倒焰式的馒头窑。阶级窑可以说汲取了南方龙窑和北方馒头窑两种窑形的长处，既有龙窑装烧量大、产量高的长处，又有馒头窑容易控制升温、降温速度等优点，还能充分利用前一室的余热，节省燃料，提高效率。阶级窑特别适合烧制德化白瓷之类的富含氧化钾、釉料黏度大的瓷器。

（8）葫芦窑。葫芦窑是古代窑炉形制之一，因形似卧地葫芦，故得名。它以坯或砖等材料砌筑而成，由窑门、火膛、前室、后室、烟囱等部分组成，券顶，整体平面呈长条束腰状，以束腰处为界，分作前、后两室。窑床与地面有一夹角，角度要比龙窑小得多，一般为4°～12°。葫芦窑流行于元代、明代早期的景德镇窑，明末宋应星的《天工开物》中有相关描述。江西景德镇湖田窑址曾出土一座元代后期的葫芦窑，全长19.2米，前室长3.2米、宽4.56米，后室长16米、宽2.74米，窑身倾斜度为12°。后室狭长，约是前室长度的5倍。葫芦窑到了明末清初，后室消失，逐渐演变成了“蛋形窑”。

（9）蛋形窑。蛋形窑是古代窑炉形制之一，出现于明末清初的景德镇窑，故又称“景德镇窑”或“镇窑”，由元明时期的葫芦窑发展演变而来。它以坯或砖等材料砌筑而成，由窑门、火膛、窑室、护墙、烟囱等部分组成。窑床前低后渐高，倾斜度为3°左右。窑室前部高而宽，后渐低窄，略呈扁长圆形，似平卧在地上的半个鸭蛋，故称“蛋形窑”。从目前发现的蛋形窑来看，其窑身一般全长15～20米，最高、最宽处约5米，容150～200立方米。窑壁较薄，厚度为0.2～0.25米。窑身左右两侧用砖围砌成一护窑墙，与窑壁之间留有0.2～0.3米的空隙，内填沙土，作为隔热层，以缓解窑壁、窑顶受热膨胀或遇冷收缩时引起的开裂，并有减少热量损失的作用。烟囱贴后壁而立，高度一般与窑身长度相等，平面似蛋形，壁厚仅0.1～0.12米，下粗，向上渐细，上口面积在2平方米左右，形制高而大，抽力强。蛋形窑结构合理、设计科学，砌筑材料成本低廉，施工方便，装烧量大，适合多种坯釉，一窑内装入多类瓷器品种可以同时烧成。蛋形窑通常以柴作为燃料，烧成时间短，单位耗柴量低，产品质量高。

（10）倒焰煤窑。倒焰煤窑是新中国成立后景德镇市以煤代柴阶段推广使用的一种窑炉形制。它出现于1954年的景德镇建国瓷厂，先是方形，后经试烧，发现方形倒焰煤窑有难以克服的缺陷，即窑的四角温度很难烧上去，瓷器容易出现发黄、有气泡等缺陷，于是将方形改用圆形。圆形倒焰煤窑又分简易的和标准的两种，简易的更容易建造。简易的圆形倒焰煤窑窑身不用扁铁打箍，以节约钢材；窑内胆不用耐火砖，而用窑砖抹一层耐火泥，只在燃烧室用一些耐火砖；采用柴窑的烟囱，以窑砖砌到顶，约计27米高，以节约耐火砖和工时。这种简易的圆形倒焰煤窑，有的建在露天，窑顶盖瓦避雨，没有高大厂房，工作条件较差，但建成速度快，造价也低廉，此外其材料较差，使用寿命不长。1961年以后逐渐被标准的圆形倒焰煤窑取代，标准的圆形倒焰煤窑在窑的建筑、结构上均以合理的参数为依据进行设计，把质量放在第一位，窑身每隔1米打1套铁箍，窑内胆、窑底板、窑顶棚均以耐火砖砌筑。1966年后，这种标准的圆形倒焰煤窑逐渐被各种隧道窑替代。

（11）隧道窑。隧道窑是景德镇市现代使用的一种窑炉形制，因形似隧道，故得名。它的上方为拱顶，两侧为窑墙，底部有轨道，中央部位设有燃烧室。瓷坯放在窑车上，或放在瓷辊、输送板上，由推车机推动，一辆接着一辆地在隧道内迎着气流的方向缓缓前进，经过预热带、烧成带、冷却带，完成一系列的物理化学变化，冷却到一定温度，然后逐渐推出窑外，如此便完成了瓷器在窑炉里的烧造。隧道窑种类繁多，有火焰式、电热式、隔焰式、窑车式、推板式、单道式、双道式、多道式等。其中，以单道窑车式隧道窑最常用。这类窑生产周期短、耗能低、产量高、质量好、劳动条件改善，易于实现机械化、自动化，但它上下温差较大，烧成方法不易灵活变更。

（12）辊道窑。辊道窑其实就是隧道窑的一种，只是它以转动的辊子作为坯体运载的工具，故又称“辊底窑”。辊道窑是将坯体放在辊子上面的垫板上，或者直接放在辊子上，利用辊子的转动，使坯体从预热带向烧成带、冷却带移动。这种窑的截面较小，窑温均匀，制品呈色一致，适于盘、碗、碟、面砖等扁平制品的烧成和烤花。它不用窑车和匣钵，既节约能源，又节省空间，工作环境好，劳动强度低，有利于实现机械化和自动化，但不适合烧制高大、体重的制品。

（13）梭式窑。梭式窑是以窑车代替窑底的一种窑炉形制，也是目前十分流行的一种窑炉形制。其窑顶与窑墙固定，窑底则是活动的窑车，由一两部窑车组成，吸火孔设在窑车底部或窑墙下部，把坯体装在窑车上，推入窑内焙烧，烧成、冷却后拉出窑外，然后把另一辆装坯车推入窑内。如此一进一出，循环往复，像是织布的梭子、桌子的抽屉一样，故称“梭式窑”“往复窑”“抽屉窑”等。这种窑满窑、开窑均在窑外进行，工作条件大为改善，燃料为各种气体，现在还有使用电的，能耗低、周转快，但窑身和窑车的耐火材料损耗较大。景德镇现有大、中、小容积燃气梭式窑多种。梭式窑具有升温快、能耗低、制品质量高等优点，过去难以烧成的青花釉里红制品和大型瓷板，如今都能很好地烧成。这种窑已在景德镇普遍使用，在瓷器烧成工艺史和窑炉形状发展史上，都是一次大的飞跃。

第三节　古陶瓷的修复技艺

“陶瓷生活用具虽在唐宋之时即在民间大量使用，但由于其烧制的不易以及生产成本、运输成本相对较高，在日常生活中若是食具、茶具等出现裂痕，或具有纪念性的陶瓷器物出现破损，尤其是明清时期的青花瓷，在普通百姓多使用地方粗瓷的时代，有了破损往往是不会丢弃的。这就出现了最早的陶瓷修复。”① 古陶瓷修复包含陶瓷器文物的检查、清洗、拼接、加固、配补、上色等一系列保护与复原的操作。修复者需要掌握文物的背景信息与文化价值，对文物的材质、受损情况有全面的评估，并且了解各种保护修复材料与工艺的性能、特点，才能针对器物的“病症”对症下药，在确保文物安全的前提下，最大限度地忠实复原本已残缺不堪的陶瓷器文物。

一、古陶瓷修复的类型划分

第一，考古修复：又称研究修复，指对于拼缝、补缺部分，保留修复的痕迹，使观众能轻易分辨出哪些是原器物、哪些是修复部分。这种修复方法完全忠实于原物。

第二，美术修复：或称商品修复，指对于器物的修复部分进行上色，以达到淡

① 于渊．古陶瓷修复技艺的传承与发展 [D]. 太原：山西大学，2015：4.

化修复痕迹，甚至达到“天衣无缝”的效果。在学术界，对于美术修复的合法性颇有争议。

第三，陈列修复：这种修复的效果介于考古修复和美术修复之间。通常理解为在一定距离外看不出修复痕迹，而在近处可以分辨；或者在朝向观众的一面看不出修复痕迹，而在背面或内部保留修复痕迹。这种修复原则为国内外许多文博单位所采用。

二、古陶瓷修复的目的

古陶瓷修复是以研究与欣赏为目的，利用合适的材料和技术恢复器物的完整造型和外观的视觉效果。文物修复与文物保护是紧密相连的，是不可能脱离古陶瓷的保护问题而独立开展的。首先，古陶瓷的修复工作必须建立在器物的稳定状态之上，如海底打捞的陶瓷器必须经过除盐处理，消除内部的可溶盐后才能考虑进一步的修复工作；其次，古陶瓷修复操作有时也具备保护文物的功能，如表面清洗可以消除有害物质腐蚀与污染，填补缝隙能够增加稳定性，避免水汽灰尘堆积，避免危害陶瓷器胎釉结构；最后，制订与实施陶瓷器修复计划时，都要将文物保护问题纳入考虑的范畴，如何兼顾文物保护与修复的需要是修复专业人员必须认真思考的问题。

三、古陶瓷修复的具体方法

(一) 古陶瓷修复前的准备工作

在进行古陶瓷修复之前，需要做好相关的准备工作，主要是准备相关的修复工具，如手术刀、劈刀、橡皮碗、小毛刷、石膏粉、打样膏、不同型号的砂纸、502胶、滑石粉、喷笔（或毛笔）、颜料、釉料和白瓷板等。

(二) 古陶瓷修复中的基本过程

1. 古陶瓷的清洗

进行瓷器清洗的方法主要包括：

(1) 手工清洗。用清水清洗灰尘、土沁泥巴，用刷子、手术刀等工具辅助手工清洗。

(2) 机械去污。对有些坚硬的附着物用小型超声波清洗机等机械清洗。

(3) 化学去污。由于冲口、炸底和断裂碴口处含有较多的腻和污垢，因而可以用84消毒液、漂白粉等溶液浸泡，从而使其里面沉淀的旧尘浸泡出来。对于曾经被修复过的瓷器，要将其拆开清洗，从而方便进行重新修复。主要方法：将古陶瓷浸泡在丙酮中，将其上含有的胶水溶解，待器物散开后再按上述方法清洗。同时要着重注意釉上彩器物，绝对不可以使用强酸、强碱进行清洗，否则会出现脱彩的问题。

在对古陶瓷进行清洗的过程中要注意结合陶瓷的品种、坚固程度、表面纹饰、附着物的具体情况采用不同方法进行清洗，防止其原貌被破坏。对于质地酥松的陶器，或者极易剥落的彩绘陶和釉上彩瓷器，要注意采取适当的措施进行保护，之后再进行清洁。对于彩陶器物类表面含有的钙类、硅类等难溶物，以及历史比较长的因文物遭受侵蚀而产生的土锈、水锈等，如果将陶器上的主要纹饰覆盖住了，就要进行去除，但是对于有些没有大影响的能够反映时代特征的附着物，就应该予以保存，同时对于陶器表面黏附的丝麻织品、墨迹等历史遗迹，在清洗的过程中要予以保留。

2. 古陶瓷的拼对

在对古陶瓷进行拼对时要结合器物残片的特征，如残片的纹饰、颜色等特征进行试拼，并编排，同时对于每一片残片都要做好标记，再根据器物的特征，对粘贴的顺序进行计划，或者利用透明的胶带，进行碎片的固定。

3. 古陶瓷的粘接

在进行古陶瓷的粘接时，需要选择没有颜色且透明的、具有较好粘贴性的、抗老化能力强的、具有适中固化时间的粘贴剂。502 粘贴胶是普遍的选择，而浙江黄岩光华胶粘剂厂生产的 509 超能胶也是常用的选择，在使用的过程中，可将与釉色相同的颜料加入 509 超能胶中，再进行断裂处的涂抹，然后进行对接工作。同时要注意粘接缝隙的紧密牢固，要避免瓷片之间的高低差。还要注意，对于不整齐的地方，绝对不能进行磨平操作，或者进行锉平错碴部位的操作，这种情况要进行拆开重接的操作。

粘接作为古陶器修复难度比较高的程序，在进行操作的时候，一定要按照事前制订的方案进行操作，对于四周的碎片都要顾及，对于具有较多碎片的，可以采取由底部或者口沿开始粘的方法，而且要保证每粘块都能够分毫不差，如果出现了错位的现象，就会很难将损坏的瓷器合严，同时要注意在进行陶器粘贴的时候，不能够涂抹过多的粘胶，要将胶滴在瓷器碎片的中心，加压合对，并利用无水酒精或丙酮迅速将流出的胶水进行擦净。

4. 古陶瓷的补配

对于有残损的瓷器，修复时要进行补配，此过程必须要以原物的样式、风格等作为样本进行器物的修复，决不可根据主观臆断的方式进行陶器的修复，修复的过程中要以古陶瓷的真实性为修复准则。

在进行修复器物材料选择的时候，要选择与古陶器质地强度相同的材料，保证其处于常温下可以轻易塑型，而且可以在最短的时间内进行固化，并且保证不容易变形的材料，如石膏和3A胶都是较好的选择。补配部位的纹饰要与原器物纹饰的刻、划、印、别、堆、贴、镂、雕等装饰手法保持一致。要保证补配部位的纹饰与原器物的自然衔接，补配时可以用石膏进行考古修复。展览和商业修复的时候，可以将509树脂胶与瓷粉调和在一起，再进行补配工作。用树脂进行补配时候，要结合器物的胎体颜色，斟酌是否加入少量的同色系的颜料，从而使得被补配的部位能够与原来的古瓷器的颜色相近，这也为后期作色上釉提供了方便。补配部位在固化后，需要打磨平滑，打磨好后，补配处要和原器物浑然一体，做到不变形、不错碴。

5. 古陶瓷的打底作色

打底是在补配好的部位上底釉，目的是为上色做准备，在使其表面出现光泽及一定的釉层厚度之后再进行作色工作。作色选用颜料首先要考虑的是对原器物无伤害和无污染，同时必须具有易溶解、附着力良好、抗老化力强和颜色鲜明等特点。如有条件，矿物颜料因其对器物的几乎零伤害而成为作色的首选。也可选用丙烯涂料或者油画颜料。因陶瓷器物的颜色比较丰富，因而要将颜色做好调配使用，这样产生的颜色才能与原来的器物的颜色相一致，使得修复的器物更加符合原来的形态。

作色的时候，修复者在选择可靠材料的基础上，进一步做好对需要作色上釉部位的色彩、纹饰以及勾画手法的研究，使其保证与原陶瓷器物具有一致性，而且“釉面”要最大可能地保证与原来陶器的色彩以及釉质感的相同性，实现修复的釉面与原来的釉面尽量少的衔接，并达到自然统一，实现陶瓷修复程度的最小化。

例如，单色釉的作色。单色釉作色要选用准确的颜色，主要是将颜料与釉料进行均匀调和，具体包括两种方法：

(1) 传统方法：主要是通过使用笔涂法进行颜色的上色，在这之前要将所需的颜料调匀并试涂，直到调配的颜色能够与釉色实现完全一样，这样再进行上色。

(2) 喷笔（喷枪）方法：这是现在在进行古陶器修复的时候比较常用且易上手的机械操作方法，喷色的色料也需要用喷笔试色，以保证颜色的一致。

在进行单色釉作色的时候，要注意两点：①作色过程中有无杂质黏附在瓷器表面，若有要及时去除，且不可留下凹痕；②在进行涂料调剂的时候，要按照釉层最薄、最明亮的颜色为标准，而且每上完一层颜色，待其完全固化后都要选用3000～4000目的金相砂纸进行抛光打磨，反复循环操作直到所作颜色与原釉一致为止。

以上两种方法在具体使用的过程中可以相互结合，并且也可以用作其他品种瓷器的作色和上釉。完成作色之后，要将瓷器放置在阴凉处搁置，待其自然干燥后再做下一步。

6. 作旧效果

按照修旧如旧的原则，要保证修复部位的自然面貌与原器物的相同，而为了实现这一目的，可以利用作旧处理的方式进行适当的操作，古陶瓷旧样有两大类，主要如下：

(1) 器物本就含有瑕疵或者缺陷，如有些单色釉面会散布着深色小斑点、气泡和棕眼，或者有开片现象。仿制这些一般需要在所作颜色与原器物几乎完全相同的情况下再进行。具体方法如下：

1) 制作深色土沁斑点：利用刷筛网和牙刷在需要的部分用较小的力度进行拨收开深色涂料，但是切记不能有过多的斑点。

2) 制作使用痕迹：要用毛笔在最后几遍上色的时候进行透明或者浊色的小点的点涂，当其实现固化之后，要用金相砂纸反复进行较小力度的打磨抛光，直至其呈现使用过的效果。

3) 制作棕眼：用一根较长的扁头针，在需要的部位扎出不同的针眼，之后再进行作色。

4) 制作开片：先用手术刀等利器进行裂纹的雕刻，然后结合原来的陶器开片颜色，将调好的颜色填入裂纹中，并将多余部分予以擦净，最后用喷笔或者毛笔上光釉，或者用描笔勾勒画线的方法进行开片的制作。例如，哥窑金丝铁线的效果，可以用黑黄两色做出。但是，修复时要注意文物的旧貌特征的保护，不能对其产生破坏。

(2) 因自然界各种物质的长期侵蚀，器物表面会出现自然形成的剥釉、脱彩等现象，作旧方法主要有以下几种：

1) 釉面光泽处理。虽然新瓷器表面非常光亮，但是陶瓷釉面会因环境、日光、风雨等长期作用逐渐失去光泽，或者长期埋藏在地下，长期遭受地下环境中各种物质的侵蚀，釉面变得温润柔和，因而釉面的光泽的变化是一种自然现象，而且时间越久，光泽变化越大。笔者常用的方式是用2000目以上的金相砂纸或动物皮毛进行器物表面打磨，使之光泽度减弱。

2) 釉面锈蚀制作。常见的古陶瓷器釉面表层出现的各种变化有以下几种：

第一，附着土锈。陶器如果在地下埋藏的时间过长，就会受到土中水和酸碱盐的侵蚀而产生土锈，这是一种附着在器物上的坚硬牢固的泥土。

第二，附着水锈。长期在土中埋藏的瓷器会受到土中碳酸钙、碳酸镁等盐类和氧化铁、碳酸铜等物质的侵蚀，使器物表面附着了一些铁红或者铜绿色的沉积物。

第三，产生银釉。银釉是因器物历史比较长，釉色中的铅受地下环境的影响，在器物表面生成的一层呈现银白色金属光泽的金属氧化物。

以上这几种釉表面的锈蚀作旧，可以利用以下几种方式进行修复：一是土锈效果。可以将研磨好的黄土与光釉进行混合，并撒在釉面上，使其晾干形成土锈，另外，利用胶与泥浆进行混合，再用牙刷、铁筛网用较小的力度刷出点状或斑状，也是形成土锈的方法。二是水锈效果。可以通过利用光釉或少量502胶进行喷刷在需要的地方，再撒上滑石粉、喷上水，便可形成灰白色的水锈，因为502胶遇水后泛白。三是银釉效果。在光釉中添加银粉，进行调匀，并反复在器物上刷喷便可形成银釉，而为了使其更加逼真，可以在部分未干的时候稍微吹上适量黄土。

7. 古陶瓷的上釉

古陶瓷的上釉，即用毛笔或者喷笔在已经作好的颜色上面上光釉，使器物表面有光泽。

第四节　古陶瓷的艺术鉴赏

一、古陶瓷鉴赏的美学特征

（一）古陶瓷美学的起源与形态

陶瓷艺术的产生，激发了人们对美的追求，它作为一种集实用性和审美性于一体的特殊艺术形式，以独有的方式提供了人类历史发展及审美发展过程的重要信息。中国的陶瓷艺术，有其独特的造型及装饰演变过程。它所蕴含的中国文化内涵，在生活化与艺术化相结合的基础上，其美学精神和韵味不断地丰富和发展壮大。

中国的陶瓷与中华文明的美学发展有着广泛深刻而又极为独特的密切联系，古老的中华文明，最初就是通过陶瓷而为世界所熟知的，独特的中国美学，最早也是以陶瓷为媒而向世人展示的。中国的美学观念，在陶瓷艺术的发展中不断变化前行。

1. 古陶瓷的美学起源

审美是人类特有的能力。美是普遍存在于事物中的，是主客观相统一的结果。审美活动使人产生美感，在审美活动中，当审美对象自身所具备的美感与我们主观认知的美感相一致时，我们才会认定它是美的，主客观缺一不可。中国古代的美学，是从感性到语言再到体悟的过程。这是美学从理论延伸至实践，又从实践回归到理论的审美过程。陶瓷作为中国美学观的承载体，是在人们认识世界的基础上产生的、在审美实践中不断发展的，并通过其美的形式，使人们产生审美享受。

（1）陶瓷审美的发生。早在远古时期，我国就有了很多关于陶器发明的传说。

陶器是用泥土制作，又经过火的烧制而成型的器具。经过火的洗礼，脆弱柔软的泥土变得坚硬无比，满足了人们提高生活品质的需求。新石器时代是陶器产生的时代，此时期陶器以红陶最多。自人们开始掌握工具的使用，陶器的出现促进了人们从采集、渔猎为主的游牧生活过渡到以农业为主的定居生活。陶瓷的起源，主要在于人类物质生活的驱动。而在物质生活得到满足的同时，彩陶的出现，则主要是人类精神生活的进一步需求。陶瓷的产生，意味着艺术和审美意识的萌芽。艺术观念的发生和最初的审美实践，就是在人们认识改造世界的过程中形成的，也是在这样一种非艺术的活动中被发现和被意识到的。

（2）彩陶中的美学原则。陶瓷，是实用性和艺术性相结合的产物。远古时期，大部分陶器用于基本生活所需。在考古发掘中，一部分或大部分彩陶有着在使用过程中的磨损和破损痕迹，很多器物内壁或是外壁绘有各种不同的纹样，这与当时人们的使用习惯有关。在新石器时代，人类社会物质生活条件并不发达，使用器具时，人们多席地而坐，将陶器直接放置在地面上，看到的多为这些器物俯视的样貌。所以，在新石器时代的陶器中，彩陶罐多绘饰上半部分，彩陶碗则往往会在碗内施加彩绘纹样。细观原始彩陶的彩绘装饰，多为一些符号化的、类似图腾的纹样，如漩涡纹、花瓣纹、鱼纹、蛙纹等。图腾，是人类历史上最早的一种文化现象。在远古时代，图腾是人对宇宙认识的最初表达形式。彩陶纹饰的发展，也是由抽象慢慢过渡到具象的过程。彩陶抽象演化，产生了一系列美感形式，这些美感形式包含着重要的预示文化动向的观念内容，具有颤动心灵的魅力。

我国新石器时代，陶器作为重要的物质生活用具和相当程度上的精神生活象征物，得到了极大的发展。这些陶器器形样式繁多，造型无拘无束，纹饰随意率性。器型从简单的实用生活器具，逐渐发展到具有观赏价值、宗教意义和反映原始文化的器物。人类凭借自已的天性进行自由创造，人类的艺术独立性和自由性得到了最纯净的体现。远古时期的彩陶艺术至今依旧令人神往，带给人们美好的美学享受，这便是这种艺术形式永恒的审美性体现。

2. 古陶瓷美学的存在形态

陶瓷美，就是指在其创作的物质载体和精神载体相统一的情况下，陶瓷作品所表现出的美学意蕴和精神。中国陶瓷的美，存在于其精美的造型上，也存在于其生活化和艺术化的和谐共存中。

（1）中国陶瓷造型的美学意蕴。陶瓷为实用而产生，但同时具有艺术性。陶瓷的实用功利性和超越实用的精神性的美感，先就体现在陶瓷的造型上。造型的精美是中国陶瓷艺术美的重要因素。陶瓷作品的造型，经过不断推敲打磨，无论修长或圆润、淳朴或端庄、雍容或别致，都蕴涵着中华民族的艺术风范和美学精神，构成了中国陶瓷造型艺术的广阔天地。

陶瓷造型包含其实用功效、工艺技法、材料运用、艺术效果、审美追求等众多因素，它不是简简单单的一个形状的制作，而是包含了人文精神和审美享受的双重追求的因素，将功能和审美和谐统一在一个器形中，既达到良好的实用功能，又给人以美好的审美享受。

审美活动的产生，不同时期审美对象的出现，需要有其独特的精神理论以及丰富的实践基础。以宋代陶瓷为例，宋代朝廷重视文艺，社会中文人之风盛行。宋代陶瓷以沉静素雅为主，此时期出现了很多造型大气的梅瓶。梅瓶，是我国传统陶瓷中很常见的一类器形，通常具有小口、短颈、丰肩、修腹、窄胫等造型特点，造型沉稳大气。宋代的梅瓶，较之其他时期的造型，不同之处在于口颈部和器身的线型对比，口小颈短，器身挺拔修长，在这种对比中产生了美感。宋代的器物造型，都具有优雅秀美、轻盈潇洒的风韵。宋瓷美学沉静雅素，为中国的陶瓷美学开创了一个新的境界。

我国陶瓷艺术中特殊的美感，吸收了我国文化中最根本的精神食粮。那就是我国封建社会所倡导的儒家的“礼”、道家的“重己役物”，以及禅学的人生妙语。前两者的工艺美学观，体现在器物为我所用。在这些思想的引领下，中国陶瓷中所蕴含的美学观念，呈现出强烈的民族特色。

(2)中国陶瓷的艺术化与生活化。相得益彰的两件事物在一起可以达到美的效果。美是内外结合而统一表现出的属性。以中国陶瓷而言，美就是艺术化和生活化的完美结合。陶瓷作为生活中必不可少的器物，它的特点首先是由现实生活的需要所决定的。中国人对于生活乐趣的追求、对生活艺术化的追求，使得陶瓷成为满足这种趣味的器物，陶瓷的追求中有中国人的美学观念和生活方式的意蕴在里面。陶瓷，是兼具实用与美感的艺术，是中国美学观念最典型的例证。中国陶瓷艺术充满着人文精神和时代印记，从远古时期发展至近代，中国陶瓷注重人文性和美学性，保持着浓浓的中国美学特色。所以，中国陶瓷艺术的美感可以说就在于体现了精深的中国文化。

(二)古陶瓷美学特征的主要体现

中国陶瓷艺术属于中国工艺艺术的一个重要分支，中国陶瓷艺术在中外陶瓷艺术史上独树一帜，而研究中国陶瓷美学特征无疑是向世人展示中国陶瓷艺术魅力的一项重要举措。中国陶瓷历朝历代都因其独特的器物造型、纹饰装饰、釉色种类，标志着一个朝代的审美取向，而形成了那段时期独特的陶瓷美学特征。

如果说陶瓷“器”是一个形而下的生活用具、一种实实在在的物质，那么隐含在这“器”之中的“道”则是一种体现宇宙本原的形而上学的纯精神世界，是中国人对自然世界那神奇复杂、深不可测的万象大化的一种领悟。在这些作为日常用具的器物中，不仅包含了古代中国人对生活、对美的一种理解，同时还在其中体现了那个时期的道德规范和礼仪制度。因此，在中国的传统文化中，陶瓷器从来就不只是一个有用的器皿，在这“用”的后面还有着它更深的一种文化含义。正因为如此，要谈中国陶瓷的美学思想，就不能不涉及中国几千年来所形成的哲学思想和其深厚的传统文化内涵。

1. 古陶瓷体现中国传统文化

中国艺术风格的美学精神体现了儒家对社会的关怀，道家强调对个性的自由和释家对人生的透彻体悟。中国陶瓷美学正是由这三种思想浸染而成，使其成为有别于其他单纯的工艺的艺术。中国传统文化的思想是阳儒阴道、外儒内道，道中有儒、儒中有道，自为而相因。也正是儒道两家的对立和互补，构成了中国传统文化和传统美学的基本格局。

（1）中国陶瓷美学体现中国传统儒家文化。在中国历史上的秦汉时期，是儒家思想占上风的时期，尤其是在汉代，在董仲舒等一班儒生的倡导下，当时的统治者决定在思想领域上废除诸子百家，独尊儒学，并以儒学代替宗教，使得儒学的开创者孔子在当时取得了至高无上的历史地位，当然，这是与孔子用理性主义的精神来重新解释古代原始文化——“礼乐”分不开的。因而在汉代艺术和人文观中弥漫的是从远古流传下来的种种神话和故事，它们几乎成了当时各种建筑、生活用品以及各种艺术创作中不可缺少的表现题材，在陶瓷艺术中也不例外。在作为建筑陶的画像砖、瓦当以及作为明器的彩绘陶中，各种具有象征意义的兽纹、云气纹以及羽化升仙的内容占了很大的部分，那时的陶瓷常常是以动物为符号或象征的神话来作为艺术内容和审美对象的。

(2) 中国陶瓷美学体现中国传统道家文化。东汉末年，是一个哲学重新解放、思想非常活跃、问题提出很多、收获甚为丰硕的时期。虽然在时间、广度、规模、流派上比不上先秦，但哲学思辨所达到的纯度和深度，却是空前的。正是这种思辨的、理性的“纯”哲学的产生，导致了一种真正的抒情、感性的“纯”文艺的产生，这两者构成了中国美学思想史上的一个飞跃。对后来中国的哲学、诗歌、绘画都产生了巨大的影响。同样也包括对陶瓷艺术和瓷器艺术发展的影响。东汉末年到魏晋南北朝时期是中国瓷器发展的成熟阶段，这一时期的中国最早烧出的是青瓷，后来又烧出白瓷和黑瓷，但从汉代一直到宋代，中国的瓷器品种都以青瓷为主。

色泽纯净，如玉般温润莹透的青瓷，正是符合了这个时代审美的需要。青色和绿色是冷色，是宁静之色。道家提倡的是一种至虚至静的状态，这种状态要求洗尽身上的尘垢，使之一片虚明，即排出一切意念，使人进入无意识的状态，将忘情达到一种极致。这种无意识，并不是没有感情，而是把感情扩散到整个宇宙空间，因而是一种最为幽微广远的感情，一种最为清明透彻的意识。而这种精神状态也是一种纯粹的审美状态，在这种精神状态和审美状态下打坐、焚香、品茶，清谈的佛家和尚及道家文人们，他们所需要的茗茶、插花以及其他的摆设器具，自然也要与这种气氛和谐。因此，呈色安宁的"青瓷"和"绿茶"成为他们日常生活的首选。

(3) 中国陶瓷美学体现中国传统禅宗文化。禅宗不仅影响了中国人的信仰，更改变了中国人的生活方式，禅宗的立宗基础与体验方法影响了中国人的宇宙观与人生观，而禅宗的精神更深刻地改变了中国人的审美观与艺术创作观。

将禅宗思想应用于艺术与审美上所形成的禅宗美学，融合了中国传统文化与佛教思想，尤其是与老庄、玄学美学结合的一种美学观。禅宗美学既是一种人格主义，讲清净、究悟、定、慧、解脱等"无心"的人格观念；禅宗美学也是一种自然主义，讲究空的自然观念，是一种由心境创造的意境。禅宗美学寻觅境界中的顿悟，更关注以人为主体的心境，主张一切物都为人心所创造和幻化。这种心证与心悟的感性式、直观式的审美方法，深深影响着中国文艺的创作，它深入文艺的精神核心，产生心灵化与境界化的实质美感；它融入中国文艺后，使之更为虚灵空幻，成就了文艺的特殊意境。

中国禅宗思想应用在文艺上，对文艺的审美观念产生了重大影响，禅宗美学使中国文艺开创出崭新的境界。中国历代的诗词、文人画、禅画、禅书等的创作无不受到禅宗美学的影响，禅宗美学对文化艺术的审美观产生转折与变化，为中国文艺创作开辟了崭新的境界，甚至影响了现代艺术美学。艺术家确实要有超人智慧，对宇宙万物要能探微索隐，禅的本质是要看清人自己生命本性的艺术。

2. 古陶瓷的意境美

中国陶瓷秉承了中国思想的精髓，而意境是中国思想在艺术上的表现。艺术意境既体现了儒家兼济天下的人文气息，又表明了道家超旷空灵的美好想象，更有直探生命本源的浓浓禅意。

作为研究美的学科，美学在人类社会实践中发挥着越来越重要的作用。意境作为审美形态的基本要素之一，在审美活动中，扮演着相当重要的角色。而意境在审美过程中又有着独特的作用。本文通过对意境美的描述，对意境审美特点的分析，以期更好地掌握意境在审美活动中的作用。

如果说美具有主客观二重性，那么美感则着重强调其主观性。所谓的美感就是由人的各种心理功能和谐运动而产生的愉快。内在自然的人化，包含着双重性。一方面是感性的、直观的、非功利的；另一方面是超感性的、理性的，具有功利性——美感的矛盾双重性。和美相比，美感有很大的个体主观因素和人间情味在起作用。

美感来源于对美的把握，来自审美活动。而审美是主客观对照，是人们在社会实践中所面对的主观目的的追求和客观规律的呈现如何统一的问题。人们在设想和解决问题时，经常面临极大的选择量，如何选择便有充分的主观性，这也就是审美。审美不是被动的静观，而是一种主动的活动，是人的心理诸功能因素自由活动的结果。主观的审美能力是一种心理的、理性的能力。

意境就是人在审美活动中，用心灵去关照外界对象，在把握和领会对象的基础上充分展开想象，在自己的思想意识领域里超越外在的形象，从而创造出新的意蕴和境界，也就是说意境是一种完全自觉自足的审美形态。它是个人的精神活动的产物，它以对象形态为依据而又超越于对象形态，达到主体的心灵与对象形态的水乳交融。意境的审美实质，就是意境最终划清了审美中具象与超越、外观与内省、反应与顿悟、自觉与非自觉、器与道、形而下与形而上的界限。从审美活动的角度看，所谓意境就是超越具体的有限的物象、事件、场景，进入无限的时间和空间，从而对整个人生、历史、宇宙获得的一种哲理性的领悟和感受。有限是审美对象，无限是与物无对的境界。而把无限和有限连接起来的是人的想象——在纯粹的精神活动中所获得的自由。想象大概是审美的关键，正是它使感知超出自身，使理解不致走上概念，使情感能够构造出一个多样化的幻想世界。在此过程中，感知作为审美的出发点，理解作为审美的认识性因素，其中介、载体和展现形态则是想象。感知在生理上、理解在逻辑程序中都是常数，正是想象才使它们成为变数。因此，在审美活动中，要充分把握审美对象的意境美，必须注意以下几点：

（1）“有无相生无”之超越。意境的根本特点是超越性，从当下事物超越到玄远境界，从“有”到“无”。在意境中，美是一种心灵体验，审美者从当下的现实中超越出来进入一种自由境界。这也是一种“有”之发现，也即审美主体的内在发现。意境中的情景交融、时空转换包含着虚实相生、动静相生，而其根本实质是有无相生。超以象外、得其环中，得其环中就是得其道枢，达到道的境界。就是“大象无形”“大音希声”“大乐与天地同和”的境界，是超越了“悦耳悦目”“悦心悦意”的“悦志悦神”，是伴随着悦志悦神而有想象无穷的最高审美境地，是人生境界的极致。

（2）“时空转换空”之意味。意境中多种情景的交融，实际上就是达到了时间和空间的转换。在思想意识里进行的审美活动，把此时此地的情与景和彼时彼地的情与景融合在同一个意境中。通过时空转换，使人摆脱时间和空间的限制和束缚，得到审美的心灵自由，也即是黑格尔所说的“审美带有令人解放的性质”。“空”与“物”相比就如“无”与“有”相较，“空”是一种“虚”的境界，是无我无物的自由和虚无，就像中国山水画中的留白，任想象随意驰骋。

(3)“情景交融有”之发现。情景交融来自主客观的统一，就是在审美过程中，主观情感与客观景物的二元对照。这是一种自觉的审美意活动，既交于情，又融于景。人的内心是无比宽广与丰富的世界，情景交融上升到意境就使原本不可名状的情感获得了外在形象，也就达到了“有”之发现的境界。这是一种超越，是对感性之物的发现。“有”之发现也就达到了“言有尽而意无穷”的高度。即“境生于象外”“象外之象”“境外之境”“含不尽之意，见于言外”。

(4)主客统一，“性”“心”相印。意境的基本内涵就已经说明，意境是作为审美活动的主体——人与审美对象在人的思想意识领域中的统一，情景交融是主客统一所达到的效果，而主客统一所达到的极致是“物我两忘”。自然之“性”与主体之“心”在意识状态上的统一。所谓自然之“性”即自然自由境界，是一种本真状态，是自然的真实的清净，是纯粹的客体性。而主体之“心”是超越客体和自身的感知，是突破概念的理解。

综上所述，意境的根本特点是超越，从当下的审美之象超越至象外，超越是内在的超越，既不脱离“象”，又超乎“象”。意境的审美过程不仅仅是一种认识，更是一种实践，是一种心理体验，是缘于心的心理超越，超越从有限到无限、从与物有对到与物无对、从不自由到自由。而超越的归宿是个体的精神自由，意境的无心与自然，自然而超越，正是通过不断泯灭我与外界的种种限隔，以彻底融入无限之中，获得自由的虚幻。

3. 古陶瓷的人性美

中国陶瓷所表现出来的那种装饰感与形体感随着时代的美学精神而改变，但是其本质始终表现为内在的实用性，而这种实用性又具有浓厚的人的精神。儒家是中国文化的血液，儒家以礼求仁，故器为礼用，延伸它的意义，以人为主体而存在。这就使得中国陶瓷像其他工艺器皿一样，从它诞生那一刻起，就担起了服务于人的目标，又反映了人的精神品位，即思想的折射以及对美的无限追求。儒学是“仁”学，由此儒学开始了人的研究，因而也影响了中国艺术的美学思想。

儒学并非是一部完美无缺的思想理论，道家与禅家的补充使得中国美学富有完整的人性美。而禅学追寻生命的永恒性，在有限中求无限、瞬刻中求永恒，强调空幻、短暂、寂灭，因而使中国艺术走入一个幽深邈远的境界，这也正是中国艺术的魅力之所在。所以禅意正是在对感性生活的超越以及经过理性哲思的积淀后而形成的。因而它是一种心灵絮语，但是由于来自现实生活，它始终在寂灭中仍生机无限，在空幻中仍能听到山涛水声。

如果说不考虑中国陶瓷的功能性，光是从欣赏角度来看它，它始终具有一种鲜明的日用性。即使是最富禅意美的宋瓷，仍然在空灵、精妙的外形中透出了生活气息，从而显示了禅学是对生活、人生、人、动物、植物以及无生命物体的一种形而上的审美，这正如有的学者认为孔子的“仁”本身就是审美一样。中国陶瓷正如其他艺术一样，就是在儒、道、释三位一体的美学精神下焕发出各自独特的光彩。以磁州窑为例，磁州窑是一座民间瓷窑，它那散发着浓郁乡土气息的装饰题材、粗犷洒脱的艺术风格以及鲜明生动的造型品种，都因历代封建统治对民间艺术的偏见而未受到官方重视。但是，它的艺术价值却名垂青史，时间给予了它公正的评价。磁州窑在陶瓷发展史上创造性地将单色釉瓷器发展到了彩瓷装饰阶段，并且融中国绘画、书法、诗词于一体以及图案装饰法，生动地呈现了一部中国陶瓷史、文学史以及美术史的艺术缩影，同时深刻地反映了中国三位一体美学精神下的浓浓的人性情调。例如，宋代磁州窑的一种铁锈花瓶，民间陶瓷艺术家匠心独运，巧妙地把中国绘画中大写意的技法作为图案绘制在瓷面上，即将具有中国浓厚的文化品位的绘画的表现方法运用到图案设计中，使得图案写意与工艺相得益彰。此外，它的瓶口微小，瓶肚却庞大而圆润，到底部又收缩到瓶肚直径的三分之一，整个构造与道家精神不谋而合。综观整体，它不但深得三位一体的美学精神，而且流动的线条、明快的写意装饰、静止的体形、色彩的强烈对比，使这个最平常的花瓶百看不厌、回味无穷。这不仅是审美上传递的愉悦感，更是它那民间气息中透出的深厚的人性意识，使观者与艺术品之间达到了精神上的融合。

中国陶瓷艺术在三位一体的美学思想中浸染而成，做到以人为主体，解决了人与物的对立关系，把陶瓷作为传达生命意义的载体。一方面，中国陶瓷已显示出人类与客体和谐相处中的人性美；另一方面，中国人在思考人生、宇宙、万物时，寻求着把自己的生活与潜藏在宇宙万物中的纯粹精神联系在一起，因而中国陶瓷艺术往往显示出这种形而上意味的人性美，如宜兴紫砂陶器，可以说它完全是中国美学精神的化身。因此，在与人的关系方面，中国陶瓷艺术具有人性美。

综上所述，中国陶瓷作为日用器皿而有别于纯艺术作品，中国陶瓷艺术的魅力显示了中国陶瓷器在世界工艺史上的永恒性，这主要在于儒、道、释三大主流思想的共同点都在于对日常生活的超越。中国陶瓷显露了典型的中国美学的精髓，一方面，作为日常的器物致用，构造上已显示出它的功能作用；另一方面，对结构及瓷面、装饰等的刻意营造，却暗示了人们在日用处体味美感或人生意义。这正是三位一体的美学思想超越了日用经验后所积淀下来的，以艺术的方式传达出生命精神的境界。例如，元朝青花瓷器常见的都是些大件器物，大盘、大梅瓶、大罐等，器形单一，具有禅的韵味冲淡之美，器面几乎全为青花所覆盖，器面绘画并无中国山水画的“空白”之美，却未给人繁缛之感，相反显露出一种生活气息浓郁甚至给人以壮美之感，这就是儒、道、释三位一体的精神表达。这种独特的美学思想使得日用性的中国陶瓷显示了比日用性更有意义并超越日用性的美学精神，使得中国陶瓷最终走向世界、走向永恒。

二、古陶瓷的收藏与鉴赏

收藏和鉴赏，其实是发生在不同时空环境下的一类活动。做收藏必须以鉴赏为先导，而鉴赏又是为了更好地收藏。同时，在收藏和鉴赏过程中，我们还要注意两个方面：一是鉴定，二是欣赏。“辨别古陶瓷的真伪：一般用科学的设备与手段，此种方法可以根据胎釉理论性能的特征分析，准确鉴定其年代及真伪。这种手段有碳同位素（C_{14}）检测法和热释光分析等，利用胎釉鉴定陶瓷器物的制作年代，在现代科学技术设备条件的情况下准确率较高，这种现代科技手段多适用于定向的科学研究来测定年代较久远的陶瓷器物的年代，且时间越久越可靠。因而，这种手段对民国以后的陶瓷艺术器物就不大适用，一般鉴赏者也不可能用此方法鉴识瓷器。”①

中国的鉴藏活动自人类发展早期就已出现。在早期的“物物交换”的市场贸易过程中，先民们遇到美丽好看的石头就会不自觉地保存收藏，或打孔穿戴在身上，用来装饰自己或彰显自己特殊的身份和社会地位。众所周知，陶瓷与玉石一样，均来自大自然物质的提炼制作，只不过陶瓷还需要经过火的烧造才能成就美器。陶瓷的鉴藏活动自原始社会开始，一直到今天，都是大众十分热衷的行为，其原因也许是陶瓷与大众生活息息相关，同时又能给人们带来文化的熏陶和精神的享受。下面就对中国历朝历代的鉴藏活动做简要梳理和总结。

在原始社会时期，陶器制作首推彩陶。先民审美品位的提高，促使他们开始有目的地对陶器进行彩绘装饰，同时也使他们开始有计划地储藏美观珍贵的陶器。现存的不少原始彩陶装饰方法多样，风格不一。无论出于何种想法、何种原因，彩陶都实用且美观，具有较高的艺术价值和收藏价值。到了夏、商、周时期，随着陶瓷制作技艺的普遍提高和奴隶制社会的形成，陶瓷的鉴藏活动也深受影响，奴隶主阶层日渐成为鉴藏活动的主要群体。

秦代开启了中央集权制的封建时代，这一时期令后人连连惊叹的器物无疑是秦始皇兵马俑。这些兵马俑是陶俑，属于陶器的范畴。陶瓷的鉴藏活动发展到封建社会，与之前的原始社会和奴隶社会不同，出现了中国最大也是实力最强的艺术品赞助者，即拥有至高无上权力的皇帝秦始皇。随后中国的陶瓷鉴藏人群也多是那些有权势的皇室贵族。秦始皇兵马俑属于灰陶，它与红陶相比，硬度较高。这一品种的

① 李谊，戴明荣．景德镇陶瓷艺术鉴赏辨真伪 [J]. 景德镇陶瓷，2007(2)：41.

烧制成功，在中国陶瓷发展史上具有重要意义。此外，陶俑的出现是人类文明的一大进步，它是活人殉葬制度的替代品。商代流行活人殉葬制度，到了秦代用陶俑替代活人殉葬，是人类文明的一大进步。尤其像秦始皇这样的皇帝，去世之后需要建造巨大的陵墓，并要用一支庞大的军队陪葬，以彰显他生前的强盛。

到了汉代，由于秦代存在时间较短，加之秦、汉相近，因此我们常把两者合起来讲述。在陶瓷领域，最著名的当数“秦砖汉瓦”。其中，“瓦”也并不是在汉代开始烧制的，在战国时期就已经能够烧制出质量比较高的砖瓦了，只不过没有汉代烧制的那样成熟、有名而已。汉代是中国历史上一个比较强盛的时代，其陶瓷的鉴藏活动开始从皇室贵族向平民百姓扩展，呈现出“官民同乐”的现象。汉代陶瓷制作的最大成就，莫过于成熟瓷器的发明和使用，这是中国陶瓷史上的一件大事，开启了中国制瓷的先河。汉代陶瓷制品中，绿釉陶颇为著名，其最具代表性的作品是陶楼。它是普通民宅建筑的式样，反映了当时人们生活的富裕状态。汉代流行厚葬之风，考古发掘的陶瓷谷仓、建筑模型、人俑、动物俑等，都是当时的陪葬品。汉代陶俑也是汉代陶瓷艺术的杰出代表。例如，四川地区出土的汉代说唱俑，就反映了当时百姓的生活状态。又如，汉代陶犬，早年许多鉴赏家不敢确认这是汉代陶犬，其原因是汉代陶犬过于可爱。通过鉴藏这类陶犬，我们可以看出汉代豢养家畜的文明已经和今天相差无几。由于陶瓷烧制技术的不断提高、人们审美意识的不断成熟和汉代厚葬之风的普遍流行，汉代的陶瓷鉴藏活动发生了重要变化，其鉴赏器物开始由实用器转向陈设欣赏器，鉴藏人群越来越多样化，逐渐由皇室贵族扩及普通百姓。

到了魏晋南北朝时期，国家长期分裂，文人士大夫多逃离仕途政治，转向田园牧歌式的生活。中国在这个时期各项艺术发展迅速，这对于陶瓷的鉴藏活动产生了重要影响。魏晋时期，由于经济发展缓慢，文人士大夫开始关注内心的感受，放缓生活节奏，最具代表性的就是“竹林七贤”。此外，这一时期的陶瓷制作有两大特点：一是佛教文化的注入，如南北朝时期盛产的仰覆莲花尊；二是大量动物造型的出现，如熊形尊、鸡首壶、羊首壶、鸭式香薰、虎子等。

隋唐时期，尤其是唐代，国家统一、经济发达、贸易繁盛，推动了陶瓷鉴藏活动的发展。唐代都城民安城内有专门的市场，即东市和西市，贸易往来十分兴盛。东市主要售卖贵重的“奢侈品”，西市主要售卖普通百姓日常的生活用品，陶瓷产品当时在东市和西市都有出现。唐代陶瓷的生产发展迅速，呈现出南青北白的繁荣局面，促使陶瓷的鉴藏活动日益丰富。唐代后期，还出现了一种有名的“秘色瓷”。何谓“秘色”，顾名思义，就是秘密的颜色，许多人不知道的颜色，充满神秘感的颜色。其实，秘色瓷属于越窑青瓷的一种，只是色泽偏青绿。瓷器发展到了秘色阶段，就已具备了宫廷特征，开始有了官窑瓷器的雏形。唐代陶瓷除了“南青北白”，还有唐三彩、绞胎瓷、花釉瓷、釉下彩瓷等，尤其是长沙铜官窑制作的釉下彩瓷，开创了中国瓷器釉下彩装饰和文字装饰的先河。其瓷器上录载的唐诗，多数在《全唐诗》中没有收录，为保存和传播唐诗文化做出了贡献。同时，陶瓷造型的浑圆饱满、装饰华丽，也反映了唐人生活的富足、自信、向上和包容。

与五代十国相比，宋代相对统一。宋代的陶瓷鉴藏活动由于官窑制度的确立和文化艺术的昌盛，因此出现了历史上的第一次“收藏热”。宋代确立了五大名窑和八大窑系，南北瓷业普遍发展，出现了百花齐放的繁盛局面，陶瓷鉴藏活动走向了第一次高峰。通过张择端的《清明上河图》，我们可以发现宋代集市上已经出现了专门售卖陶瓷的专卖店和古玩店。宋代的古玩鉴藏者中，不得不提的是宋徽宗赵佶。宋徽宗是宋代最具传奇色彩的一位皇帝，世人常认为他是被政治耽误的艺术天才。他雅好收藏，不仅收藏书画和青铜器，而且收藏陶瓷器。宋徽宗对古玩收藏的推崇推动了陶瓷鉴藏活动的发展，使陶瓷鉴藏活动成为一时的风尚。到了南宋时期，陶瓷鉴藏活动越来越受到人们的喜爱，鉴藏人群越来越多，还出现了专门记述陶瓷鉴藏活动的文字记载。

宋代“五大名窑”代表的多是一种宋代宫廷的审美和鉴藏活动，青瓷的收敛、宁静、含蓄之美，强调的更多是一种内心感受，注重精神为上。但是，宋代普通百姓的审美和鉴藏活动，与宫廷有所不同，他们强调的更多是直观通俗味偏重的感受，更加注重装饰的别致有趣，这就是我们要讲的宋代民窑陶瓷的鉴藏活动。宋代民窑常以“八大窑系”括之，以长江为界，北方四窑系，南方四窑系。其中，北方四窑系是指河北定窑系、河北磁州窑系、陕西耀州窑系、河南钧窑系，南方四窑系是指江西景德镇窑系、江西吉州窑系、浙江龙泉窑系、福建建窑系。在宋代，多数民窑生产的瓷器是以实用器为主，也有少量的陈设器。宋代以前，鉴藏民窑陶瓷的人较少，但从宋代开始，包括民窑陶瓷的鉴藏活动日渐增多，其鉴藏的人群主要是文人士大夫、商人和陶瓷从业者。总体来看，宋代陶瓷普遍发展、百花齐放，其美学高度领先上千年，远超明清两代。同时，宋代陶瓷具有强烈的哲学价值思考，至今人们仍然认为宋代的陶瓷美学难以企及，主要是因为宋代文人的哲理观念深深地植入了陶瓷的制作中。众所周知，宋代的国家版图并不大，并且受到多方势力的压制，不过宋时百姓的生活还是比较富足的，他们的那种富足不仅来自物质层面，更多来自精神层面。宋代瓷器的整体风格是含蓄的、内敛的、理性的，无论是在后世的陶瓷鉴藏活动中，还是在中国陶瓷的发展史上，都应占有十分重要的地位。

到了元代，陶瓷的鉴藏活动与之前的宋代和之后的明清相比，可谓是微乎其微。元代最大的一项陶瓷成就，就是烧制了精美绝伦的青花瓷和釉里红瓷。尽管我们在随后的陶瓷鉴赏内容中，一定会提到元青花器物，但是元代真正意义上的陶瓷鉴藏活动其实并不存在。这是因为元青花在当时只是元代对外贸易的一件商品，并且烧造数量较少，在国内很少应用，更少有人收藏。作为统治阶级的蒙古族是一个骑在马背上的游牧民族，惯于使用军事手段制约汉民族，对于汉文化并不太重视，解决矛盾的手段比较单一，那就是诉诸武力。这种漠视文化的态度，相较宋代，差别较大。

进入明代后，陶瓷鉴藏活动更加频繁，逐渐出现了陶瓷“收藏热”。明代是中国陶瓷的重要发展期，青花、五彩、斗彩、颜色釉等品种的制作有了新突破，各朝帝王、文人士大夫对陶瓷的烧制和鉴藏都十分重视。整体而言，明代的陶瓷鉴藏活动围绕着皇室展开，尤其是官窑瓷器的鉴藏活动更是如此。颇值得一提的是，到了明代，景德镇瓷都的地位正式确立，朝廷在景德镇建立了御器厂，委派专门的监陶官监烧御器，尤其是从永乐时期开始，景德镇官窑瓷器上开始落款，如“永乐年制”四字篆书款，之后落款形式越来越丰富多样，有楷书款、篆书款、隶书款、四字年号款、六字年号款、堂名款、花押款、双圈款、筚圈款、笔方框款、双方框款等，这些落款方式为人们鉴藏陶瓷的年代和品级提供了重要参考。

人们通常会把明代的陶瓷鉴藏活动分成三个时期，即明早期、明中期和明晚期，如此划分主要是为了方便学习。其中，明早期主要是指洪武至天顺这段时期，明中期主要是指成化至正德这段时期，明晚期主要是指嘉靖至崇祯这段时期。明代陶瓷制作的名品主要是永、宣时期的青花和颜色釉，成化时期的斗彩，嘉、万时期的青花五彩等，这正好与明代的陶瓷鉴藏活动的分期相对应。在明早期的陶瓷鉴藏活动中，我们还要注意其中的一段时期，陶瓷史上称之为“黑暗期”或“空白期”，即正统、景泰、天顺三朝时期，由于传世瓷器产品甚少，“物以稀为贵”，因此古玩市场对其十分追捧，尽管烧造质量略有不佳，但收藏价值前景可观，这也是如今鉴藏与古代鉴藏略有不同的地方。今人在陶瓷鉴藏方面似乎更注重市场追捧的价格高低和稀缺程度，对于其工艺价值、艺术价值和历史文化价值等本质的探讨和挖掘并不深入，目前还多停留在经济价值的衡量阶段，但真正的鉴藏活动一定是全方位的探讨和挖掘，应该更加注重其文化艺术价值的内涵层面。

到了明代中晚期，陶瓷“收藏热”的现象逐渐出现，其原因主要有二：一是由于这一时期资本主义萌芽开始兴起，江南市镇不断发展，商品贸易日趋繁荣，古玩收藏渐渐兴起；二是隆庆以后，朝廷解除海禁，对外贸易兴起，大量的中国瓷器输出到国外，甚至远销欧洲，尤其是明代晚期，即公元16世纪至17世纪这一百多年的时间里，欧洲兴起了一股“中国风”热潮，人们大肆购买和收藏中国瓷器，欧洲的白银大量流入中国，当时的中国也因此被称为“白银帝国”。

到了清代，陶瓷的鉴藏活动更加活跃，中国有两次“收藏热”都出现在清代，一次是清初的康、雍、乾时期，一次是清晚期。清代尽管也是少数民族统治的时代，但它与元代蒙古统治者不同，其历任皇帝都十分重视汉文化，精通满、汉、蒙三种语言，清初的康熙、雍正、乾隆三位皇帝在这方面表现得尤为突出。康、雍、乾时期的陶瓷无论是烧制还是鉴藏，在清代都是首屈一指的。如康熙年间青花瓷的“墨分五色”，雍正年间珐琅彩瓷的诗、书、画、印，乾隆年间各种釉彩大瓶“瓷母”等，都是极具代表性的陶瓷经典之作，也是后世竞相鉴藏的热门品种。到了嘉庆时期，由于各种原因，陶瓷烧制逐渐开始走下坡路，除了延续清初烧制的品种，无甚创新，且质量严重下降。到了清晚期，由于洋务运动短暂的“同光中兴”，加上当时“收藏热”的再度兴起，仿古摹古之风盛行，陶瓷烧制曾出现了一段曙光期，尤其是同治粉彩和光绪青花，出现了一些高质量的仿前朝陶瓷作品，而这段时期陶瓷的鉴藏活动也步入一个比较兴盛的时期，这就是我国的第四次“收藏热”时期。

民国时期，尽管军阀混战、民生凋敝，但是陶瓷制作技术仍有一定发展。尤其是民国初期各地陶瓷公司的相继成立，开启了中国陶瓷生产的新纪元，如袁世凯称帝期间的洪宪瓷、民国初年景德镇的珠山八友瓷、陶瓷名家绘制的浅绛彩瓷等，都是鉴赏家们争相购买的瓷器品种。民国年间，社会上还出现了大量仿古瓷，历代名窑名品无不仿制，且有些仿品惟妙惟肖、形态逼真，于是古玩市场上各种“以次充好”“以仿充真”的器物大量出现。此外，尚须一提的是近代陶瓷教育的发展。中国此时相继在江西景德镇、湖南醴陵等地创办了近代陶瓷教育学校，专门从事陶瓷技艺和历史文化的教育，以至于民国一部分的瓷器上出现了“江西瓷业学校”字样，这类学校瓷器经常被鉴藏界认为是对景德镇官窑瓷器制作的承接。近年来，洪宪瓷、珠山八友瓷、名家浅绛彩瓷与江西瓷业公司、江西瓷业学校等制作的瓷器可谓是鉴藏的热门品种，在拍卖市场上屡屡刷新高价。

新中国成立后，尤其是改革开放以后，随着政治经济的繁荣发展，中国步入第五次“收藏热”。这一次“收藏热”超过以往任何一次，无论是收藏规模，还是收藏种类，都达到历史之最。当然，这与鉴藏活动本身也有关系，因为时间越久，世上累积的物品越多、种类越丰富，鉴藏范围自然更广。此时的陶瓷鉴藏活动非常活跃，几乎到了全民玩瓷的地步：无论是家庭陈设装饰，还是古玩收藏投资，或是文化研究鉴赏，都会涉及陶瓷鉴藏领域。陶瓷作为历史文化传播的符号载体，也理应如此。国营十大瓷厂，尤其是以建国瓷厂、艺术瓷厂、陶瓷美术研究所为代表生产的“五六七”年代瓷（20世纪50年代至70年代瓷）、“文革”瓷，还有神秘的“毛瓷”（即7501瓷和湖南醴陵釉下五彩瓷）等，都是历史遗留下的产物，也是当今陶瓷鉴藏市场上的热门话题。

通过梳理我国陶瓷鉴藏的发展历程，我们不难看出中国陶瓷的发展史不仅是陶瓷工艺科技和文化艺术的发展史，同时也是陶瓷鉴藏的发展史，而且二者的发展相辅相成，可以互为补充、相互促进。每个时期陶瓷发展所取得的突出成就，会成为下个时期陶瓷鉴藏活动中出现的新品种或热门主题，而每次陶瓷鉴藏活动通过集结前人的智慧和感悟，就会为下次陶瓷工艺的突破和创新奠定基础。此外，通过陶瓷的鉴藏活动，我们可以把玩工艺、回味历史、品读文化，在物质和精神两个层面都获取满足感。首先在物质层面，通过陶瓷的鉴藏活动，我们可以获取经济上的回报；其次在精神层面，我们主要是获取文化艺术的心理享受，但是具体如何对待，因人而异。就拿物质层面上的陶瓷鉴藏活动而言，古陶瓷不仅可以作为工艺美术品，还可以作为收藏品，保值是最基本的，升值是肯定的，尤其是那些品级比较高的传世精品瓷器，基本上每次拍卖，都能刷新上一次的成交价。不过，就陶瓷鉴藏活动而言，我们还应更多地关注其精神层面的作用，将其当作学习和了解中国文化乃至世界文化的工具。陶瓷本身就是一部“会说话”的历史，它反映了中国历史发展的变迁，因此鉴赏陶瓷就是梳理文脉。同时，对于陶瓷鉴藏者而言，鉴藏心态很重要。人们常说“过我手，即我有”，陶瓷鉴藏过程中，我们不要总是想着如何占有它，获取知识文化最重要，通俗地讲，就是要享受鉴藏的快乐，其实这就是陶瓷鉴藏的终极意义所在。

结束语

民族文化是一个民族独立的重要力量和标志，是一个民族昌盛的重要表现，是一个民族发展的重要动力和根基。中国传统文化源远流长、博大精深，是一座丰富的文化资源宝库。本书以中国传统文化认知、中国传统文化的发展演进、中国传统文化的创造性转化与创新性发展为切入点，通过阐述哲学思想、汉字、笔墨纸砚、书法绘画、古陶瓷等方面的内容，力图勾勒出一个完整的中国文化印象，展示中国传统文化的丰富内涵。全书旨在较为系统地介绍中国传统文化的内涵与精神，揭示中国传统文化发展的连续性、思想的深刻性、形态的丰富性以及艺术的鉴赏性。

参考文献

一、著作类

[1] 陈宁等编 . 陶瓷概论 [M]. 南昌：江西高校出版社，2018.

[2] 崔建林 . 中国文房四宝文化鉴赏 [M]. 北京：中国戏剧出版社，2007.

[3] 华文图景收藏项目组编 . 文房四宝收藏实用解析 [M]. 北京：北京轻工业出版社，2007.

[4] 李宽松，罗香萍 . 中国传统文化概论 [M]. 广州：中山大学出版社，2018.

[5] 倪洪林 . 中国民间收藏实用书 [M]. 哈尔滨：北方文艺出版社，2005.

[6] 冉启江，韩家胜，康佳琼 . 中国传统文化 [M]. 上海：上海交通大学出版社，2016.

[7] 王国宾 . 儒家思想与艺术管理之道 [M]. 北京：知识产权出版社，2018.

[8] 王霁轩 . 中国陶瓷美学特征与美的历程 [M]. 南昌：江西高校出版社，2018.

[9] 王克喜，黄海 . 中国文化视域中的语言与逻辑 [M]. 北京：中央编译出版社，2020.

[10] 叶碧 . 中国传统文化概论 [M]. 杭州：浙江大学出版社，2017.

[11] 俞蕙，杨植震 . 古陶瓷修复基础 [M]. 上海：复旦大学出版社，2012.

[12] 岳山岳 . "六书"与中国传统文化 [M]. 上海：上海三联书店，2008.

[13] 张岱年 . 中国哲学大辞典 [M]. 上海：上海辞书出版社，2010.

[14] 周臻，黎莉，华雪春 . 中国传统文化 [M]. 北京：航空工业出版社，2015.

二、期刊类

[1] 卞仁海 . 汉字和中国古代语讳文化 [J]. 广西社会科学，2003(9)：116-118.

[2] 卜卫民 . 残损古陶瓷配缺修复方法的比较研究 [J]. 文物保护与考古科学，2018(2)：83-88.

[3] 曹桂生，崔朝阳 . 中国画中的书法介入问题探析 [J]. 西安交通大学学报（社会科学版），2011(2)：90-94.

[4] 陈绶祥 . 汉字、书法与中国美术观 [J]. 美术观察，2010(2)：12-13.

[5] 陈一云 . 中国绘画语言的书写性特征杂论 [J]. 美术大观，2017(11)：46-47.

[6] 程明铭 . 砚的鉴赏及科学评价 [J]. 地球，2002(6)：15.

[7] 邓立，杨未 . 传统美德“仁义礼智信”与现代思想道德教育刍议 [J]. 湖北社会科学，2011(11)：182-184.

[8] 董迅 . 探讨中国境界中的绘画与书法 [J]. 艺种，2021(9)：109-112.

[9] 付小平 . 中国汉字艺术发展概况简评 [J]. 美术大观，2011(12)：71.

[10] 黄国营 . 中国汉字的开放性与生命力 [J]. 人民论坛，2017(27)：40-41.

[11] 季子薇，吕淑玲，唐邦城，等 . 古陶瓷保护与修复中翻模技法的实验探究 [J]. 美术学报，2018(6)：103-111.

[12] 蒋道银 . 古陶瓷修复研究——兼谈良渚黑陶双鼻壶及明宣德青化扁瓶的修复 [J]. 文物保护与考古科学，2004(1)：56-59.

[13] 荆世群，向知燕 . 论中国古代哲学中的意志自由思想 [J]. 湖湘论坛，2005(2)：73-74.

[14] 孔宪峰 . 中华优秀传统文化的当代价值——兼论中国共产党关于传统文化的新认识 [J]. 教学与研究，2015(1)：76-83.

[15] 黎茂金 . 书法鉴赏探析 [J]. 成功 (教育版)，2011(7)：242.

[16] 李承贵 . 中国传统哲学的特质及现代转型 [J]. 哲学研究，2011(6)：55.

[17] 李培超 . 中国传统美德叙事中的道德榜样意象 [J]. 湖南师范大学社会科学学报，2020(5)：11-19.

[18] 李其江，王宪旅，袁枫等 . 古陶瓷修复用碱激发偏高岭土基胶凝聚合材料的制备及性能 [J]. 陶瓷学报，2021(2)：325-332.

[19] 李土生 . 复兴民族文化　重塑汉字价值 [J]. 汉字文化，2013(1)：9.

[20] 李谊，戴明荣 . 景德镇陶瓷艺术鉴赏辨真伪 [J]. 景德镇陶瓷，2007(2)：41.

[21] 梁丹丹，李春华 . 新时代中华传统美德创造性转化的三重维度 [J]. 学术论坛，2020(4)：126-132.

[22] 梁善 . 明代砚形制“方正为贵”与“巧用天工”现象探析 [J]. 装饰，2010(3)：77-79.

[23] 卢蓉 . 文房四宝与书法艺术 [J]. 华侨大学学报 (哲学社会科学版)，2010(1)：94-98.

[24] 鲁力 . 中国传统文化的伦理取向及其道德教育价值研究 [J]. 学术论坛，2016(2)：128-132.

[25] 陆志锋 . 鉴定古陶瓷的专家系统 [J]. 计算机工程与科学，2001 (4)：86-89，107.

[26] 罗莹 . 中国水墨画与文房四宝 [J]. 美术大观，2005(10)：70-71.

[27] 马建欣 . 论中国优秀传统文化的家庭德育 [J]. 甘肃社会科学，2017（3）：237-243.

[28] 欧海龙 . 中国公文的汉字文化学管窥 [J]. 广东行政学院学报，2003（4）：78-81.

[29] 秦大树 . 陶瓷考古、研究与鉴赏的巨作——评《中国出土瓷器全集》[J]. 考古，2010（7）：93-96.

[30] 申虹霓 . 浅谈书法的空间意识与中国绘画 [J]. 美术大观，2012（11）：66.

[31] 唐莲 . 异质同构：书法结体对绘画构图的启示 [J]. 文艺研究，2012（10）：165-166.

[32] 唐闻君 . 异质同构：汉字与中国艺术本原 [J]. 南京师范大学文学院学报，2020（4）：83-90.

[33] 田龙 . 书法对中国绘画笔意的影响 [J]. 山花，2011（16）：162-163.

[34] 王宁 . 文房四宝包装现状及改善策略研究 [J]. 包装工程，2019（24）：127-132.

[35] 王玉樑 . 中国古代哲学中的实事求是思想 [J]. 天府新论，2015（4）：77-84.

[36] 熊炜 . 论中国绘画笔法与书法笔法 [J]. 艺术百家，2005（6）：66-68.

[37] 徐珮 . 对中国古代文学中所渗透哲学思想的理解和研究 [J]. 芒种，2017(22)：12-13.

[38] 徐艳彬 . 中华民族传统美德的基本特征及其现代价值 [J]. 江汉大学学报（社会科学版），2007（4）：21.

[39] 许建良 . 传统美德“如何可能”的思考 [J]. 辽宁大学学报（哲学社会科学版），2016（2）：35-42.

[40] 杨豪良 . 试论中国书法与绘画的根本区别 [J]. 四川戏剧，2008（5）：142-144.

[41] 于渊 . 古陶瓷修复技艺的传承与发展 [D]. 太原：山西大学，2015：4.

[42] 张建英，罗承选，胡耀忠 . 传统中国家庭美德型私德模式论析 [J]. 伦理学研究，2014（5）：135-140.

[43] 张学文，张莹 . 景德镇当代陶瓷收藏 [J]. 中国陶瓷，2006（11）：60-61，64.

[44] 赵娟 . 古代陶瓷艺术发展中的文化影响因素研究 [J]. 陶瓷学报，2017（5）：780-782.